本书受以下项目及单位资助：
云南大学"211工程"民族学重点学科建设项目
云南省优势特色重点学科（群）建设项目"中国西南民族及其与东南亚的族群关系研究"
云南省哲学社会科学创新团队"云南省民族文化多样性田野调查与民族志研究"
云南省民族研究院建设项目

个人、社会与转变：社会文化人类学视野

章立明　著

知识产权出版社
全国百佳图书出版单位

图书在版编目（CIP）数据

个人、社会与转变：社会文化人类学视野/章立明著. —北京：知识产权出版社，2016.7

ISBN 978-7-5130-4301-4

Ⅰ.①个… Ⅱ.①章… Ⅲ.①社会人类学—研究 Ⅳ.①C912.4

中国版本图书馆 CIP 数据核字（2016）第 148954 号

内容提要

本书以个人、社会与转变为着眼点，梳理了社会文化人类学百余年来的发展脉络，旨在介绍该领域全新的研究主题及其相关研究成果。全书共分为前言、第一部分（个人、时间与空间）、第二部分（社会事实）、第三部分（转变）、第四部分（方法论与方法）和第五部分（附录）（人类学的百年理论与中国人类学的本土化）六个部分。

本书既可以作为社会学或者其他相关专业的研究生教材，也可以作为基础读物，为一般读者提供了解社会文化人类学当代发展的最新信息。

责任编辑：石红华　　　　　　　　　　责任校对：董志英
封面设计：睿思视界　曹来　　　　　　责任出版：刘译文

个人、社会与转变：社会文化人类学视野
章立明　著

出版发行：知识产权出版社有限责任公司	网　址：http://www.ipph.cn
社　址：北京市海淀区西外太平庄 55 号	邮　箱：100081
责编电话：010-82000860 转 8130	责编邮箱：shihonghua@sina.com
发行电话：010-82000860 转 8101/8102	发行传真：010-82000893/82005070/82000270
印　刷：北京中献拓方科技发展有限公司	经　销：各大网上书店、新华书店及相关专业书店
开　本：787mm×1092mm　1/16	印　张：19.5
版　次：2016 年 7 月第 1 版	印　次：2016 年 7 月第 1 次印刷
字　数：328 千字	定　价：58.00 元
ISBN 978-7-5130-4301-4	

出版权专有　侵权必究

如有印装质量问题，本社负责调换。

理论研究丛书编委会

主　编　何　明
副主编　陈庆德　周　平　杨　毅
　　　　　李志农
编　委（按姓氏笔画排序）
　　　　　马居里　马翀炜　李志农
　　　　　李丽双　李晓斌　陈庆德
　　　　　何　明　杨文辉　李晨阳
　　　　　张　跃　周　平　赵春盛
　　　　　桂　榕　高志英　瞿明安

序　言

何　明

　　在民族学/人类学界，学者们经常用"民族志"（Ethnography）研究和理论研究来区分研究成果，换言之，民族学/人类学的主要成果可以区分为"民族志"和"理论著作"两大类，例如英国人类学家马林诺夫斯基的著作《西太平洋的航海者》和《文化论》，美国人类学家格尔兹的《深层的游戏：关于巴厘岛斗鸡的记述》和《文化的解释》，中国人类学家费孝通的《江村经济》和《生育制度》等。

　　民族志的所指有两个方面：一是作为作品的民族志，即民族学家/文化人类学家撰写的文本；二是作为过程的民族志，即田野工作（Fieldwork）[1]。前者依赖于后者，没有文本撰写者的田野工作过程和调查内容记述，就没有现代学科意义上的民族志作品；但民族志文本却不等于田野工作，不是对田野调查内容的简单记述和资料排列，而是对田野工作过程和所获得的调查资料进行系统梳理和解释分析的结果。民族志作品一般都有对具体的人物和事件的叙述，"讲故事"是民族志作品与其他学术文本相区别的基本特征，而与小说、报告文学等叙事性的文学作品具有了相似性。但民族志并不满足于"讲故事"，而是要通过对所研究的社会文化的特征和逻辑作出系统的分析解释与理性的归纳概括，即所谓"概化"而达到"深描"的目的，由此民族志因具有一般文学作品所不具备的学术性或学理性而成为学术作品，可以称之为具有程度不等的叙述性内容的学术文本。

　　民族学/人类学的理论研究主要对人类社会文化和研究方法论两个方面的问题进行普适性、抽象性的分析与概括，其文本的思维方法及表述方式与哲

---

[1] Alan Barnard and Jonathan Spencer, Encyclopedia of Social and Cultural Anthropology, p.193, London and New York: Routledge Talor & Francis Group, 2005.

学、历史学、文学等其他人文学科的学术研究文本大体相同，而与民族志研究形成明显的区别。理论研究与民族志研究的差异体现在以下两个方面：一方面，所指对象、范围不同。民族志作品大都为个案研究，研究范围限定于某一个或某几个群体或社区，研究对象具有明确的所指，所做的"概化"是对田野工作所获得的资料的分析归纳；理论研究则需超越个案研究，讨论分析的范围往往没有明确的边界，至少覆盖某一类社会文化或研究方法，提出的学术观点或进行的理论建构具有一定的普适性。换言之，民族志研究的分析判断主要为对个别对象作出单称判断，理论著作的分析判断则对一类对象的全体作出全称判断。另一方面，表述方式不同。民族志作品必定包含叙述性内容，具有明显的具象性特征，作者的分析概括大都表现为"寓理于象"或"用事实说话"的归纳性表述；而叙述性内容在理论研究著作中却是可有可无的，至多援引为佐证材料，论证和演绎为理论著作撰写所采用的主要思维方式，抽象性的分析、推导与概括成为理论著作的文本特征。

民族志研究与理论研究在民族学/人类学学科中缺一不可。被视为现代民族学/人类学学术生产核心产品的民族志，体现了民族学/人类学的学科特色，直接履行了呈现与解释人类社会文化多样性的职能，同时为理论研究工作提供了问题的来源、资料及事实的依据和理论建构的基础。民族学/人类学的理论研究进一步提升、概括与普适化民族志的研究成果，既扩大了适用外延，把对个别对象的单称判断扩展为对一类对象的全称判断，又深化了论题内涵，形成了更为系统严密的观点、知识和理论体系，更便于成为学者乃至社会共享的成果，并通过反思与讨论田野工作和民族志撰写，为民族志研究开辟出新的论题、视角、模式和工具，促进民族志研究的不断深化和创新。

从 20 世纪 40 年代起，云南大学的民族学/人类学组织开展了一系列的田野调查，以民族志研究享誉学界，与此同时，云南大学非常重视民族学/人类学的理论研究，吴文藻、方国瑜、江应樑等第一代学者的边政学理论研究和熊锡元等第二代学者的民族心理研究等已成为中国的民族学/人类学理论的宝贵财富，近年来一批中青年学者在经济人类学、边疆治理、艺术人类学、象征理论、民族文化和族群理论等领域的探索为中国民族学/人类学的理论建设作出了贡献。组织出版民族学与人类学"理论研究丛书"，旨在推出云南大学民族学/人类学学者新的理论研究成果，进一步推动民族学/人类学的发展。

目 录

导 论 ··· 1
 第一节 人类学辨名及其学科化 ··· 1
  一、人类学名称辨析 ··· 2
  二、人类学的学科化 ··· 5
 第二节 人类学研究的核心议题 ··· 8
  一、美国国家科学基金人类学课题简介 ··································· 8
  二、NGO 资助项目与国际会议名录中的人类学高频词 ············ 11
  三、中文类人类学的相关出版物 ··· 12
 第三节 本书的篇章结构 ·· 15
  一、个人、时间与空间 ··· 15
  二、社会事实 ·· 16
  三、转变 ·· 17
  四、方法论与方法 ·· 17
  五、附录 ·· 18

第一部分 个人、时间与空间

第一章 作为生命最基本存在的身体 ·· 21
 第一节 从隐匿到开显的身体 ·· 21
  一、漠视身体的肉体性存在 ··· 21
  二、高调登场的身体 ··· 23
  三、身体研究的当代意义 ·· 26

个人、社会与转变：社会文化人类学视野

第二节　身体在人类学中的展布 …… 28
一、体质人类学中的身体研究 …… 28
二、社会文化人类学中的身体研究 …… 31

第三节　人类学身体研究的整体观 …… 37
一、身体建构论的缺陷 …… 38
二、身体研究的整体思路 …… 39

第二章　时　间 …… 42

第一节　人类学中的时间研究 …… 42
一、《论爱斯基摩人社会的季节性变化：社会形态学研究》 …… 43
二、《努尔人——对尼罗河畔一个人群的生活方式和政治制度的描述》 …… 45
三、《巴厘的人、时间、行为》 …… 47

第二节　时间认识与利用 …… 48
一、时间的认识论 …… 48
二、个人在时间中独一无二的存在 …… 53

第三节　行动者的时间实践 …… 61
一、不同族群行动者的时间实践 …… 61
二、身体成为不同时间约束与管控的对象 …… 63

第三章　空　间 …… 67

第一节　人类学的空间研究 …… 67
一、空间是社会形态学的容器 …… 68
二、空间是社会结构的象征物 …… 71

第二节　空间理论的新发展 …… 73
一、布迪厄的空间实践 …… 74
二、列斐伏尔的空间直感行为 …… 75

第三节　民族志中的空间实践 …… 76
一、凉山彝人的"撞"或"惹" …… 77
二、晋江—香港移民的"做家" …… 78
三、东埔社布农人的家屋空间转换 …… 79

第二部分　社会事实

第四章　生计与交换 ································· 87
第一节　经济的实质与形式之争 ······················ 87
一、实质主义学派（Substantivism） ················ 88
二、形式主义学派（Formalism） ···················· 90
第二节　人与自然交换的生计方式 ···················· 92
一、生计方式中的生态制约 ························ 93
二、生计方式中的性别分工 ························ 96
第三节　人与社会交换的社会关系 ··················· 100
一、互惠是一种普遍存在的交换方式 ··············· 100
二、作为再分配形式的"夸富宴" ················· 102
三、社会交换理论的延伸领域 ····················· 104

第五章　婚姻与家庭 ································ 106
第一节　婚姻是制度化的性 ························· 106
一、性的生物与社会属性 ························· 106
二、乱伦禁忌促使外婚制产生 ····················· 110
三、维系婚姻关系存续的弹性做法 ················· 111
第二节　作为社会化机构的家庭 ····················· 112
一、人类的幼态持续需要一个抚育单位 ············· 113
二、日常生活中的性教育 ························· 114
三、青少年的性社会化 ··························· 117

第六章　权威与秩序 ································ 122
第一节　人类学中的政治/法律研究 ·················· 122
一、职业律师对古代社会的推演 ··················· 122
二、人类学对非西方社会的政治研究 ··············· 124
三、人类学的法律研究 ··························· 127
第二节　非集权制社会中的政治权威 ················· 129
一、队群中非正式的头人 ························· 130

二、部落中的首领 ··· 131
　　三、酋邦中的酋长 ··· 132
　第三节　非集权制社会中的社会秩序 ································· 134
　　一、简单社会中的社会控制 ··· 135
　　二、以巫术作为社会控制手段 ······································· 136
　　三、通过表演来建构秩序 ··· 139

第七章　信仰与仪式 ··· 141
　第一节　人类学中的宗教研究 ··· 141
　　一、宗教的进化论研究 ··· 141
　　二、宗教的结构—功能研究 ··· 143
　　三、宗教的象征/阐释研究 ·· 144
　第二节　人类学的宗教研究主题 ······································· 146
　　一、作为观念形态的神话研究 ······································· 146
　　二、行为模式的仪式研究 ··· 148
　第三节　宗教研究的当代转向 ··· 150
　　一、土著部落的"千禧年运动" ····································· 150
　　二、世界性宗教研究 ··· 152

第三部分　转　变

第八章　复杂社会 ··· 157
　第一节　复杂社会研究 ··· 157
　　一、人类学中的复杂社会研究 ······································· 158
　　二、农民学中的农民研究 ··· 160
　第二节　中国农民社会研究 ··· 164
　　一、中国农民社会研究的四个阶段 ··································· 164
　　二、中国农民社会的研究主题 ······································· 168
　第三节　复杂社会的研究单位 ··· 170
　　一、村落研究的传统 ··· 170
　　二、备受质疑的村落研究 ··· 172

三、村落研究的新思路 173

第九章　流动与适应 177
　第一节　人类学的都市研究 177
　　一、人类学的美国都市社会研究 178
　　二、人类学对移民社会的研究 179
　第二节　移民的流动理论与实践 181
　　一、推－拉理论及其拓展 181
　　二、流动网络与社会资本理论 183
　　三、依托种姓－家族的流动实践 184
　第三节　移民的适应理论与个案分析 187
　　一、社会适应理论 187
　　二、文化调适的经典个案 189

第十章　发展与参与 192
　第一节　人类学与发展的相遇 192
　　一、人类学与殖民统治的关系 192
　　二、人类学与发展的关系 195
　第二节　从涵化到指导性变迁 198
　　一、作为强制性变迁的涵化 198
　　二、人类学家介入的社会变迁项目 200
　第三节　社区主导型发展 204
　　一、参与式发展 204
　　二、以社区为主导的发展 206

第四部分　方法论与方法

第十一章　自我与他者 211
　第一节　作为两极存在的自我与他者 211
　　一、启蒙时期"高贵的野蛮人" 212
　　二、进化论烛照下的原始人 214
　　三、后现代质疑声中的他者 215

第二节　尝试消解自我与他者的对立 218
　　　一、人类学家的西方社会研究 219
　　　二、主客位视角的阐释 220
　　第三节　对自我与他者关系的反思 223
　　　一、人类学家的职业伦理 224
　　　二、人类学家与当地人互为他者 225

第十二章　做田野与写民族志 230
　　第一节　田野工作迷思 230
　　　一、人类学安身立命的田野工作 230
　　　二、田野工作的核心方法 237
　　第二节　民族志写作的三种类型 242
　　　一、地理大发现以来的杂拌民族志 242
　　　二、20世纪中前期的科学民族志 244
　　　三、20世纪80年代以来的实验民族志 245

第五部分　附　录

第十三章　人类学理论的百年发展 253
　　第一节　人类学理论的古典时期 253
　　　一、古典进化论 254
　　　二、文化传播论 256
　　第二节　人类学理论的现代时期 258
　　　一、美国历史文化论 258
　　　二、法国年鉴理论 259
　　　三、英国结构—功能主义 260
　　第三节　人类学理论的当代时期 262
　　　一、美国新进化论 262
　　　二、法国结构主义 263
　　　三、象征/阐释主义 264
　　第四节　人类学理论的后现代时期 265

一、沃勒斯坦的世界体系论 …………………………………… 265
　　二、布迪厄的实践论 …………………………………………… 267
　　三、吉登斯的结构化理论 ……………………………………… 268

第十四章　人类学的中国化反思 …………………………………… 271
第一节　人类学中国化的内涵和目标 …………………………… 271
　　一、20世纪30年代，"中国学者研究中国社会" ……………… 272
　　二、20世纪80年代，"在西方人类学理论与方法中
　　　　添加中国经验" ……………………………………………… 273
　　三、20世纪90年代，"从中华文化中提炼出适合全人类
　　　　不同文化、不同民族的理论" ……………………………… 275
第二节　中国人类学的命题与经验 ……………………………… 277
　　一、中国人类学命题 …………………………………………… 277
　　二、中国人类学的经验 ………………………………………… 279
第三节　人类学的中国化思路 …………………………………… 283

参考文献 …………………………………………………………… 286

后　　记 …………………………………………………………… 296

导　论

这一部分主要涉及三个方面的内容，首先，通过对人类学学科名称的溯源，厘清体质人类学、文化人类学、社会人类学与民族学等相关名称之间的分类依据和学科传统；然后，通过有关人类学的基金项目、会议名录、相关出版等聚焦人类学的核心议题；最后，如何定位自身，也就是说本书将打算从哪些方面来回应以上的中心议题，包括篇章目录中的设计与结构等事宜。

第一节　人类学辨名及其学科化

人类学（Anthropology）一词源于希腊文 Anthropos 和 Logia，即对人的研究。作为知识的人类学材料出现得较早，因为不同族群的人们在接触过程中，最直观感知到的就是他人的体形样貌及其习俗举止，如在古埃及第 19 王朝的金字塔中的壁画上就分别绘有埃及人（Egyptian）、亚洲人（Asians）、闪米特人（Semu）、南方黑人和西方白人等不同族群的形象。在早期西方学者的历史著述中也有大量关于非西方族群的文字记载，如希罗多德（Herodotus）的《历史》、色诺芬（Xenophon）的《希腊史》、凯撒大帝（Caesar IV）的《高卢战记》和塔西佗（Publius Tacitus）的《日耳曼尼亚志》等。其中最早见之于文字的人类学材料是出现在公元前 5 世纪的希罗多德的《历史》，书中描述了西亚、北非和希腊地区许多族群的体形特征、居住环境、语言、习俗、制度

和信仰等。公元 1 世纪塔西佗的《日耳曼尼亚志》也描绘了古代日耳曼人各部落的经济活动、政治组织、社会生活和风土人情等。此外，在圣经的《旧约全书》和《新约全书》中也有多处提到犹太人（Yehudim）、埃及人、赫梯人（Hittite）、巴比伦人（Chaldaic）、埃塞俄比亚人（Ethiopian）、罗马人（Romans）等这些不同族群的名称。当然，作为一门学科的人类学则出现得较晚，如沃勒斯坦（Immanuel Wallerstein）所言，到了 19 世纪中期现代社会科学才"完成自己的蜕化成为学科的"❶。

一、人类学名称辨析

在人类学学科的发展过程中，出现了几个不同的名称，如人类学、文化人类学、民族学、社会人类学、体质人类学、社会文化人类学等，这些不同名称的出现与交叉使用，既与学科本身的发展有关，也与不同时期、不同国家及研究者的历史文化背景有关。

（一）社会人类学（Social Anthropology）

"人类学"一词最早是在 1501 年由德国学者亨德（M. Hundlt）使用的，他当时出版了一本以《人类学》为书名的著作，论及人体的解剖学和生理学，人类学指的是关于"人体解剖和人的生理的研究"❷。

直到 1870 年，英国才出现"社会人类学"一词，它指的是"对各种不同类型的社会进行比较，特别注意那些原始的、野蛮的或没有文字民族更自然的社会形成的一门关于人类社会本质的调查学科"❸。也就是说，该门学科定位为通过对民族志和历史学原始资料的研究，来探究不同地区社会特点的相似性。于是，社会人类学逐渐从历史学中独立出来并开始形成自己的理论体系。

当然，人类学界起初对于社会人类学中的"社会"一词，理解得相当随意。最早在大学里获得社会人类学教授头衔的，是英国人类学家弗雷泽

---

❶ ［美］I. 沃勒斯坦：《开放社会科学》，刘锋译，北京：生活·读书·新知三联书店，1997 年，第 22 页。

❷ 黄淑娉、龚佩华：《文化人类学理论方法研究》，广州：广东高等教育出版社，1998 年，第 5 页。

❸ ［英］拉德克利夫 - 布朗：《社会人类学方法》，夏建中译，北京：华夏出版社，2002 年，第 125 页。

(James Frazer)。他所做的社会人类学研究，就是将殖民地官员、探险家、传教士和旅行者等在世界各地搜罗来的民族志资料，纳入自己对原始宗教和习俗的研究里，他并未直接与"活生生的人"和具体的社会打交道。拉德克利夫－布朗对于什么才是社会人类学有自己的理解，他下的定义是："社会人类学是一门关于人类社会的理论性自然科学，它研究社会现象，所用的方法与物理和生理科学所用的方法基本上相同，如果有人同意，我更愿意把这个学科称作比较社会学，重要的是这个学科本身，而不是它的名称……虽然我已把社会人类学定义成对于人类社会的研究，但有些人则把它定义成对于文化的研究，人们或许认为这种定义上的差异并不重要，但实际上它导致的则是两种不同的研究，在对问题的理论概括上这两者是很难达成一致的。"[1]

(二) 民族学（Ethnology）

其实拉德克利夫－布朗所说的"文化研究"对应的是另一个概念——法、德等国所称的民族学。"民族学"一词也源于希腊文 Ethnos 和 logia，意思是族的研究。这一术语最早出现在 1607 年，而把它作为一个学科名称来使用的是 1830 年法国物理学家昂佩勒（Jacques Ampere），他在制订学科分类表时，"把它划为一个单独的学科"[2]。

在欧洲大陆，法德两国就把研究原始文化的学科称为民族学，如 20 世纪初的法国人类学界使用民族学一词时，主要指的是为年鉴学派学者提供比较社会学的素材和资料。到了 20 世纪 50 年代，随着结构主义的确立，这门学科才在名称上模仿英国，改称"社会人类学"，而内涵上却保持其民族学的追求，即侧重文化异同的比较研究，尤其注重对意识与无意识做深层思维结构的分析。当然，在有的情况下，两者也可理解为就是近义词。如德国著名的马普研究所挂着英德两种文字的铭牌，德文的标注"Institut für Ethnologie"意为民族学研究所，而英文的"Institute for Soci－Anthropology"则为社会人类学研究所。

虽然拉德克利夫－布朗曾经说过，"民族学的第一个任务就是根据人种特征、语言和文化来对民族进行分类；第二个任务就是通过从各种各样的间接根

---

[1] ［英］拉德克利夫－布朗：《原始社会的结构与功能》，潘蛟等译，北京：中央民族大学出版社，1999 年，第 212 页。
[2] 夏建中：《文化人类学理论流派》，北京：中国人民大学出版社，1997 年，第 2 页。

据中引出推测,来获得有关民族历史的知识"[1]。但在欧美学术界,人类学与民族学这两个名称一直是交替使用的。如法国在 1839 年成立了世界上最早的民族学会,1859 年成立人类学会;1842 年美国在纽约成立民族学学会,1879 年成立华盛顿人类学协会,1902 年成立美国人类学协会;1843 年英国在伦敦成立民族学会,1863 年成立伦敦人类学会,1871 年两会合并为人类学学会;1845 年俄国在地理学会内成立民族学分会;1894 年奥地利成立民族学会;1869 年德国成立人类学、民族学和史前史学会……从 1933 年开始,人类学的国际组织成立,由于考虑到不少国家或地区的人类学亦被称为民族学,因此,该组织的全称为"国际人类学与民族学联合会",后来成为联合国教科文组织的下属机构,负责筹备和组织每四年召开一次的国际人类学与民族学学术研讨会。迄今为止,该机构已成功举办了 16 届大会,2009 年第 16 届国际人类学与民族学大会就在中国的云南省昆明市成功举办。

(三) 文化人类学(Cultural Anthropology)

1901 年,美国学术界把人类学分为体质人类学和文化人类学两个部分,创立了"文化人类学"这个名称,用以区别英国的社会人类学和法德等国的民族学,其中文化人类学包括考古学、民族学和语言学三个分支学科。

博厄斯(Franz Boas)就曾把美式人类学视为是由考古学、民族学、语言学和体质人类学四个分支学科组成的。这是因为美国人类学自诞生之初就以本国的印第安人作为研究对象,而印第安人在此之前并无相应的文字记载和完整研究,因此需要从整体上把握其种族属性、历史、语言、风俗及物质文化等。而在欧洲,研究非西方社会文化的人类学者与研究包括西方社会在内的学者在考古、语言、神话等诸学科之间早已进行过分工,形成了各自专属的研究领域。

在第二次世界大战后,人类学界还出现了"社会文化人类学"(Socio-cultural Anthropology)一词,用来指称人类学中研究社会和文化的部分,本书也将使用这一名称。为了简明起见,书中除了另加注明外,就用人类学这一略称来指称社会文化人类学。

---

[1] [英]拉德克利夫 - 布朗:《社会人类学方法》,夏建中译,北京:华夏出版社,2002 年,第 145~146 页。

二、人类学的学科化

1966年,英国人类学家毕特(John Beattie)出版人类学教科书《异文化:社会人类学的目标、方法和成就》,明确提出人类学就是一门对非西方社会生活研究的学问,关注的是其社会与文化的层面,因此它渐渐脱离以前人类学进化论中的生物学的基础而更加接近社会学的研究,在这个意义上,社会人类学就不再是人类学的一个分支而是人类学本身。至于哪些学科属于社会与文化层面的研究,在其学科化的过程中一直处于增删变化中。

(一)人类学范畴

人类学确立名称并诞生了自己的理论体系,是从19世纪60年代以后才开始的。"在1860年之前没有任何民族学博物馆,没有民族学大学讲座或课程,没有任何可供实地调查的设施和准备,也没有正规的民族学方面的出版物"❶。1879年,美国罗彻斯特大学第一次开设了含学分的普通人类学课程❷;到了1907年,弗雷泽成为利物浦大学的社会人类学教授;1925年,拉德克利夫-布朗在澳大利亚悉尼大学创立人类学系……自此,人类学学科开始进入知识生产与再生产阶段。

作为一门研究人本身及其文化的横跨自然科学和社会科学的综合性学科❸,人类学是从整体性来研究人的生物性与社会/文化性的。其中研究人类自身生物性方面的称为体质人类学,包括人类起源学、人种学、人体形态学(人体结构学)和人类遗传学四个主要分支学科。体质人类学研究人类的起源和进化规律,探讨人种的形成、演变、分类、分布和体质特征,分析人类的血缘、基因和遗传,测量不同人种和不同地区的人体外部器官的比例、特征,探索其差异形成的原因,从基因和血缘的角度分析不同民族之间的亲缘关系及其来源等。

---

❶ [美]埃尔曼·R. 瑟维斯:《人类学百年争论(1860—1960)》,贺志雄等译,昆明:云南大学出版社,1997年,第3~4页。
❷ [美]威廉·A. 哈维兰:《文化人类学》第十版,瞿铁鹏等译,上海:上海社会科学院出版社,2006年,第6页。
❸ 中国以人类学命名的期刊《人类学学报》是由中国科学院古脊椎动物与古人类研究所办的,它刊登的文章,大多数属于体质人类学的范畴。

个人、社会与转变：社会文化人类学视野

那么，人类学的社会文化研究包含哪些内容呢？泰勒（Edward Talyor）在《原始文化》（1871）中说："人类科学的各部门是极为多样的，扩展开来可分为躯体与灵魂，语言和音乐，火的取得与道德。"❶ 马林诺夫斯基则明确界定了人类学范畴，即"研究人类及其在各种发展程度中的文化的科学，包括人的躯体、种族差异、文明、社会构造以及环境对于心灵的反应"，具体说来，人类学"包括交叉文化研究和进化论研究，即研究他们的躯体和文化的各个方面，从他们的牙齿如何形成到他们如何获取食物、建造房屋以及抚养儿童等。"❷ 也就是说，从马林诺夫斯基之后，体质人类学、古代人类的发现、比较心理学、人类的分类与分布、民族学、考古发现的历史、工艺学、宗教社会学、语言学、文化分类与环境知识门类，都被融为了一体。用库伯（Adam Kuper）的话来说："在20世纪早期，人类学的研究对象得到相当清楚的界定，其核心是一门专门关注原始文化的研究，这个领域通常会在许多的名头下加以讨论，如物质文化、民俗、宗教、巫术以及社会学，也许还包括语言、法律甚至环境。"❸

随着人类学学科化的发展，人类学的分支学科一直处在不断地变化之中，因为人类学不是一门单一的学科，总会增加一些多少与之有关系的学科，同时也排除与之关系越来越少的学科。布林顿（Daniel Brinton）认为，心理学作为生理学的一部分，应该包括在人类学当中，因为人类学是研究人类生理与心理的学科，他对人类学作了以下细分❹：体质学——物理学的与实验的人类学，主要包括内体质学、外体质学、心理学和比较体质学等；民族学——历史的与分析的人类学学等；民俗志——地理学的与记述的人类学，主要包括一般民族志和特殊民族志等；考古学——原始史与史前学，主要包括一般考古学和特殊考古学。

---

❶ [英]爱德华·泰勒：《原始文化》，连树声译，上海：上海文艺出版社，1992年，第2页。
❷ [美]F. 普洛格、D.G. 贝茨：《文化演进与人类行为》，吴爱明等译，沈阳：辽宁人民出版社，1988年，第4页。
❸ Kuper Adam. Anthropology and Anthropologists: The Modern British School. Routledge & Kegan Paul. 1983. p. 2.
❹ 杨圣敏等主编：《中国人类学民族学学科建设百年文选》，北京：知识产权出版社，2009年，第49～50页。

(二) 世界三所著名大学的人类学学科的分类

以下是英联邦国家中英国和澳大利亚人类学的学科分类，从中可以发现人类学分支学科变化的一些端倪。

1. 牛津大学的人类学[1]

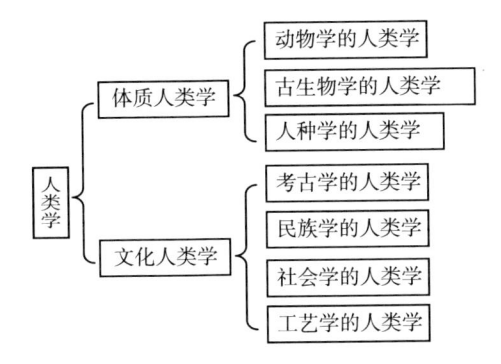

```
            ┌ 体质人类学 ┬ 动物学的人类学
            │            ├ 古生物学的人类学
            │            └ 人种学的人类学
人类学 ─────┤
            │            ┌ 考古学的人类学
            └ 文化人类学 ├ 民族学的人类学
                         ├ 社会学的人类学
                         └ 工艺学的人类学
```

把人类学划分为体质人类学与文化人类学，而在文化人类学中增加了社会学和工艺学的内容。而同属英国的伦敦大学的分类与此是有出入的。

2. 伦敦大学的人类学分类[2]

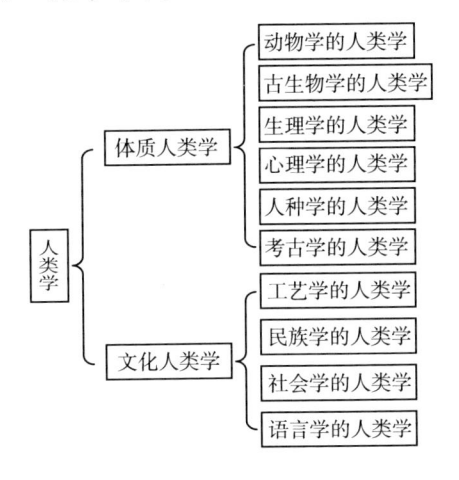

```
            ┌ 体质人类学 ┬ 动物学的人类学
            │            ├ 古生物学的人类学
            │            ├ 生理学的人类学
            │            ├ 心理学的人类学
            │            ├ 人种学的人类学
人类学 ─────┤            └ 考古学的人类学
            │            ┌ 工艺学的人类学
            └ 文化人类学 ├ 民族学的人类学
                         ├ 社会学的人类学
                         └ 语言学的人类学
```

---

[1] 杨圣敏等主编：《中国人类学民族学学科建设百年文选》，北京：知识产权出版社，2009年，第50页。

[2] 杨圣敏等主编：《中国人类学民族学学科建设百年文选》，北京：知识产权出版社，2009年，第50页。

3. 澳大利亚国立大学的人类学分类[1]

澳大利亚国立大学的人类学专业隶属于考古与人类学学系，是艺术和社会科学学院的主要构成部分。该校的人类学专业通过整合以下三个学科来记录与分析社会生活的变迁，即考古学利用一整套专业的方法和技术，通过鉴定实物来了解过去时代人们的生活；社会人类学研究当代全球化世界中文化的相似性和差异性；生物人类学则利用考古学和人类学知识整合动物学、灵长类动物学和生态学、医学和人类生物学（健康、人口结构和基因学）、地理和古生物学（人类进化）等多门分支学科，关注人类自身的生物演化及其健康需求。按照该校人类学学科的分法，考古学成为与社会人类学和生物人类学三足鼎立的分支学科。

第二节　人类学研究的核心议题

一百多年来，人类学研究的核心一直处于变化当中，但就人类学的总貌而言，它还是有某种连贯性的，即以研究非西方的社会结构与生活方式为主旨。也就是说，人类学的核心议题——它的理论与方法的动力源——总是在关注异文化的社会与结构当中，具体而言，涉及的是个人与社会、组织与结构、改变与变迁等内容。当然，我们可以通过人类学课题介绍、学术会议的人类学核心词检索和已有出版物等不同途径来看人类学核心议题有哪些交集，通过寻找高频词来确定哪些是属于人类学研究的核心议题。

一、美国国家科学基金人类学课题简介

我们试以美国国家科学基金（NSF）人类学与社会学方向课题的立项介绍为例，[2] 可以看出人类学主要关注哪些核心内容。

人类是如何进化为一个物种的？我们能从过去的和现在的不同社会中发现

---

[1] http://www.study.anu.edu.au/majors, 2010-08-26.

[2] http://www.nsf.gov/news/overviews.

有关的社会关系吗？语言是如何形成的？语言是如何起到沟通作用的，又是如何消失的？人是如何演变为社会人的？人是如何演变为个体人的？人是如何做决定的？人是如何感知和选择危险的？社会制度是如何形成的？经济、法律、政治和科技制度是如何形成的？人是如何有效改变的？在当今复杂的社会环境中，改变又是以何种方式影响人类行为的？具体而言，包括以下四个部分。

(一) 人类的形成

人类进化成一个种类的社会群体，但时间、地点、方式以及其中的原因是什么呢？我们能找出过去和现在的不同时代社会中的不同人际关系吗？

科学家通过寻找研究古老的骨头、化石和人造骨制工具等物品，揭示人类是如何在生理、智力和社会关系方面发展的。那些地层、星球和动物等周围环境能告诉科学家许多关于早期人类所面临的生活条件和使用的生活方式，不同的学科为我们揭示了不同的研究成果，考古学家关注人类遗留的实体形式的发现，如墓穴、建筑、工具和陶器；人类学家研究人类本身，从古老的骨头到现代DNA研究；地理学家关注地理空间和与人类活动的关系。

人类和地球都在不断改变中，科学家将这种变化产生的原因归于在同一时代的人，他们的文化以及他们与周围环境关系之间的差异，通过揭秘这些差异能告知为什么我们是现在这个样子，以及未来我们可能如何改变或者进化。

(二) 社会人的形成

人是如何发展出个体的人和社会的人？

家庭是如何影响个体的？为何家庭有各种形态？

通过对这些课题的研究能够揭示人意味着什么，以及在社会中与他人相处意味着什么。科学家研究的领域包括：大脑中的功能区和我们的行为与认识之间的关系；儿童和青少年在学校及其他地方是如何学习的；家庭和朋友关系；身体以及其他元素在个体和社会人形成中的作用；我们是如何通过感观来认知，并将信息整合和形成信仰的；我们是如何形成记忆和记忆是如何改变的。

人类的个体性形成和社会性发展至今仍是无法破解的谜。科学家研究了人的整个一生的社会性和生理性课题，包括从婴儿行为到学童的学习过程再到成年人对环境的态度和反应。

在生命的不同阶段，不同的社会群体重要性是不同的，如家庭、同伴、学

校、商务等。人们对于群体进行选择，可以加入某个群体，也可以不加入。科学研究显示了群体是如何影响个体的，以及个体是如何选择他们的归属的。

（三）社会制度的形成

社会制度是如何形成的，特别是经济、法律、政治和科学方面的？道德和价值观在科学和技术发展中起到什么作用？

社会制度就是大家熟悉的风俗、行为和习惯，通常制度作为一种体系具有相互作用和相互依赖的维度，因为制度是社会构建的方式，所以这方面已经拥有非常多的研究成果，特别是在以下这些方面。

1. 经济制度

经济制度不仅仅指钱，还包括人们的工作以及他们工作的方式。在当今全球经济体系中，地球另一端发生的事情都可能大大影响到我们的生活，理解地区内和全球范围的经济运行将帮助我们处理或利用在任何情况下产生的结果和变化。

2. 法律制度

法律制度科学家将帮助我们去理解法律对个人和社会、人类行为（包括犯罪行为）以及与法律体系相互作用的影响，法律决策的动态过程，法律制度变化的原因和方式。

3. 政治制度

政府和政治程序包括民主治理，政治变革触及我们所有人，通过使用科学数据和工具我们能更好地理解这些过程和影响。

（四）变化的形成

变化是以什么方式来影响人们行为的？人们是如何在现今复杂的环境中完成改变的？

巨大的改变正快速进行着，沟通、金钱和信息迅速到达世界的每个角落。比如美国西部的农民会被亚洲的农产品市场价格所影响；公司正外包不同技术要求的工作；外交政策和国内政策一样重要；科技已经可能会干涉到非常私人的决策，如是否要孩子或者吃某些特定的食物；人权问题已经变得越来越复杂和难以理解。

综上所述，人类的形成、社会人、制度与变化是其中四大关键词，除了第一部分是作为生物进化中的人类来说属于考古人类学和体质人类学范畴外，其他三个方面都属于社会文化人类学研究的领域，也就是说可以归结为是其核心议题。

二、NGO 资助项目与国际会议名录中的人类学高频词

如果说美国国家科学基金中对人类学课题的相关说明还过于宽泛的话，我们还可以用与人类学相关的核心词进行检索，看看还有哪些更具体的内容。

试以一本 1986 年 Oryx Press 出版的人类学研究基金名单为例。在包括福特基金会、洛克菲勒基金会在内的 370 余家资助机构的资助名录中，资助范围中出现频率最高的词条，如堕胎权、美学、非洲社区发展、妇女研究、战争、老龄化、农业、酗酒、行为科学、儿童侵害、儿童福利、博物馆学、环境科学、种族研究、家庭研究、民间传说、国外政策研究、人力资源、人权、国际事务研究、贫困研究、宗教研究、社会公平与正义、社会变迁和城市化与城市研究等。[1] 由此可见，在当代社会科学研究领域中，人类学与社会学、文化研究等在研究领域上具有高度的契合性。

在 2009 年第 16 届人类学民族学大会"人类、发展与文化多样性"的主题下，包含了 178 个专题会议。内容既涉及文化、种族、宗教、语言、都市、移民、生态、女性、儿童肥胖、青年问题、老龄化、环境保护文化认同、社会变迁等人类学传统研究主题，也包括区域研究主题，如南亚人类学研究、非洲国际移民研究、波利尼西亚研究和俄罗斯与中亚研究等[2]。

此外，每年世界范围内召开的人类学或文化研究大会数以百计，以 2010 年为例，每个月均在 28 场次左右。内容涉及地区研究、语言文学、音乐、多样性、差异性、精神健康、艺术、教学、矿业安全、种族、人权、自杀、移民、公民社会、视觉艺术和影视人类学、公共空间、旅游、非洲文化与发展、青年文化、全球可持续增长的旅游业、重构环境、当代艺术、土地管理与自然

---

[1] Funding for Anthropology Research. Oryx Press. 1986.
[2] 相关数据来自国际人类学与民族学联合会第十届大会会议材料，中国昆明，2009 年 7 月。

管理的地区对比和高等教育的发展等等❶。当然，这些研究主题反映的不仅仅是当代人类学研究领域的变化，也是社会公众希望人类学能在这些领域有所作为，包括如何关注、解释和发挥作用等。

三、中文类人类学的相关出版物

我们还可以通过查找中文类文化人类学/社会人类学目录下的出版物，看看人类学教科书和论文集都在关注什么。这一方面是为了明确人类学的具体研究对象，另一方面也是为了确定本书的边界，即让更多非人类学专业的学生认识和了解社会文化人类学，使其在专业培养和训练中找到与其研究方向的结合点，同时拓展他们认识自身和认识世界的视野。

（一）人类学思想史（包括理论流派类）

以文化人类学、社会人类学、社会文化人类学冠名的教材和学术著作，主要包括理论流派和学术史介绍等，以出版年限先后排列如下：哈登（Alfred Haddon）著的《人类学史》（山东人民出版社，1988），绫部恒雄主编的《文化人类学的十五种理论》（国际文联出版公司，1988），夏建中主编的《文化人类学理论学派》（中国人民大学出版社，1997），黄淑娉、龚佩华主编的《文化人类学理论方法研究》（广东高等教育出版社，1998），马库斯和费彻尔（George Marcus & Michael Fischer）主编的《作为文化批评的人类学——一个文化实验时代》（三联书店，1998），中国社会科学杂志出版社主编的《人类学的趋势》（社会科学文献出版社，2000），庄孔韶主编的《人类学通论》（山西教育出版社，2002），赵旭东著的《文化的表达：人类学的视野》（中国人民大学出版社，2009），王建民等人编著的《中国人类学民族学百年纪事》（知识产权出版社，2009）和杨圣敏等主编的《中国人类学民族学学科建设百年文选》（知识产权出版社，2009）等。

兹以三本介绍人类学理论流派的书籍为例，从中可以梳理出人类学理论流派的基本内涵。如绫部恒雄的《文化人类学的十五种理论》把人类学分为"文化进化论""文化传播主义""功能主义人类学""文化模式论""荷兰结

---

❶ http://www.conference alerts com. 2010-08-23.

构主义""文化与人格的理论""新进化主义""马克思主义人类学""结构主义""生态人类学""象征论""认识人类学""解释人类学""文化符号论"和"现象学和人类学",既阐述了十五种文化人类学的理论观点,又勾勒出整个人类学的发展脉络。

再如黄淑娉和龚佩华的《文化人类学理论方法研究》,该书把人类学理论分为"进化论在人类学中的地位""文化移动与传播""杜尔干与法国社会学派""功能-结构论""博厄斯与美国历史学派""文化变迁与涵化""列维-斯特劳斯的结构主义""新进化论""文化唯物主义""西方的马克思主义人类学"、"西方人类学的当代思潮"和"苏维埃学派"等十二个部分,并介绍其理论渊源、代表人物和著名观点。

而夏建中编著的《文化人类学理论学派》一书的副标题是"文化研究的历史",分别介绍了"古典进化派学派""传播论学派""历史特殊论学派""法国社会学学派""英国功能主义学派""文化与人格学派""新进化论学派""结构主义人类学""象征人类学"和"解释人类学"等十个主要学派,对各学派的代表人物及其文化研究观点进行了条分缕析。

从以上三本介绍理论流派的书籍来看,其中涉及的流派既有重合交集的,如进化论派、传播论派、功能主义派等,也有独辟蹊径的,如马克思主义人类学和西方人类学的当代思潮等,综合起来阅读,有利于读者对人类学理论流派有一个基本完整和全面细致的把握。

(二) 人类学导论类

这一方面的书籍包括:基辛(Roger Keesing)的《当代文化人类学》(巨流图书公司,1981),卫惠林的《社会人类学》(商务印书馆,1982),埃文思-普里查德的《社会人类学》(台北唐山出版社,1997),墨菲(Robert Murphy)的《文化与社会人类学引论》(商务印书馆,2004),朱炳祥的《社会人类学》(武汉大学出版社,2004)和哈维兰(William Haviland)的《文化人类学》第十版(上海社会科学院出版社,2006)等。

以《文化人类学》(第十版)为例,哈维兰认为人类学研究任何地方、任何时代的人,试图形成关于人及其行为的可靠知识,既涉及使他们相区别的东西,也涉及他们共享的东西。总之人类学是一门人的科学,让人们更真实地了

解人类自己，摆脱偏见，这对人类未来的发展至关重要。文化可以解释、预测社会中的一般行为，反过来这些行为又会形成或强化文化。对于一个社会的存在与发展，可以有许多不同的安排，也就是说选择的路径是多样的。然而实际情况是，理论中选择的多样性与现实的有限性经常是并存不悖的，因此，需要考虑的是人类学家必须首先考察一个民族关于他们社会应起作用方式的观念，其次确定一个民族是如何思考他们自己的行为的，最后把这些与一个民族实际上是如何行为的进行比较。

该书的结构主要分为五编。依次为第一编：人类学与文化研究；第二编：文化与持续生存——交流、儿童养育和保生；第三编：形成群体——解决合作问题；第四编：寻求秩序——解决失序问题；第五编：变迁和未来——对环境变迁之适应问题的解决。这五编从内容上可以分为三条线：第一条线是第一编的第一、第二章，主要介绍了人类学与文化这两个大的概念以及相关的知识；第二条线包括第二编、第三编、第四编，主要从剖面上分析了涉及一个群体、社会的形成与存在的方方面面的问题；第三条线包括第一编的第三章和第五编，主要从纵向研究了文化的起源与变迁和未来。这三条线从横向与纵向涵盖了文化人类学的方方面面，每个章节后面的经典阅读文选更为阅读者提供了深入了解某一个方面知识的机会。

（三）论文集

这一方面的著作有周星等人主编的《社会文化人类学讲演集》（天津人民出版社，1996），拉德克利夫-布朗的《社会人类学方法》（华夏出版社，2002）和毛斯（Marcel Mauss）的《社会学与人类学》（上海译文出版社，2003）等。

《社会文化人类学讲演集》是 1995 年北京大学主办的社会文化人类学高级研讨班演讲稿的汇编。这个研讨班是东亚地区人类学家的一次盛会。全书包括七大部分，共 45 篇论文，涉及人类学家的人类学经历、人类学的理论与流派、人类学的方法论、人类学的分支学科、人类学与现实社会、田野民族志节选和人类学的教学与区域研究等内容。

《社会人类学方法》是拉德克利夫-布朗的遗著，收集了作者从 1923—1951 年的五篇文章和未完稿的社会人类学著作的前五章，主要包括了拉德克利夫-布朗对社会人类学的方法、性质、构架及理论范畴等方面的见解。其中重要的论文如《民族学的方法和社会人类学的方法》(1923)，在文中作者对民族学与社会人类学进行了界定，时至今日，该标准仍被英国社会人类学界奉为圭臬；在《论社会科学中功能的概念》(1931)一文中，拉德克利夫-布朗描述了社会人类学作为文化或社会生活的学科内容，随后他越来越频繁地使用社会结构和社会体系，并且不再使用"文化"这个术语。

《社会学与人类学》是毛斯的主要代表作，收集了他一生各个时期具有代表性的论文，其中《论爱斯基摩人社会的季节性变化》一文专门研究了地理环境、气候与爱斯基摩人社会的组织、宗教、法律等的关系；《论礼物》一文已成为人类学上的经典，启发了波拉尼（Karl Polanyi）、布迪厄和鲍德里亚尔（Jean Baudrillard）等人的研究；其中《各种身体的技术》对于福柯的自我技术论和布迪厄的惯习论产生了深远的影响，从而催生了身体叙事与身体研究的后现代走向。

第三节 本书的篇章结构

虽然人类学已经诞生百余年，但与历史学、文学等传统人文学科来说，它还算是相当年轻的学科。随着20世纪的世事变迁，人类学界内外对其研究对象和方法的反思，把这门学问推到了风口浪尖之上，从而对现在及将来人类学的发展都形成挑战，因此有必要再度思考人类学的研究对象、研究内容、方法论和方法等。通过爬梳人类学的学术思想史，我们可以发现该学科的核心词汇至少可以包括个人、时间、空间、生计、交换、消费、性、婚姻、家庭、权威、秩序、神话、仪式、语言、他者、自我、田野工作、民族志等，其实这些关键词汇就是对人类学研究对象与研究方法的汇总，也就是人类学的基本主题。基于整体性考量，本书将从以下五个部分来整合结构，就是既注意各部分的侧重点，也与核心主题形成呼应。

一、个人、时间与空间

社会人类学的研究对象是作为人（Person）的人类。"脱离社会结构，我

们将无法研究人,脱离作为社会结构组成单位的人,我们也无法研究社会结构"❶。实际上,社会和个体二者不是对抗的东西,个体所属的文化提供了构成他生活的原始材料,因此,"没有个体所参与的文化,个体就根本不可能去接近他的潜在的那些东西,相反,文明的任何成分归根结底都是个体的贡献"❷。

本书的第一部分由第一章"作为生命最基本存在的身体"、第二章"时间"和第三章"空间"三个部分组成,其中时间和空间将作为个人与社会之间的联结点。首先,从身体来剖析个人,因为人类的身体兼具生物性与社会性,是个人最本质的存在;时间和空间是自我的坐标系列,生命作为一种时间性存在,个人行为的周期部分由生物节奏控制,这种节奏提供了日常作息的架构,个人也会服从时间周期的社会节奏,形成组织、使用和回应时间的方法;作为肉体存在的个人也具有空间性,社会塑造的个人在空间使用上具有明显的一致性,特别是身体活动的空间并不仅是物质环境,也是经过社会文化整合的空间。也就是说,身体、时间和空间三个要素及其相互关系,正好能把制度性的结构与认知,以及它们与主体实践的互动融为一体。

二、社会事实❸

社会事实部分主要由第四章"生计与交换"、第五章"婚姻与家庭"、第六章"权威与秩序"和第七章"信仰与仪式"四个板块组成,这一部分属于社会文化人类学传统的研究领域。事实上,经济、亲属关系、政治/法律和宗教之间非但不存在泾渭分明的界限,在很多场合它们甚至是浑然一体的。比如来自大洋洲的民族志表明,经济现象实际上是与当地社会中的亲属关系和宗教现象分不开的;非洲的民族志则说明,从亲属关系中衍生出的权威是如何维持并与社会秩序发生作用的,政治的冲突与融合乃是当地的生态环境、亲属组织

---

❶ [英]拉德克利夫-布朗:《原始社会的结构与功能》,潘蛟等译,北京:中央民族大学出版社,1999年,第217~218页。
❷ [美]露丝·本尼迪克特:《文化模式》,王炜等译,北京:生活·读书·新知三联书店,1988年,第231~233页。
❸ 依据不同的译者,书中会出现涂尔干、杜尔干和迪尔凯姆等同人不同译名现象,毛斯或莫斯也属于此类现象。

和宗教观念的一部分等。

迪尔凯姆关注的是社会事实对个人的外在性与强制性,至于个人在社会事实的形成与建构过程中有何作用,则不是迪尔凯姆关注的。传统人类学指出,社会事实虽然来自个人,但已经超越个人而成为独立存在的外在物,不但不受个人的影响,反而会支配并控制个人的行为。现代人类学关注社会事实是什么,它们之间有何关联,而当代人类学研究试图抛弃以往对社会结构的宏观考察,把社会事实视为一种个体策略与选择的过程。如巴特(Fredrik Barth)对达富尔人(Darfur)经济变迁的研究[1],通过对个人策略、选择与互动的分析,厘清行动结果与功能间的差异;再如特纳(Victor Turner)的《一个非洲社会的分裂与延续》(1957)也把恩丹布母系继嗣与从夫居制度视为是一种个体的选择,是由个体在流动的村子里循环居住造成的。

三、转变

这一部分主要是由第八章"复杂社会"、第九章"流动与适应"和第十章"发展与参与"三章内容构成。如第八章探讨了人类学的传统研究对象是如何转向复杂社会的,特别是中国农民社会关注什么议题,以及复杂社会要以什么样的研究单位进行研究的问题。"流动与适应"一章主要关注从乡村向城市,从发展中国家到发达国家的国内和国际移民在流动过程中的社会资本与社会网络建构以及在流入地的适应和融入问题。"发展与参与"一章主要关注乡村在现代化过程中,谁的现代化和如何实现现代化的问题,从而直接追问发展的真谛。

这里所谓的转变就是针对传统人类学研究对象发生了哪些变化,研究内容的新趋势和新发展而来的,力图呈现人类学百年发展的动态过程。

四、方法论与方法

这一部分主要是由第十一章"自我与他者",第十二章"做田野与写民族

---

[1] F·Barth. Economic Spheres in Darfur. in R. Firth (ed.), Themes in Economic Anthropology. London: Tavistock. 1967. pp. 149~174.

志"两章构成,涉及田野工作的方法论和民族志写作等方法论和田野工作与民族志写作等具体事宜。对我者与他者的认识论进行反思,并提出消解两者对立的实践策略。由于当代田野已发生了巨大变化,因此如何进行田野工作,如何写作民族志也在探讨之列。特别是分析了实验民族志向个人中心转向中涉及的问题,"这些实验集中地探究如下问题:在被研究者眼中生活是什么?生命在不同的社会环境中的体验是什么?为了用直觉探知被研究者日常生活经验的本质,我们需要抛弃传统功能主义民族志那种依靠观察和评注被研究者的集体象征的做法,从而建构不同的范畴和不同的文本组织形式"❶。

五、附录

这一部分包括第十三章"人类学理论的百年发展"和第十四章"人类学的中国化反思"两章。第十三章剖析了社会人类学百年发展过程中的重要理论,从19世纪古典人类学对进化和起源的追问开始,到现代人类学对功能-结构的强调,再到对象征和意义的阐释,最后是在世界体系论、实践论和结构论启发中的人类学走向。

中国人类学在百年发展中的本土化焦虑,也在这一部分进行专章分析,如人类学中国化的内涵与目标、中国人类学命题以及人类学中国化的其他内容等。

以上的五个部分并不能涵盖人类学研究的所有领域,但总体上覆盖了该学科的核心话题,而且在这些话题之下,又可以延伸出很多的子话题,出现某种程度的延伸和拓展,力图体现该学科的整体性和立体性特征。

---

❶ [美]乔治·E. 马尔库斯,米开尔·M. J. 费彻尔:《作为文化批评的人类学:一个人文学科的实验时代》,王铭铭等译,北京:生活·读书·新知三联书店,1998年,第73页。

第一部分
个人、时间与空间

在社会现象中，身体、时间与空间早已被认为是最普遍的基本要素。具体而言，作为人类生命存在的基本方式，身体是一个"组合各种要素的栖息之所"[1]；生命是一种时间性存在，身体的日常作息节奏和社会节奏形成互锁作用；个人的空间意识与空间活动，也被整合到生命轨迹之中。以身体、时间和空间作为切入点，可以把个人的认知、行动与社会的结构、制度主题融为一体，揭示个人与社会之间的互动关系，化解以往意识主导或结构主导的两极偏颇。例如霍皮人（Hopi）的时间观和空间观就是融合在一起，即"某事不在此地发生，就不可能在此时发生；它只能在彼时和彼地发生。"[2]

---

[1] Thamas Csordas. The Body's Career in Anthropology. In Henrietta Moore Ed, Anthropological Theory Today. Malden: Blackwell Publishers. 1999. p. 173.

[2] [美] 本杰明·李·沃尔夫，《论语言、思维和现实》，高一虹等译，长沙：湖南教育出版社，2001年，第31~33页。

第一章
作为生命最基本存在的身体

　　个人生命始终是以身体为基础，它既是精神的也是物质的，或者说有生命的身体本身就是个人最直观的表述。身体不仅是生物的载体，只起某种生理性的作用，更因其处于社会与文化的建构过程中，而与社会与文化的象征相关联，被赋予社会与文化建构的意义。从前因为种种原因而被隐匿的身体，到了20世纪重新凸显出来了。身体要如何表述自身才能避免只沦为社会与文化的附庸，这就需要人类学建立自己的身体研究模式。

第一节　从隐匿到开显的身体

　　漠视身体的历史至少可以追溯到古希腊时代，在整个中世纪，对身体的压制有增无减，身体被认为是滋生罪恶的源泉。理性主义继续将精神凌驾于身体之上，然而从尼采开始，社会科学不再漠视身体的存在，高调出场的身体一跃成为当代学术中最重要的议题之一。

一、漠视身体的肉体性存在

　　早在古希腊时代，哲学家巴门尼德（Parmenides）就已把感觉与思维截然分开了，并自然而然地把精神与肉体割裂开来，这种身体与灵魂的二元对立，

个人、社会与转变：社会文化人类学视野

在后来基督教中，尤其是奥古斯丁（Aurelius Augustinus）那里，又重新得到了提倡，身体成为接近上帝的一个障碍。在整个中世纪，对身体的压制有增无减，身体被认为是滋生罪恶的源泉。在从中世纪走向现代的过程中，人类祛除了对永生之神的执迷，却又陷入对个人在世界中的脆弱性、有限性、偶然性和不确定性的焦虑之中，在怀疑一切之后，笛卡尔（Rene Descartes）找到了能确定"我在"的"我思"，并将精神凌驾于身体之上，身体在意识哲学中仍然处于理性的晦暗地带之中。

（一）柏拉图：死亡使灵魂摆脱肉体而自由自在

在《斐多篇》中，柏拉图借苏格拉底之口宣称，真正的哲学家一直是在学习死亡，练习死亡，处于追求死亡的状态之中，因为在死亡的过程中"灵魂离开了肉体而独自存在"[1]，柏拉图将这种对身体的宰制高扬为哲学家的应有之态。

为什么柏拉图会对身体表现出如此的敌意呢？在柏拉图看来，灵魂是不朽的、合理的、统一的、稳定的和不可变的；身体是要死亡的、不合理的、不统一的、多样的、不稳定的和易变的，而且身体还会产生各种各样的烦恼、疾病和恐惧，它们在不停地打扰灵魂的纯粹探究，并使知识的秘密得以继续掩藏起来，"带着肉体去探索任何事物，灵魂显然是要上当的"[2]。正由于身体及其需求、冲动和激情，令人烦恼地妨碍了真理和知识的出场，并因此经常导向谬误，所以，柏拉图认为，"我们要接近知识只有一个办法，我们除非万不得已，得尽量不和肉体交往，不沾染肉体的情欲，保持自身的纯洁"[3]，身体受到了柏拉图最严正地谴责。

在柏拉图看来，肉身之狱不仅是高耸的令人恐怖与战栗的围墙，同时，它更是一个温柔的陷阱，罪恶的渊薮，堕落的胎盘，灵魂与肉体的结合只不过是理念堕落的结果。但人在自己的有生之年，摆脱身体又是不可能的，活着就意味着存在一个身体，只有身体死亡了，求真的坦途才得以顺利铺开，这就是苏格拉底死而无憾的原因所在，因为"我们所期望和决心获得的智慧，只有在

---

[1] ［古希腊］柏拉图：《斐多》，杨绛译，沈阳：辽宁人民出版社，2000年，第13页。
[2] ［古希腊］柏拉图：《斐多》，杨绛译，沈阳：辽宁人民出版社，2000年，第15页。
[3] ［古希腊］柏拉图：《斐多》，杨绛译，沈阳：辽宁人民出版社，2000年，第17页。

我们死后而不是在我们活着的时候才有可能。"❶

（二）笛卡尔：我思故我在

文艺复兴时期对身体的赞美是热烈而短暂的，既赞美它的性感，也赞美它的美感。但是，身体仍然受到来自知识的压迫和诘难，因为通往知识之路的不是身体，而是意识和心灵。直到19世纪前，身体一直在灵魂和意识为它编织的晦暗地带里反复低回。

在笛卡尔"我思故我在"的表述中，标识"我"存在的是"思"所代表的智慧、理性和真理，而不是作为一种感性、偶然性、不确定性、错觉和虚幻存在的身体。也就是说，只有凭借心灵的能力才能揭开知识和真理的秘密。"我断定，我是一个实体，其整个的本质或本性仅仅是思考，而且为了它的存在，它不需要空间，也不需要任何物质的材料"❷，这样一来"生命及其元现象的基本范畴就被一笔从世界中勾销掉了"❸。

当然，意识哲学到黑格尔手里才发展到了登峰造极的地步，"我"被彻底地抽象为意识和精神，身体被强行纳入巨大的思辨体系之中成为"绝对理念"的产物。在意识哲学中，"人们不怎么在哲学中谴责身体了，但这也意味着身体消失了，消失在心灵对知识的孜孜探索中。以前，人们压制身体，是因为身体是个问题；现在，人们忽视身体，是因为身体不再是个问题。"❹

二、高调登场的身体

亚里士多德并不赞同身心二分的看法，他认为通过感官人类一样可以把握自然，而且他也不认为物质是某种更为本质和神秘形式的表征。斯宾诺沙的"身心合一论"和莱布尼茨的"预定和谐论"都试图解决身心的断裂问题，但是直到尼采，哲学才终结了身体与灵魂二元对立的架构。此后，经过胡塞尔、梅洛-庞蒂、福柯和巴塔耶等人的不懈努力，身体终于成为当代学术最重要的

---

❶ [古希腊]柏拉图：《斐多》，杨绛译，沈阳：辽宁人民出版社，2000年，第17页。
❷ 汪民安：《后身体文化、权力和生命政治学》，长春：吉林人民出版社，2003年，第173页。
❸ [德]马克斯·舍勒：《人在宇宙中的地位》，李伯杰译，贵阳：贵州人民出版社，1989年，第67~68页。
❹ 汪民安：《后身体文化、权力和生命政治学》，长春：吉林人民出版社，2003年，第8页。

切入点之一。

（一）尼采：以身体为准绳

如果说，传统哲学总是将人分成灵魂和肉体，而且灵魂总是人的决定性要素，肉体不过是灵魂活动的一个令人烦恼的障碍的话，那么，从尼采开始，这种二元对立的身体观，连同它的漫长传统就开始崩溃了。尼采身体哲学的一个通俗而形象的说法就是"我的身体和你的身体不同"，人和人之间的差异不再从思想、意识、精神的角度作出测定，甚至不再从观念、教养和文化的角度作出测定。也就是说，人的根本性差异铭写于身体之上，身体成为个人的决定性基础。

尼采之所以提出要以身体为准绳，是因为"身体乃是比陈旧的灵魂更令人惊异的思想"[1]，这就意味着身体完全可以自我做主了，从自身的角度对世界作出解释、估价和透视。尼采所说的身体，已经不仅仅是作为灵魂或者意识附庸的"被阉割"的身体，而是有血有肉的、有着爱恨情仇的身体。在尼采看来，个人唯一的存在就是身体，除身体之外别无他物，世界就存在于身体的自我创造和自我毁灭的永恒往返中。这样一来，身体成了哲学研究的中心，第一次成为从"真理领域中对世界作出估价的解释学中心"。

尼采哲学的一个重要维度是他在狄奥尼索斯与阿波罗之间建立的对比，前者是性力、迷狂、激情之神，是早期希腊宗教狂乱行为背后的驱动力，后者则是秩序、形式、理性和一致之神，他认为，一个健康的社会是性的激情和理性行为的协调一致，如果不能在人的生命中创造出这两个原则的满意综合，就会引发个人的病症、病态和疯狂。

（二）梅洛-庞蒂：身体是我们能拥有世界的总媒介

在将身体拖出意识哲学深渊的几大理论中，梅洛-庞蒂的知觉现象学功不可没。在1945年出版的《知觉现象学》中，梅洛-庞蒂以"身体"为题宣称，只有从身体的知觉出发，人对世界的感知才得以开始，"身体是这种奇特的物体，它把自己的各部分当作世界的一般象征来使用，我们就是以这种方式

---

[1] ［德］尼采：《权力意志》，张念东等译，北京：中央编译出版社，2000年，第37~38页。

得以经常接触这个世界，理解这个世界，发现这个世界的一种意义。"❶

梅洛－庞蒂用身体图式概念消解了身体和心灵的对立，"我在一种共有中拥有我的整个身体。我通过身体图式得知我的每一条肢体的位置，因为我的全部肢体都包含在身体图式中"❷，也就是说，梅洛－庞蒂毫不留情地剥夺了意识看似不可移易的独立性和主动性，将意识交付给作为整体的身体，而身体与情感、意志、语言和处境等相联系，身体不再只是意识的对象，或者是生物学意义上的诸器官的组合，而是一种将"身体图式"与"世界图式"合二为一的活的整体。从这个层面上说，身体成了我们与世界交往过程中的意义发生场，是我们进入世界，认识他人的唯一出口。

在梅洛－庞蒂看来，知觉总是从一个特殊地点或角度开始的，正是从身体的角度出发，外向观察才得以开始——如果不承认这一身体理论，就不可能谈论人对世界的感知。我们对日常现实的感知取决于活生生的身体，即便我们一些更高级的知觉也一定与我们原始的身体遗产有关，知觉和身体活动即使被分离，也只能是人为假想的分离，因为基本的知觉形式（比如听、看、嗅等）就包括了身体活动。梅洛－庞蒂还以断腿的心理研究为例，说明由于身体出现了损伤，判断和知觉的关系发生了根本性的错乱和断裂。

（三）福柯：身体是权力摆布的微型模型

身体是权力的对象和目标的观点，并不源自福柯。身体政治也被称作身体的规训与约束。1957年康特洛维茨（Ernst Kantorowicz）在《国王的两种身体》一书中，就分析了身体在社会文化与权力系统中的象征性涵义是如何维持并巩固权力运作的。福柯通过《疯癫与文明》《规训与惩罚》《临床医学的诞生》和《性经验史》等一系列著作，阐释了国家强权、来自社会与个人的微观权力是如何规训、惩罚和宰制身体的，把医学、精神病学、犯罪的惩罚等与身体有关的权力运作机制揭示得淋漓尽致。身体成为各种权力的追逐目标，"权力关系总是直接控制它，干预它，给它打上标记，训练它，折磨它，强迫它完成某些任务、表现某些仪式和发出某些信号。"❸ 身体之所以被宰制、改

---

❶ ［法］莫里斯·梅洛-庞蒂：《知觉现象学》，姜志辉译，北京：商务印书馆，2001年，第302页。
❷ ［法］莫里斯·梅洛-庞蒂：《知觉现象学》，姜志辉译，北京：商务印书馆，2001年，第135页。
❸ ［法］米歇尔·福柯：《规训与惩罚》，刘北成等译，北京：三联书店，1999年，第27页。

造、矫正和规范化,就是因为身体已经沦为了"政治的玩偶,是权力所能摆布的微缩模型"❶。

1957年福柯在《规训与惩罚》一书中,描述了现代性过程中作用于身体的社会力量的变化,即如何从直接的、公开的身体惩罚转变为从空间上控制身体并规训身体行为的隐蔽模式。福柯指出,现代政治和权力的运作必然会产生被动的、奴性化的身体,被政治体制与知识权力安排是个人身体无法回避的选择,因为"层级监视""规范化裁决""监狱"等各种各样的规训手段,将个人"既视为操练对象又视为操练工具"❷,因此,在现代社会体系中的身体已成为政治与文化活动的基本领域。

从尼采哲学开始,身体终于露出它被压抑的一面,随着身体哲学研究的日益深入,身体问题从遮蔽逐渐走向澄明,无论是福柯的《规训与惩罚》和《疯癫与文明》,德勒兹和伽塔里的《反俄狄浦斯》,还是巴塔耶的《色情史》等,无一不是在书写着身体的快感、欲望、力比多和无意识等,在他们看来,人类的历史不过是身体历史的变奏而已。

三、身体研究的当代意义

在20世纪前半叶,身体以一种不容忽视的方式,进入公众的社会生活中。然而,在社会科学中,关于身体的论述依然少得可怜。也就是说,经典社会科学家关注的社会事实,仍限于经济、宗教、军事、正式组织、社会阶级、日常生活的商品化、种族关系和政治的国际化等重要话题,社会理论在理解社会行为和社会结构的互动过程中实际上是忽视了身体的存在,也就是说,身体在社会科学思想中奇怪地遗失了或者说缺席了。比如马克思分析了劳动的社会再生产和组织,但没有分析劳动者身体的再生产和组织过程;韦伯追溯了现代资本主义、现代国家、正式法律、现代城市和个人主义文化的兴起,但他回避了人类行为的肉体方面,关于现代身体统治的形成过程,他几乎什么话也没说过;帕森斯关注价值如何通过内在化和社会化过程被共享;吉登斯关心通过反思性

---

❶ [法]米歇尔·福柯:《规训与惩罚》,刘北成等译,北京:三联书店,1999年,第154页。
❷ [法]米歇尔·福柯:《规训与惩罚》,刘北成等译,北京:三联书店,1999年,第193页。

来理解个人的行为，但是，帕森斯和吉登斯都不怎么关心行为者的身体，在帕森斯的行为社会学中，身体不过是行为环境的一部分，是对个人行为的时—空制约要素。

然而，任何社会都不能将活生生的身体从其符号体系中排除出去，因为所有社会成员正是通过他们的身体来交流诸如年龄、婚姻状况、性的可能性、社会地位等等信息的。所以，不谈论一个活生生的身体，我们就很难谈论身份、情绪、性、激情和衰老等。正是在这些领域中，身体、社会与文化的互动才构成了行动、实践和结构的关键特征。以奥尼尔（John Neil）的《现代社会中的五种身体》（1985）与《交流的身体》（1989），阿姆斯特朗（David Armstrong）的《身体的政治解剖学》（1983），约翰逊（Donnie Johnson）的《身体》（1983）和特纳（Bryan Turner）的《身体与社会》（1984）等著作为代表，引发了社会科学领域中的身体研究热潮。

1945年，默多克（George Murdock）在《社会结构》一书中列举了人类历史上每个已知文化都有过纪录的词条，如"年龄分级、体育运动、身体饰物、历法、清洁训练、公共组织、烹饪、合作劳动、宇宙论、求婚、跳舞、装饰、艺术、占卜、劳动分工、释梦、教育、末世学、道德观、人种生物学、礼节、信仰治疗、家庭宴会、用火、民间传说、食物禁忌、葬礼、游戏、手势、馈赠礼品、政府、问候、发式、殷勤好客、住房、卫生、乱伦禁忌、继承法规、开玩笑、家族、家族命名法、语言、法律、对幸运的迷信、魔法、婚姻、进食时间、医药、助产术、刑罚制裁、人名、人口政策、照料初生婴儿、妊娠习惯、财产权、超自然事物的赎罪、青春期风俗、宗教仪式、居住规则、性的约束、灵魂观念、地位分化、外科手术、工具制造、贸易、拜访、纺织、气候控制"等，其中直接和身体相关的，就包括体育运动、身体饰物、清洁训练、跳舞、发式、葬礼、手势、助产术、照料初生婴儿、妊娠习惯、青春期风俗、外科手术等；间接相关的，如游戏继承法规、家族、家族命名法、人名、人口政策、居住规则等。

身处多元社会文化中的我们，如果以人类学作为分析工具，那么，长期以来处于隐秘地带的身体知识就有可能去蔽并呈现出来。"从客观来看，文化形式本身就是一幅丰富多彩并且变化无穷的画面，随着各个民族变化着的精神背景，许多分散的现象变为一个整体，并不断改变着自己的面貌。"❶ 正因为多元文化本身就是人类身体多样性的博物馆和试验场，所以，通过梳理身体知识的相关事项，修正以往身体的认识论，就能使人类有关身体的认识重新得到思考和呈现。

第二节　身体在人类学中的展布

在《牛津英语词典》中是这样定义身体的："人或者其他动物的物质材料框架或结构，该组织通常被视为一个有机的实体。"❷ 也就是说，物质性与有机性是构成身体的基本特质。正因为如此，身体才可能成为人类认识世界的物质基础和隐喻主题，传达其意图和愿望。体质人类学与社会文化人类学都没有忘记身体的存在，它们从各自的关注点展开了对身体的研究。

一、体质人类学中的身体研究

体质人类学（Physical Anthropology）是人类学的一门分支学科，主要从生物演化角度，研究人类的起源与进化、人类物种的扩散与差异，以及灵长类与人类的演化关联，旨在理解人类共性和差异的生物学基础。早期的体质人类学是对人类各种群的肤色、发型、头型和体质进行分类和比较研究，例如头骨指数的数据经常被用以推论行为特质，现在这一做法已受到质疑。伴随考古学的发展和生物进化论的确立，人类在自然界的位置，人类自身的起源、进化和演变等问题都成了体质人类学关注的焦点。

（一）体质人类学的五个组成部分

当代体质人类学主要由以下五个学科组成。

一是人体形态学（包含解剖、生理、生化和人体测量），主要是考察人体结构和形态，包括人体特征与其他动物特征的比较等。

---

❶ [美] 弗朗兹·博厄斯：《原始艺术》，金辉译，上海：上海文艺出版社，1989，第11页。
❷ Oxford English Dictionary Volumn Ⅱ. Oxford：Clarendon Press. 1989. p.1354.

二是生物进化论（含生物、古生物、遗传学和文化研究等），旨在考察人类在自然界的位置，人类的进化及变化的机制，遗传与文化的互动关系及其结果。如对于不同人种或人类与其他动物之间的遗传密码、染色体、线粒体和脱氧核糖核酸进行比较分析，就至少可以把人类的始祖上溯至 200 万年这一时段。

三是灵长类学，主要研究人类的近亲——灵长类动物的生存环境、行为、习性、能力和潜力，以此构拟人类早期的生活状况，明确人与动物的区别和联系，特别是通过比较人与其他灵长类动物在身体构造和行为上的异同来探讨人类在自然界的位置。

四是古人类学（即人类起源学），综合地质、生物和考古学等资料，考察人类起源和发展的过程和阶段，确定古人类在生物分类体系中的归属，如对考古发掘出来的古代人类骨骼及与之近似的动物化石进行描述与分析，为解释人类演化行为提供化石证据。

五是人种学（种族人类学），在相当长的一段时期里，人们对于人种体质特征的研究，仅限于对人的发色、发型、眼色、肤色、面部平度、鼻部形态、唇部厚度、头型、身高等外显的体征形态进行测量、分类和研究。通过生理特征的测定，研究与比较人类各族群在生理上的差异。当代人种学研究侧重基因遗传学和生物化学方面，通过建立人类基因图谱，进行染色体、粒腺体和脱氧核糖核酸的研究，根据基因分布情况，关注人类遗传疾病的地方性种群，而不再把种族当作具有研究意义的单位。

随着科学研究的纵深发展，体质人类学不断同有关学科相结合，又产生了诸如优生学、营养人类学、医药人类学、分子人类学等边缘分支学科。当然，由生物学、生物人类学、营养学与医学等学科所组成的跨学科学术领域，聚焦在卫生、人类演化、适应与群体遗传学等议题上，它们的关注点是群体性身体，而并非个别的身体。

（二）备受争议的人种学

人种是世界人类种族的简称，是指人类在一定的区域内，某一特定历史上所形成的，在体质上具有某些共同遗传性状（包括肤色、眼色、发色和发型、身高、面型、头型、鼻型、血型和遗传性疾病等）的人群。1684 年由法国博

物学家伯尼埃（Bernie）首先提出人种概念。最早的人种分类出现在 3000 多年前古埃及第 18 王朝西替一世坟墓的壁画上，它以不同的颜色区别人类，将人类分为四种：埃及人被涂成赤色，亚洲人涂成了黄色，南方尼格罗人用黑色涂料，西方人及北方人用白色加以区分，这成为今日将人类分成褐色人、黄种人、黑种人和白种人的基础。在 1758 年，瑞典的林奈（Carl von Linné），将世界人种划分为野蛮种——菲拉斯、怪物种——蒙斯托拉斯、理智种——塞比恩斯，进而按当时所知的洲数，把人种进一步分为欧洲白种人、亚洲黄种人、非洲黑种人和美洲红种人四大种族。

17 世纪以来，随着动物分类学和植物分类学的发展，对人类的分类由此肇始。从某种意义上说，种族主义是人种分类活动的直接结果。人种学之所以被诟病，是因为不同体质、肤色被划分为不同价值，贴上了不同的进化标签，从而打上了种族优劣的标签。如白色象征着美丽、纯洁和善良，而黑色则是丑陋、腐朽和罪恶的化身。欧洲殖民者不仅贬斥黑人在文化上处于未开化的野蛮状态，而且将黑人视为一种介于人猿之间的半人半兽的特殊人种。16 世纪中叶，英国旅行家艾登（Richard Eden）这样描述道："尼格罗人是一种生活在森林，与野兽为伍，如动物般生活着，没有上帝、法律、宗教或国家的人群。"[1] 而黑人之所以成为奴隶贩卖的主要对象就是种族歧视的产物。

"地理大发现"使得不同人种的接触成为可能，特别是欧洲之外的其他人种也常被运往欧洲，或者作为奴隶，或者用来展览。如 1495 年，哥伦布往西班牙送回了一些印第安人俘虏，打算将他们作为奴隶在塞维利亚的市场上出售，而伊莎贝尔女王干预并阻止了这一行为，并"将在塞维利亚所有的印第安人奴隶都送回了美洲"[2]。伏尔泰在他的《哲学词典》中，记录下这样一句话，"在 1725 年有人带四个密西西比人到枫丹白露来"[3]。在伏尔泰的《风俗论》中，对人种知识就作了颇为详细的解说，他写道："从体型看，居住在北纬 50 度附近的爱斯基摩人的脸形和身材同拉普兰人相似。邻近的种族脸上长

---

[1] 高春常：《英国历史传统与北美奴隶制的起源》，《世界历史》，2001 年第 2 期。
[2] 于海：《西方社会思想史》，上海：复旦大学出版社，1993 年，第 128～129 页。
[3] [美] 威廉·亚当斯：《人类学的哲学之根》，黄剑波等译，桂林：广西师范大学出版社，2006 年，第 134 页。

着浓密的毛。[北美洲的]易洛魁人、休伦人以及佛罗里达地区的人，肤色都是棕色，除了头部全身上下没有毛"[1]。

1851 年在英国伦敦开幕的首届世界博览会，除了展示现代工业文明的发明与创造外，还专设人类学馆进行了殖民地人种展示，这一做法成为博览会的惯例一直保留下来。如 1903 年的日本万国博览会，就专门对台湾原住民、朝鲜人、"满洲支那人"等"野蛮人"进行设馆展示，激起当时中国留日学生的愤怒，引发"人类学馆"事件。1904 年为了配合世博会，原定在美国芝加哥举行的第三届奥运会，也临时移到圣路易斯举行，圣路易斯世博会也辟有专门的人类学馆，把世界各地的土著人带到了世博会展馆，包括来自南美的巴塔哥尼亚巨人、非洲的侏儒、加拿大的爱斯基摩人和中国华人劳工等。通过展览，主办方力图让观众对"最原始和最先进的人"作一比较，从而宣扬白色人种优于其他有色人种。当时的组织者还举办了"人类学日"比赛，把运动员分为了非洲人、亚洲人（土耳其人和叙利亚人）、菲律宾人、日本阿伊努人、巴塔哥尼亚印第安人（南美）、柯柯帕斯人（墨西哥的印第安人）、普韦布洛人（北美）以及美国本土印第安人八个组别，让非洲黑人、印第安人、菲律宾人、阿伊努人、土耳其人和叙利亚人表演、比赛爬竿等等内容——这届博览会和奥运会也因此被贴上了种族歧视的标签。

二、社会文化人类学中的身体研究

梅洛-庞蒂创立的以身体为基础的现象学，诠释了身体在世界构成中的奠基作用，从此提升了身体在当代思想中的地位；福柯关于权力对身体的生产历史，是权力向身体的进犯，是身体遭受惩罚的历史，是身体被纳入生产计划和生产目的中的历史，等等。这些学者的研究成果引出了社会文化人类学两个基本的身体命题：一是由于客观世界作用于我们的身体，我们在世界中的存在经验影响并塑造了我们所感知的现象；二是我们并不是以被动的身体去观察和理解外在的客观世界，有关世界的所有经验都是以我们对它的感知为中介的——通过生物的、心理的和精神的机制或器官，因此，具体的个人（身体）—社

---

[1] [法]伏尔泰：《风俗论》（下册），谢戊申等译，北京：商务印书馆，2003 年，第 42~43 页。

会文化—自然世界之间是持续不断相互作用的关系。

（一）无所不在的身体

所有民族和文化中都有一件随手可得的物体——它是无所不在的和可延伸的——可以承担特别重要的象征负担，这就是身体。正如尼达姆指出的："在男人（和女人）中有一种特别自然的相似物，它是所有的人都承认的，它使人们有机会跨越文化和语言的界限进行比较，这种相似性的聚焦点同由人的身体提供的，这种事物本质上是可以内在地经验的，是我们能够主观地认知的惟一物体。"❶

人类从远古时代起便以自己的身体作为原型去构想宇宙的形态、社会的形态乃至精神的形态，世界各民族的创世神话都说明了这点。维柯（Giovanni Battista Vico）这样说："值得注意的是在一切语种里大部分涉及无生命的事物的表达方式都是用人体及其各部分以及用人的感觉和情欲的隐喻来形成的，例如用首（头）来表达顶或开始，用额或肩来表达一座山的部位……这一切事例都是那条公理的后果：人在无知中就把他自己当作权衡世间一切事物的标准，在上述事例中人把自己变成整个世界了。"❷ 比如说西非的道冈人（Dogon）认为世界是一个巨大的身体……它在每一个层次上均反映出一种具有性别特征的身体形象——其矿物、植物及其人工制品均是某一巨大身体的组成器官❸；同样，在西非喀麦隆山区北部的法里地区，人们也同样用身体来构形世界，也就是说，"每种生物的地位和功能都以身体各器官、功能和关系的类比被加以描绘"❹。

正因为"身体是一种社会现象"❺，用赫兹（Robert Hertz）的话来说，就是"所有的思想类型能够被身体所反应，宇宙学、性别和道德划分着身体，

---

❶ ［英］菲奥纳·鲍伊：《宗教人类学导论》，金泽等译，北京：中国人民大学出版社，2004年，第46页。
❷ 转引自［美］约翰·奥尼尔：《身体形态》，张旭春译，沈阳：春风文艺出版社，1999年，第18页。
❸ ［美］约翰·奥尼尔：《身体形态》，张旭春译，沈阳：春风文艺出版社，1999年，第19~24页。
❹ ［美］约翰·奥尼尔：《身体形态》，张旭春译，沈阳：春风文艺出版社，1999年，第24页
❺ ［美］凯瑟琳·巴里：《被奴役的性》，晓征译，南京：江苏人民出版社，2000年，第23页。

所以物理的身体也是社会性的"❶。对于身体的社会性存在，我们可以从两个层面来理解：第一，我们是在个体的层面上体验到我们的身体是我们自己的一个错综复杂的部分，它决定我们是谁；第二，我们的身体是社会建构的，被象征地使用，并容易受到文化的修正。

尽管涂尔干的研究重点不是身体，但他在《宗教生活的基本形式》里提出，人是双向的，既有其生理性与个体性，又有其社会性，而且社会性的身体是更高层次的身体。通过"身体是承载社会文化生活的工具"这种表述，也就是说，涂尔干、毛斯等人已把身体从个体性过渡到了社会性。特纳（Terence Turner）在《社会的肌肤》一书中，基本上表达的也是这种社会建构的思想："人生而裸露，但是无论哪里的人都穿着衣服……身体的修饰是一种中介，这种中介与如何把个人建构成社会的、文化的主体相联系。"❷

道格拉斯（Mary Douglas）很早就认识到身体作为自然物是被社会力量所塑造的，因此，她提出"物理的身体"和"社会的身体"两个概念，"社会身体制约着我们对物理身体的理解。我们对于身体的物理的经验总是是支持某一特定的社会观点，它总是被社会范畴所修改，并通过它被了解，在两种身体经验之间，存在着意义的不断转换，这样，任何一种经验都强化着另外一种。"❸道格拉斯之所以要把人的身体分为生理的身体与社会的身体，认为社会的身体限制了生理的身体被感知的方式，就是要强调"身体是一种象征系统"❹。虽然在其早期作品中，道格拉斯认为物理身体本身是社会象征的自然基础，但到后来她更倾向于认为物理的身体根本不存在，因为它早已被社会建构了，文化中的主要规则、等级制度甚至形而上学的信念都记录在这个表面。正因为如此，"身体的肉体构造和体现这种构造的方式、行为、举止，同时进入了身体的素养之中，于是身体的素养就被认为按照肉体和精神对应的公设"❺，所以，

---

❶ Anthony Synnott. The Body Social: Symbolism, self and Society. Routledge. 1993. p. 247。

❷ Terence Turner. Social Skin Not Work Alone: A Cross Cultural View of Activities Superfluous to Survival. Ed. by Jermy Cherfas and Roger Lewin. Beverly Hills: Sage. 1980. p. 112。

❸ [英] 乔安妮·恩特维斯特尔：《时髦的身体——时尚、衣着和现代社会理论》，郜元宝译，桂林：广西师范大学出版社，2005 年，第 12～13 页。

❹ Mary Douglas. The Two Bodies in Natural Symbols: Explorations in Cosmology. N. Y: Pantheon. 1970. p. 93。

❺ [法] 皮埃尔·布迪厄：《男性统治》，刘晖译，深圳：海天出版社，2002 年，第 88 页。

身体才能成为一种有效的象征形式，充当社会文化的隐喻。列维-斯特劳斯曾经提到，居住在北坎伯利德莱斯代尔河流域的澳洲土著部落将其亲缘关系分为五种，每一种均以身体的某一部分或一块肌肉命名。"由于不能随便盘问一个陌生人，于是后者往往通过抖动其相关肌肉来表明自己的亲缘关系，在这种情况下，社会关系的整个系统便同样被投射到身体结构层面之上。"❶

（二）身体研究的两个命题

把身体作为研究对象，并不始于道格拉斯，是体质人类学捷足先登这一领域的❷，而且她也不是研究身体象征体系的第一人，但是，道格拉斯使身体的社会生产和身体的社会象征成为人类学身体理论的一个中心议题，因为"每一个自然的身体可追溯到其社会意义，每一个社会给自己的身体象征划定范围"❸，比如，在北非的卡比尔社会里，由于社会观念构造了性别的解剖学差异，而这种差异"变成了构成差异本身的社会观念的自然表象之基础和保证"❹。

1. 文化塑造身体

从社会学和人类学的角度来研究身体的传统始于毛斯，他认为，"身体是人首要的与最自然的工具，或者，更准确地说，不用说工具，人首要的与最自然的技术对象与技术手段就是他的身体"❺，而身体行为的一些基本方面，如走、站、坐等，都是社会建构的，这些实践行为虽然要求有一个官能性基础，但是官能的潜力得以实施则需要一个文化语境。身体之所以是受到高度限制的表达媒介，就因为它受到文化的严密调节，表达社会加给它的压力。因此，社会情境将自己加在身体上，限制身体，使其只能以特定的方式活动。所以，

---

❶ 转引自［美］约翰·奥尼尔：《身体形态》，张旭春译，沈阳：春风文艺出版社，1999年，第39页。
❷ Anthony Synnott. The Body Social: Symbolism, Self and Society. Routledge, 1993. pp. P241~242.
❸ Anthony Synnott. The Body Social: Symbolism, Self and Society. Routledge, 1993. p. 230.
❹ ［法］皮埃尔·布迪厄：《男性统治》，刘晖译，深圳：海天出版社，2002年，第16页。
❺ ［法］马塞尔·毛斯：《社会学与人类学》，佘碧平译，上海：上海译文出版社，2003年，第306页。

"身体技术指人们在不同的社会中,根据传统了解使用他们身体的各种方式"❶。毛斯谈论的身体技术虽依赖一个共同的器官基础,但它既是一种个人培养也是一种文化培养,因为每个社会都有着自身的习惯,这些习惯不仅因个人及其模仿而变化,而且还特别因社会、教育、礼节、方式与威望的不同而变化。

用布迪厄的话来说,身体是社会控制的直接的中心所在,"文化制造了身体,它通常是通过就餐礼仪,排便习惯和看似无足轻重的惯例、规则与实践,把身体活动转变为理所当然,习惯性的活动,照此说来,它超出了意识的控制……是主动、故意的改变"❷。从毛斯、布迪厄而来的人类学传统极其重视个人的身体实践和训练,认为正是在这一反复的实践中逐渐内化进身体当中并养成习性,因此,这个习性不仅仅是身体性的,它也以认知的形式出现。

2. 身体象征文化

要了解社会机制是如何对身体进行重构的并非易事,而更难的则是弄清楚人们如何借助于身体来重构社会机制,原因就在于,我们会因此陷入一种因果关系循环之中。正如布迪厄在卡比尔社会研究中所说的那样,"性别之间也就是男性和女性身体之间的生物学差异,尤其是性器官之间的解剖学差异,看起来像是性别之间从社会关系方面构造的差异的自然证据……由于社会观念的原则构造了解剖学差异,而这种从社会关系方面构造的差异变成了构成差异本身的社会观念的自然表象之基础和保证"❸。

既然人的身体是一个文化实体,身体的物理特征是文化的起点,那么社会文化人类学的关键发现在于,"人的需求和欲望同其客体相比并不是决定性的,因为身体的满足是在象征价值之中得到证实的,也是经由象征价值而得以具体实现的,而且,这种实现在不同的文化象征图式下会有所差异"❹。也就是说,任何社会都存在着一种将身体象征化的倾向,身体可以成为供应象征的

---

❶ [法]马塞尔·毛斯:《社会学与人类学》,佘碧平译,上海:上海译文出版社,2003年,第301页。

❷ [美]佩吉·麦克拉肯主编:《女权主义理论读本》,艾晓明等译,桂林:广西师范大学出版社,2007年,第241~242页。

❸ [法]皮埃尔·布迪厄:《男性统治》,刘晖译,深圳:海天出版社,2002年,第7~9页。

❹ [美]马歇尔·萨林斯:《甜蜜的悲哀》,王铭铭等译,北京:三联书店,2000年,第30~31页。

自然体系，而这种象征系统的差异性则是具有可比性的。

在20世纪初期，赫尔兹就曾在《右手优先：宗教极的研究》一书中，对左、右手的象征意义作过深入的研究。他指出："右手充满荣誉、令人满意的指派、特权：它行动、下命令和获取。左手则相反，它受到鄙视，减少到微不足道的辅助作用：它单独不能做什么，它只能辅佐、支持和忍受。右手是所有贵族的象征和表率，左手则代表所有的平民。"❶ 而右手之所以成为重要的象征，是因为左与右这一对方位空间与宗教仪轨有关系，这样，"自然的景观，白天与黑夜，冷与热的对比，都使人认识到左与右的区别，并将两者对立起来"❷，再加上其他方面的原因，以致产生了右尊左卑和右手优先的文化现象。

在《洁净与危险》一书中，道格拉斯详细论述了人体用做社会和宗教象征的各种方式，她说："身体是一个模式，它可以代表任何有限的系统，它的边界可以代表任何有威胁的和不牢靠的边界；身体是个复杂的结构，它的不同部分的功能及其相互联系，为其他复杂的系统提供了象征的源泉，如果我们不是将身体看做社会的象征，看做微缩地再现于人体结构所面临的力量与危险，我们也就难以解释关于排泄物、母乳、流涎等的仪式。"❸

比如说，在许多文化中用身体的非生殖部位来表达性是极为普遍的现象，如毛发。"胸毛被认为是男子气概的标志和性感象征，如果一个33岁正常男人没有胸毛会感到羞耻，因为他想像其他小伙子一样。"❹ 利奇（Edmund Leach）在《巫术之发》中直接把毛发当作性的表述，他说："头发的仪式中含有性的关联，从一开始对人类学家是显而易见的……对于婆罗门来说，削发意味着性的压抑，剃发意味着禁欲，而蓬头垢面则意味着完全摆脱了性的各种欲念和情感。"❺

再有就是反其道而行之，把某一现象比附于身体的自然功能，如性和生

---

❶ ［英］菲奥纳·鲍伊：《宗教人类学导论》，金泽等译，北京：中国人民大学出版社，2004，第47页。

❷ ［英］菲奥纳·鲍伊：《宗教人类学导论》，金泽等译，北京：中国人民大学出版社，2004，第48页。

❸ Mary Douglas, Purity and Danger: An Analysis of Concepts of Pollution and Taboo. Landon and Henlert: Routledge and Kegan Paul. 1976. p. 115.

❹ Anthony Synnott. The Body social: Symbolism, Self and Society. Routledge, 1993. p. 113.

❺ 史宗主编：《20世纪西方宗教人类学文选》，金泽等译，上海：三联书店，1995年，第224页。

殖。雷诺兹（Peter Reynolds）在《盗火：原子弹作为象征的身体》中将"曼哈顿计划"的产物称为一个仪式对象，它决定了战后象征身体的主要范畴："人们都知道制造原子弹的科学家使用的是有关怀孕和分娩的语言，第一颗成功的原子弹被命名为迈克，观察其爆炸成功的科学家发给洛斯阿拉莫斯的司令部的电文非常著名：是个男孩。"❶ 布迪厄对卡比尔社会的研究表明，在神话—仪式中的性别身体象征是极为普遍的。"众所周知，男性生殖器总是以隐喻的形式出现，这在男性力量发挥丰产作用的时候如结婚——以及开犁的时候——变得必不可少，这是类似于土地开启和丰产的一种行动时机"❷；而对于女性身体本身来说，"身体有其上部和下部——分界线的标志是腰带，那是禁地的标记（束紧腰带，不解腰带的女人被认为贞洁的，纯洁的）及至少是女人贞洁与不贞之间的象征性界线"❸。

当然，与男性身体相比较，女性的身体更易于用做象征表达，因为她们的处女身份、性交、怀孕、生儿育女以及绝经的经历，具有生物学的特性，然而实现这些特性的方式，可以随着人类想象力的丰富而多种多样，"女人吃东西、斋戒和喂养他人，是同样性质的事件，因为在这三种行为中，女人通过受苦，融解了真正能够挽回世界的宇宙苦难，这三种同样性质的行为和象征，并不是最终的象征逆反，而是升华和生成女人所象征的东西：人类的肉身、养育和苦难"❹。

第三节　人类学身体研究的整体观

在 20 世纪下半叶以前的身体研究，要么过于强调身体的生理体验，以身体的生物性来说明社会结构，把身体看成是社会意义和社会关系的生成器，而

---

❶ [英] 菲奥纳·鲍伊：《宗教人类学导论》，金泽等译，北京：中国人民大学出版社，2004，第 60 页。
❷ [法] 皮埃尔·布迪厄：《男性统治》，刘晖译，深圳：海天出版社，2002，第 10 页。
❸ [法] 皮埃尔·布迪厄：《男性统治》，刘晖译，深圳：海天出版社，2002，第 16 页。
❹ [英] 菲奥纳·鲍伊：《宗教人类学导论》，金泽等译，北京：中国人民大学出版社，2004，第 95 页。

没有给社会的、历史的、政治因素留有余地；要么反其道而行之，把身体作为一个承载社会文化的工具，而无视身体本身也在构建社会的事实。这样的身体研究势必造成一种悖谬的后果，那就是现象学的身体从研究视野中逸出了，没有人再来注意具有活生生经验的身体。所以，重返身体研究的人类学应该把身体从自然/文化的二元对立中解脱出来，强调身体本身的多元性。那么如何兼顾身体话语与身体经验的双重维度呢？在微观、中观和宏观之间的穿梭的整体观提供了基本思路，也只有如此，才能把握个人在其中行动和经验的更大背景和框架。

一、身体建构论的缺陷

身体是社会语境的产物及其表征，这一思想早在涂尔干那里就露出端倪。涂尔干认为，人本身是有两种存在的，并将人的存在分为"生理性身体"和"较高层次的道德化的社会性身体"，"没有哪个人不同时趋于这种双重存在，我们每个人都因双重驱动而变得生机勃勃，我们被带向社会的一面，我们也会遵循我们的自然倾向"[1]。然而，随后的人类学研究并没有秉承这一观点。在毛斯、道格拉斯、福柯、特纳等人有关身体秩序的阐释中都表达了这样的身体观：身体不是社会的基础，而是社会的产物。我们可以清晰地看出，尽管人类学也不乏对日常生活中具体身体现象的关注，比如说道格拉斯提到《利未记》中提到那些在仪式的意义上不洁净的事项，包括"妇女分娩，皮肤病和弄脏了的衣服，清除各种皮肤病，大麻风和人体器官和分泌物"，但是社会文化人类学更偏向于讲述身体的社会本质，也就是说，人们已经不再关注身体本身是什么。米德曾说，这是因为"我们的社会训练把我们的身体赶出了我们的头脑"[2]的缘故。

"从某种意义上说，人类的基因在人类进化中已经把他的头把交椅让给全新的，非生物学的或超有机体的动因——文化，虽然我们不应忘记这个动因是完全独立于人的遗传型的"[3]，因此，身体的社会文化建构论者认为，身体有

---

[1] 转引自马歇尔·萨林斯：《甜蜜的悲哀》，王铭铭等译，北京：三联书店，2000年，第25页。
[2] Margaret Mead. Male and Female. New York：Morrow Quill. 1949. p. 79.
[3] [美] 费侠莉：《繁盛之阴：中国医学史中的性（960—1665）》，甄橙译，南京：江苏人民出版社，2006年，第11页。

其物质性外观,但是它们又确实总是而且处处被以文化的方式解释着,也就是说生物性并不外在于文化,而是落在文化之中。身体的建构论因而面临着二元对立模式的诅咒,因为单纯强调社会建构,其实就是取消身体本身。社会建构理论的基本出发点就是,身份认同、身体经验与身体感受都是由文化和历史因素调节的。这样一来,当这些构成身体的物质分类原则不复存在时,"任何一些可以成为坚固的认识论的组成部分,可被物质形式认知的身体也正在消失"。这就引发关于社会文化建构论局限性的许多讨论,特别是,"体质人类学与文化人类学被身体与灵魂、物质与思维之间的鸿沟撕裂开来,在科学之间架起桥梁,比在它面前做一些较宽松的思索更不容易"[1]。

我们知道,在哲学中肉体/灵魂二元对立的传统由来已久,人类学试图以翔实的民族志来抹平这个身心二元对立的鸿沟。但是,实践证明社会文化人类学解决了肉体/灵魂的对立,但是在二元论的模式下,它又把身体拖入了自然/社会、物质/文化、本质主义/建构主义等基本关系的探讨中,因此,揭示社会文化人类学在身体文化建构上的缺陷,就需要一种重返身体的综合研究。

二、身体研究的整体思路

当代学者尝试从不同角度展示身体的多个面向,以体现兼具生物性和社会性的身体。也就是说,人的自然属性并不是与社会彻底分离的,而是社会关系和文化活动的必要前提。身体本身依然充当着社会关系的基础,不能被化约为社会关系的某种表达,身体是生物属性和社会文化属性的整体体现。

1987 年,洛克(Margaret Lock)等在《医学人类学季刊》第 1 期上发表《精神性身体:身体人类学导论》,认为身体具有主体性与客体性的双重性质,也就是生理与文化建构的双重性,因此,应该跳出从生理的自然观点来研究人的身体,并将身体视为同时能动也同时被动的双重角度来检视,也就是说身体是文化与自然共同展演的结果。用费侠莉(Charlotte Furth)的话来表述:"一方面,身体本身不能被认为是客观物体,真正的主体主要是通过时间而不是空

---

[1] [英]菲奥纳·鲍伊:《宗教人类学导论》,金泽等译,北京:中国人民大学出版社,2004 年,第 1 页。

间来界定的,通过从出生到死亡的过程而不是通过大小、形状或体积的结构来深刻地刻画具体的且能发挥功能的人类,但是另一方面,身体的基本功能——月经、怀孕、分娩、哺乳等不能仅仅被看作是通过文化训练可以被认知的语言的产物。"❶

此外,冯殊娣与洛克还编辑了《超越规矩的身体:对于物质生活的人类学阅读》❷一书,收集了50余篇有关身体的文章,内容涉及身体的话语、日常生活、技术以及各种社会关系等,也就是说,这些身体可以同时汇集社会的、政治的、主体的、客体的、话语的和物质的因素。弗兰克(Arthur Frank)划分了医学化的身体、性的身体、被规训的身体和说话的身体,奥尼尔的"世界态身体、社会态身体、政治态身体、消费态身体和医疗态身体",也都表达了同样的整合身体不同面向的努力。正如高斯密(Walter Goldschmidt)所说的,"我们必须把生物和文化两个半偶族维持成一体,才能既看到人们行为中的生物学动机又看到其文化动机,只有这样才能为解决生活中不断增加的各种难题作出贡献。"❸

利奇关于人类行为三种方式的观点也颇具启发性❹。人体首先具有呼吸、心跳、新陈代谢等生物行为;其次,人体还有旨在改变外部世界物质状态的技术行为;最后,人体还具有使用某一符号或象征对现实世界所处状态有所表述的表达行为。也就是说,身体的物质性(包括种种物质能力,如产生性别意识、生育、喂奶、行经、张开、插入和射精等)是去不掉的,正是借助各式各样的身体实践(技术行为),我们能够看出身体是如何被社会建构的、被象征地使用并怎样受到文化的修正等……身体意义是主体与情境的互构,既不单纯来源于天生的自然本能,也不全是历史决定或者环境决定的被动产物,它是主体能动性与这些外在物之间相互作用的结果。因此,人类行为的三种方式观

---

❶ [美]费侠莉:《繁盛之阴:中国医学史中的性(960—1665)》,甄橙译,南京:江苏人民出版社,2006年,第12页。

❷ 黄盈盈:《身体·性·性感——对中国城市年轻女性的日常生活研究》,北京:社会科学文献出版社,2008年,第29页。

❸ [美]高斯密:《论人类学诸学科的整体性》,张海洋译,载《中央民族大学学报》,2000年第6期。

❹ [英]埃德蒙·利奇:《文化与交流》,卢德平译,北京:华夏出版社,1991年,第10页。

第一章 作为生命最基本存在的身体

为我们提供了身体研究的新选择,也正是在此基础上,上述研究才有可能避免落入二元论的窠臼。

强调研究身体的动态变化过程而非静态实体也是一种整体观的体现,即身体的切身化存在研究。这种又被称为身体体现的研究把客体性的和工具性的身体还原为主动的、生活的身体,即强调身体的动态主观参与并非被动的建构过程。郑丹丹在《身体的社会形塑与性别象征——对阿文的疾病现象学分析及性别解读》[1]一文中,对一个男子阿文的腹泻进行疾病现象学描述,关注一个活生生的身体的痛苦和不适,以期揭示并理解社会历史背景、文化框架对阿文的日常生活及其身体与疾病的形塑过程;另一方面,通过解析社会等级制度对阿文(及其妻子阿英)身体的不同形塑,力图将阿文(及阿英)们的身体概念化为有关社会关系性质的话语,理解成一个象征系统,以阐释他们不同的身体实践是如何成为一个更大社会结构的隐喻的。

阿文作为一个个体,作为一个存在,首先作为一个身体被镶嵌在社会场域之中,他既不是结构制约下的行动木偶,也不是一个理性筹划的超级强人,宏观社会结构和社会过程与日常生活世界、人的实践活动、人的身体形态和表现紧密相连,前者形塑后者,后者是前者的存在形式。脱离了肉体的人,在社会生活中并无具体的存在。只有将宏观社会背景纳入视野,考察事件性过程的实践逻辑,才能理解个人,理解个人的日常生活,理解个人的身体和实践。反之,只有真正进入具体而微的个体实践,才能把握时代的脉搏,理解宏观世界。

---

[1] 郑丹丹:《身体的社会形塑与性别象征——对阿文的疾病现象学分析及性别解读》,《社会学研究》,2007年第2期。

第二章
时　间

时间以一种立体的方式，镶嵌在个人生活上。作为一种时间性存在物，个人一方面受到生物节律、物理时间和社会时间的约束与管控；另一方面，个人认识和利用时间并赋予其意义，也在调整和制造新的社会时间。

第一节　人类学中的时间研究

作为一种可观察现象，人类学中的时间为什么会以一种后台方式存在而没有得到很好的厘清？1992年马恩（Nancy Munnthe）以《人类学的时间》一文尝试梳理涂尔干、埃文思－普里查德和格尔兹（Clifford Geertz）等人的时间观，以期让时间能够走入人类学的前台[1]。同年，盖尔（Alfred Gell）也出版了《时间与社会人类学》一书，标志着人类学对时间系统研究的开始。其实，在人类学家中从来就不缺乏对时间关注，除了以上提及的诸人外，利奇对时间可逆与不可逆的划分和布迪厄对阿尔及利亚卡比亚人的实践时间都曾有过精彩的论述。我们试以毛斯、埃文思－普里查德和格尔兹的民族志为例，从爱斯基摩人（Eskimo）、努尔人（Nure）和巴厘人（Balinese）的时间观念出发，展示其时间意识，并且对个体时间与社会时间、生态时间与结构时间进行相关思考。

---

[1] Nancy Munnthe. Cultural Anthropology of Time. Annual Review of Anthropology. 1992. Vol. 21 pp. 93~123.

第二章 时 间

一、《论爱斯基摩人社会的季节性变化：社会形态学研究》

18世纪以来，生活在北极的爱斯基摩人开始频频出现在旅行家们的游记报告中，此后的一百多年间，地理学家、历史学家和人类学家也表现出对爱斯基摩人的浓厚兴趣，开始从人类地理学、文化起源和迁徙，以及神话习俗等角度对其展开专门的研究。1906年毛斯发表《论爱斯基摩人社会的季节性变化：社会形态学研究》一文，把季节变化与爱斯基摩人的社会生活进行了关联性思考，而在此之前只有斯蒂斯比的《论爱斯基摩人的文化起源》把爱斯基摩人的形态学和季节性变化联系起来作过思考。毛斯想要探讨的是这些社会形态学在一年的不同时期表现出哪些不同的形式。为此，首先要识别出哪些是一直不变的，如爱斯基摩人的定居方式、它的基本组织和数目、本性与大小等，然后再讨论某些特殊的变化形式是如何产生并发生周期性变化的。

所谓季节性的形态学，具体而言指的是从居所的条件、居所的分布和人口的聚散状况来看，爱斯基摩人的生存状况都因夏、冬两季的不同而出现巨大变化。爱斯基摩人夏季住在帐篷（Tupik）里，而且这些帐篷十分分散；冬季住在相互挨得很紧的长房子和卡西姆（Kashim）里。夏季帐篷的帐顶没有开口，进口也是密封的，居民们生活在一片黑暗当中。其中居住的是狭隘意义上的家庭，也就是一个男子及其妻子，或者一个男人与他的妻妾、未婚子女（亲生的或收养的）等。每个家庭仅有一盏灯。冬季的居所有长走廊，被隔板隔出的长凳和摆放灯具的地方，对着长凳隔出的小房间，许多家庭居住在一起，形成一个大的集体。爱斯基摩人的冬季居所除了私人居住的长房子外，还有一种公共聚会场所——卡西姆。与一般的长房子不同之处在于，它的空间更大，并且有一个中心火炉，不设单间和长凳，只有座位。爱斯基摩人在这种公共场所性质的房屋里举办各种典礼。

毛斯认为，爱斯基摩人的这种生活方式表明居民与当地猎物之间存在着一种共生关系。因为海象、海豹和鲸鱼是按照季节或集中或分散的，爱斯基摩人也像这些猎物一样或聚集或分散，从而让社会生机勃勃的运动与周围的生命运动同步起来。这种同步可以用来理解爱斯基摩是怎样在冬季集中，在夏季分散的。也就是说，爱斯基摩人的生活时间是与猎物的生命时间同

步的。

更重要的是，爱斯基摩人在夏、冬两季的居住差异还影响其思想观念和社会生活，"一般地说，人们有两种组织方式，而且与这两种组织方式相应的是两种法律体系、两种道德、两种家庭经济与宗教生活"[1]。爱斯基摩人因季节性变化而产生的社会形态包括宗教生活、法律生活、财产体制、司法体制对其他体制的反作用四个部分。爱斯基摩人的宗教与他们社会组织具有相同的节奏，也就是说，存在着一种夏季宗教和一种冬季宗教，或者说就不存在夏季宗教。因为爱斯基摩人冬季的所有神话和宗教，在夏季几乎被遗忘了，夏季的生活更世俗化，以往的巫术也只作为一种简单的医疗科学而出现。与此相反，冬季的定居点则处于一种持续的宗教亢奋中，各种神话与故事被一代代地传递下去，发生了一点点事情都会郑重其事地请巫师介入。人们甚至把整个冬季生活当作一个漫长的节日。这种双重形态学对爱斯基摩人法律生活的影响更加显著，比如说存在冬季法和夏季法，对家庭规模、家长人员、乱伦禁忌、氏族和外婚制的规定都有明显区别，构成两种法律结构。季节对财产体系也是有影响的，形成双重的财产权，夏天财产包括个人的和小家庭群体的所有物，而冬季则是一种广泛的集体主义，土地、房屋和消费都是集体主义的，小家庭的利己主义被完全抛弃。爱斯基摩人双重社会形态学是与夏冬两季极端的气候特征相关的，爱斯基摩人根据季节的不同形成了自己迥然不同的社会节奏。

在《论爱斯基摩人社会的季节性变化》一文中，毛斯明确指出，他写作的主要目的是想建立有关爱斯基摩人的"各种具有一定普遍性的关系"，而爱斯基摩人的完全对立的社会生活形式是与它们的双重形态学相似的。因此，对爱斯基摩人的生存所进行的社会形态学的考察与研究，就涉及生物时间、生活时间与社会时间的关联度。当然，毛斯所涉及的主要是社会时间和集体时间，这在1912年涂尔干出版的《宗教生活的基本形态》一书中得到清晰的表述。在涂尔干看来，时间范畴不仅来自于社会，而且它们所表达的事物也具有社会性质，它们不仅是社会建立的，其内容也包括了社会存在的各个不同方面，

---

[1] [法]马塞尔·毛斯：《社会学与人类学》，佘碧平译，上海：上海译文出版社，2003年，第390页。

"时间范畴以社会生活的节奏为基础"❶，也就是说，集体生活的节奏控制并包括了所有各种不同的基本生活节奏，它就来自于这些生活节奏，"（它）是一般的时间"❷。具体说来，范畴所表达的关系隐藏在个体意识之中，个体总是生活在时间中。也就是说，"我"通过自己并在自己内心感觉到的具体绵延，并不会向"我"提供一般的时间观念，它所表达的仅仅是个人的生活节奏，而一般时间其实就是社会时间或者集体时间，指的不是个体特定的生活节奏，而是所有人都参与其中的生活节奏，大家都能同样接受和感受到的共同时间，"只有冠以社会形式，这些不同的关系才能为人类的智力所清晰地把握"。

二、《努尔人——对尼罗河畔一个人群的生活方式和政治制度的描述》

　　1940年出版的《努尔人》一书历来被视为是对涂尔干集体时间最清晰表述的民族志。当然，埃文思-普里查德在该书中还提出一个生态时间的概念，展示了努尔人（Nure）如何把生态时间转化为社会时间的。埃文思-普里查德认为："几乎大部分的，也可能是全部的时间和空间的概念，都决定于自然环境条件，但是它们所体现的价值观仅是许许多多对自然环境的可能反应之一，并且还依赖于属于另外一种现实秩序的结构原则。"❸ 他把努尔人的时间概念区分为两类，第一类是反映人们与环境之间关系的生态时间。努尔人的生态时间是以一年为一个周期的，水、植被、鱼的洄游、牛的需要以及食物的供应变化等，一年分为村落居住期和营地居住期，这种在村落和营地之间往返搬迁的生活模式，其实就是努尔人对雨季和旱季气候的适应性反应。第二类是反映人们在社会结构中彼此关系的结构时间。在埃文思-普里查德看来，努尔人的时间更是一种结构性的，因为时间对群体内的每个人来说都必须有一个相同的意义，因而，它不再是人们对自然界依赖关系的反映，而是社会群体相互关

---

❶ ［法］爱弥尔·涂尔干：《宗教生活的基本形式》，渠东等译，上海：上海人民出版社，1999年，第576页。

❷ ［法］爱弥尔·涂尔干：《宗教生活的基本形式》，渠东等译，上海：上海人民出版社，1999年，第579页。

❸ ［英］埃文思-普里查德：《努尔人——对尼罗河畔一个人群的生活方式和政治制度的描述》，褚建芳等译，北京：华夏出版社，2002年，第114页。

个人、社会与转变：社会文化人类学视野

系的反映。那么，这两种时间有何区别和关联呢？"它们二者都表示事件的先后序列关系，这些事件对社区来说有着足够的利害影响，因此，它们总被人们所谈起，并在概念上相互关联。较长的时间段几乎完全是结构性的，因为与它相联系的事件乃是社会群体间的关系的改变……二者都具有有限的、固定的标志。季节及月亮的变化年复一年地重复着，因而在任何一个时间点上，努尔人都会对他面前的事物有概念上的知识，并且能相应地预测和组织他的生活。"❶

埃文思-普里查德还用"距离"一词来表述努尔人的三种结构时间类型，"对于特定群体有意义的事件之间的距离。年龄组制度中各特定年龄组之间的距离。亲属和宗族秩序中的距离"❷。这是因为，在小群体中以事件为参照点的时间估算只能抵达很晚近的历史，即使在部落中，这种时间估算所追溯的历史也不会超过五十年；而选择了不同的参照点，以年龄组结构距离估算的时间却可以涵盖近一个世纪的时期；以宗族结构距离估算的时间则可以超出历史融入神话了，因为如果宗族结构从不增长的假设成立，结构距离就是父系继嗣谱线上的第一人和最后一人之间的距离。同样，一个人在结构上的未来前景也已被固定下来，并被安排到不同时段中去，因而，如果一个男孩活得足够长的话，在贯穿于社会体系的注定阶段中，他所经历的所有身份更换都是能够预测的。也就是说，一个人可以参照自然界的表现形式、其他个体的身份以及参照他本人的生活史中所发生的变化来计算时间的推移，尽管从个人角度对时间的感知和估算并不是《努尔人》一书的重点。

如果说毛斯和涂尔干是从社会形式来讨论大家同样接受和感受到的共同时间，而忽视个人时间的话，"只有冠以社会形式，这些不同的关系才能为人类的智力所清晰地把握"❸，但是因此就说埃文思-普里查德只强调时间的结构性质，并且其生态时间与结构时间的划分是一种二元对立的话，则是一种严重

---

❶ ［英］埃文思-普里查德：《努尔人——对尼罗河畔一个人群的生活方式和政治制度的描述》，褚建芳等译，北京：华夏出版社，2002年，第114~115页。
❷ ［英］埃文思-普里查德：《努尔人——对尼罗河畔一个人群的生活方式和政治制度的描述》，褚建芳等译，北京：华夏出版社，2002年，第125页。
❸ ［法］爱弥尔·涂尔干：《宗教生活的基本形式》，渠东等译，上海：上海人民出版社，1999年，第580页。

的误读。因为《努尔人》一书最显著的特点是体现时间的价值与意义维度。也就是说，不管是生态时间还是结构时间只是概念性表述，它固然要以天体或气候的变化为标志，但是，对于努尔人来说，这种标志如果没有被赋予价值，则是毫无意义的。

三、《巴厘的人、时间、行为》

如果说《努尔人》一书没有给对时间的个体性留下多少阐发空间的话，那么，这一状况在巴厘人的时间观中已得到纠正。《巴厘的人、时间、行为》一文收录在格尔兹（Clifford Geertz）1973 年出版的《文化的解释》一书中。格尔兹写道："让人意识到——或者毋宁说让他们自觉意识到——时间流逝的方式有多种，标记季节变化，月相的盈亏或者植物的生长，有节律的仪式，农事，家务周期，项目活动的准备和日程安排，对经验的记忆和评价，传承谱系，对传说的吟唱或者对预言的构想，不过最要者之一，当然是对自己和自己同胞的生物年龄增长，具体个人出现，成熟，衰老和消逝的意识，从而，一个人如何看待这个过程影响——并且深深影响——他如何经历时间。"❶ 至此，我们可以看到从个体角度看待时间的民族志已经出现了，这个时间不再是被视而不见或者是无关紧要可有可无的存在了。

格尔兹在研究巴厘岛人际关系时，就把亲属视作确定一个人身份的环节之一，是构成人观的意义之网中的一条轴线（其余的轴线反映在个人命名、辈分排名、地位称呼、职业类别等上面），个人的行动取向不是由单一轴线决定的，不同轴线之间存在拉扯关系，每个人都根据所在的社会位置而处于拉扯关系之中。"在于几乎针对每一个人的描述范围：朋友、亲戚、邻居、生人；老人、青年；长辈、下辈；男人、女人；酋长、国王、祭司和神，甚至死者和未出生者——作为定型的同代、抽象而无名的同胞，人的定位符号秩序的每一种，从隐匿的名字到张扬的称号，其作用都在于强调和加强个人之间关系（他们的主要联系在于他们碰巧生活在同一个时间）中隐含的标准化，理想化

---

❶ ［美］克利福德·格尔兹：《文化的解释》，纳日碧力戈等译，上海：上海人民出版社，1999年，第442页。

和普遍化"❶。就这样,"巴厘人弱化(当然他们不能漠视)相关时间感中最重要根源中的三个是:知道自己的同志(从而自己和他们一道)不断走向消逝;意识到死者完结的生命对于生者未完结生命的重压;理解到眼下的行动对于未出生者的潜在影响。"❷

当然,也不能因此就说巴厘人的时间只是一种个体时间,巴厘人的历书观念反映的就是一种社会时间,即用于标记和类分时间,"他们把时间分割成有界单位,不是为了计算和累计它们,而是为了记述它们和描写它们的特征,为了公式化地表述它们不同的社会、智力和宗教上的重要意义。"❸ 正是在这个意义上,格尔兹把巴厘人的时间以一种特殊的方式呈现出来,至少是让个体时间与社会时间以某种方式来反映巴厘人的现实社会结构。

第二节 时间认识与利用

远古人类的时间感觉是从白昼黑夜、月亮圆缺、季节冷热交替中产生的,这种个人经验的时间意识配合以各种参照系固定下来,就形成人类对日、月、年和四季的统一时间认识,而历法等社会性时间又以各种方式来标注个人的存在,赋予其稳定性和可识别的独特性。

一、时间的认识论

时间是人类对物质运动过程的分割和划分,但是它又不完全是主观意识的产物。如月球绕地球周期,地球绕太阳周期,地球自转周期,原子震荡周期等物质周期变化的规律本身是客观存在的,人类可以对这种物体运动现象进行观察并对这种物理时间加以认识。《周易·系辞下》把这种认

---

❶ [美] 克利福德·格尔兹:《文化的解释》,纳日碧力戈等译,上海:上海人民出版社,1999年,第443页。
❷ [美] 克利福德·格尔兹:《文化的解释》,纳日碧力戈等译,上海:上海人民出版社,1999年,第443页。
❸ [美] 克利福德·格尔兹:《文化的解释》,纳日碧力戈等译,上海:上海人民出版社,1999年,第444页。

识能力归结为某个禀赋突出的大人物,"古者包牺氏……仰则观象于天,俯则观法于地"。

其次是时间具有社会性。人类确立时间观念的基本目的是作为描述物质运动过程或事件发生过程的一个参数,而只有人类以同一物体运动作为参考系,如同一计时方法和统一标准,时间才会产生。生活在不同地理环境的人们的时间经历与时间记忆,以天文规律、季节流转、植物生长等自然现象为参照标准创造了月相历、太阳历和物候历等时间计量方法,成为服务农时和指导生活的坐标。巴布亚新几内亚的卡鲁里人(Kaluli)关于季节变化与时令的名称是根据热带作物的变化,这些变化进一步依照鸟类的变化加以划分❶,如早晨的叫声是叫孩童起床,傍晚的叫声是唤人一起坐下吃饭。兹以努尔人的牛钟表和中国各民族的物候历为例详述之。

(一) 努尔人的牛钟表

埃文思-普里查德在《努尔人》一书中花了两章的篇幅来描绘牛在努尔人经济中的重要地位。生态特征在不同季节中的不同表现制约着牛的生存和人们对牛的生产,而牛作为维持生计的有限性又要求一种混合型的畜牧—园艺经济,这是努尔人随季节而迁徙的深层原因。

对于努尔人来说,他们把园艺看成是由于牲畜短缺而强加在他们身上的苦差,因为在内心深处,他们都是牧民,牛奶和黍米(蜀黍)是努尔人的主食,他们唯一感兴趣的劳动便是照顾牛,人们给牛洗澡、赶牛喝水、挤牛奶和捉牛虱等……在努尔人看来,最幸福的时刻便是一家人拥有几头正在产奶的奶牛的那段时光,因为在那段日子里,孩子们会得到很好的营养,而且还会有剩余的牛奶来制作奶酪、资助亲属和招待客人。牛成为他们最心爱的财产,他们情愿冒生命危险来保护自己的或窃夺邻人的牛群。

努尔人在维持生计的意义上需要牛,依靠牛来获取许多生活必需品,人们用牛尿洗涤、喝奶饮血、睡在牛皮上和用牛粪烧火,每个人都知道各头牛的遗传特色;更在社会文化的意义上与牛分不开,从取名到成丁礼,从日常用语到

---

❶ [美]霍莉·彼得斯-戈尔登:《改变人类学:15个经典个案研究》,张经纬等译,北京:北京大学出版社,第121页。

异族之间的关系，牛都起着不可或缺的作用。儿童的游戏和歌曲专注于牛，诗歌以牛为中心，少男少女的名字援引于牛及其特征，对牛的供给几乎是战争的唯一理由……而且"所有的社会过程和关系都用牛来界定"❶，如婚姻关系的缔结是通过对牛的支付来完成的，婚礼仪式的各个阶段也以牛的交换或杀戮为标志，而且婚姻中伴侣及其子女的法定地位也以他们对牛的权利和义务来界定。由于努尔人的牛归家庭所有，在一个家户中，尽管一家之主的妻子有使用奶牛的权利，他的儿子也拥有一些公牛，但是，只要这个家庭的一家之主还在世，他就可以全权处理这个家户的牛群，当他的儿子们依照长幼次序一个一个地到了结婚年龄时，每个已婚的儿子便会从这个家户的牛群中分出一些奶牛归自己所有，而在一个儿子结婚之后，必须要等到牛群又恢复到原来的规模时才能轮到下一个儿子结婚。

对于努尔人来说，白天的时间以及一天中时间的推移基本是以放牧任务以及其他活动来计算的，因此最便捷的计时工具就是牛钟表（Cattle Clock），如把牛从牛棚牵到畜栏、挤奶、把成年牛群赶往牧场、挤绵羊和山羊奶、赶着羊和小牛去牧场，清扫牛棚与畜栏、把羊群和小牛赶回家，成年牛群返回，挤夜奶、把牲畜关进牛棚，努尔人通常用这些活动时刻来把事件协调到一起，而不是用太阳在天空中运动的具体位置来进行协调，因而人们会这样表述时间，如"我将在挤奶的时候回来"和"当小牛们回到家时我就出发"❷ 等等。

埃文思－普里查德认为用钟表时间的观念来看待努尔人的时间注定是不贴切的，在他们的观念中，时间并非好像实际存在的某种东西，"他们不曾有过与时间竞争或者必须把活动与抽象的时间推移等同起来的情感体验，因为他们的参照点主要就是这些活动本身"❸。也就是说，对努尔人来说，时间是活动之间的一种关系，通常代之以在该事件发生时正在进行的突出活动，因此他们选择牛钟表来安排他们的生活，就是基于牧牛这种生产活动对他们生活所产生

---

❶ ［英］埃文思－普里查德：《努尔人——对尼罗河畔一个人群的生活方式和政治制度的描述》，褚建芳等译，北京：华夏出版社，2002 年，第 25 页。

❷ ［英］埃文思－普里查德：《努尔人——对尼罗河畔一个人群的生活方式和政治制度的描述》，褚建芳等译，北京：华夏出版社，2002 年，第 121 页。

❸ ［英］埃文思－普里查德：《努尔人——对尼罗河畔一个人群的生活方式和政治制度的描述》，褚建芳等译，北京：华夏出版社，2002 年，第 123 页。

和具有的意义。

（二） 中国各民族的物候历

"日往则月来，月往则日来，日月相推，而明生焉；寒往则暑来，寒暑相推，而岁成焉"❶，在华夏族生产和生活实践中，当人们认识到植物的生长荣枯和动物的来去飞鸣同季节冷暖的周期变化之间有一定关系的时候，便产生了物候知识，用以适时安排农业生产，如"苞谷雀儿来了种苞谷。那些青刺果马上要熟的时候，就播种。荞子就等到酸梅子开到那么大的时候，还有苹果结到像羊屎那么大的时候，就可以种荞子"❷。

我国现存最早的一部物候历是三千年前的《夏小正》，它按一年十二个月分别记载物候、气象、天象和重要的农事，如农耕、蚕桑和养马等。其中最突出的部分是物候，也就是说在木本和草本植物、虫、鱼、鸟、兽、家禽与家畜和农事之间建立关联性，而这一部分的前提就是观察，收集物候资料，并且按月记载下来，并反复检验，最终成书的物候历都是通过长时期积累而成。《夏小正》所记的物候十分丰富，兹以正月和九月为例表述如下："正月：启蛰；雁北乡；雉震响；鱼涉负冰；囿有见韭；田鼠出；獭祭鱼；鹰则为鸠；柳稊；梅杏柂桃则华；缇缟；鸡桴粥。时有俊风；寒日涤冻涂。鞠则见；初昏参中；斗柄县在下。农纬厥耒；农率均田；采芸。""九月：鸿雁；陟玄鸟；熊罴豹貉鼬则穴；荣鞠；雀入于海为蛤。内火；辰系于日。树麦；王始裘。"❸

苗族对时间的认知，是以成组的标志性事物变化及它们的组合关系为依据的，苗族传统历法就是一种纯粹的物候历，充当时间过程标志的自然物，都是季节变化十分稳定而又易于识别的动物或植物，它们某一特征的出现，直接标定某一月份的开始。如桦木树开花是蛇月的开始，蕨菜发齐是马月之始，野兽毫毛长出为鼠月的开始，也是苗历新年的开始。久居贵州山区腹地的苗、瑶族人，几乎每人都能识别几百种植物、几十种昆虫，并且了解其生长习性和利用价值，"人们对那些可供食用的昆虫何时蛹化，估算的准确度达到以天计，其

---

❶ 《周易·系辞下》。
❷ 罗扬：《"民族家"的时间观》，《中国农业大学学报》，2007年第4期。
❸ 《中国古代物候历与物候知识》，http://www.confucianism.com.cn/html/keji/10418821.html.

精度不亚于昆虫学家凭微积分算出的虫情预报"❶。

　　拉祜西人在长期的采集渔猎生活中逐渐认识并掌握了植物的生长规律、动物的习性和气候之间的关系，形成了一套操作性强的物候观察法❷。如当地竹子、山药、白花、红细叶花等出苗、开花、结果、落叶等都有节律性变化和年份变化，若与以往不同，则预示气候会发生变化，例如山药提前出苗，白花和红细叶花提前开，竹笋提前出土，预示着当年天气温暖，但雨季较长。

　　苦聪人的《栽种歌》就是一部农事物候历：

"李子树开花的时候，

是撒谷的节令；

刺苞菜发芽的时候，

应该栽秧了；

梨树开花的时候，

是种苞谷的节令；

大红菌出土的时候，

应该犁冬荞地了……"❸

　　也就是说，没有采集时代对植物生长和物候的观察，把植物受一定节律支配出现的适时变化现象（开花、落叶等）加以总结，就不会出现"栽种歌"。考虑到当时各民族情况，应该说对这些物候知识的总结是独立发生的，即各自从植物的物候观察中获取得了关于农事节令的信息。

　　"在盈江卡场，三月初，山坡河畔绽出无数粉红和雪白的杜鹃花，是烧地季节来到的标志；在水冬瓜树落叶之前必须把地整好；桃花和梨花盛开之时，最适宜种荞；而陆稻的播种，却不能延迟到杨梅成熟之后；在盈江铜壁关的小寨一带，樱桃花开是收割旱谷的最佳节令，如果等到樱桃花凋谢才收割旱谷，

---

❶ 杨庭硕：《被调查对象的认知特点不容低估——苗族文化调查难点例释》，周星、王铭铭主编《社会文化人类学讲演集》，天津：天津人民出版社，1997年，298~299页。

❷ 王正华：《澜沧拉祜西山地农业与生态环境变迁》，《人类学生态环境史研究》，2008年11月25日。

❸ 孙敏等主编：《拉祜族苦聪人民间文学集成》，昆明：云南人民出版社，1990年，第33页。

谷子因过分成熟，谷粒容易脱落"❶。20世纪50年代前，潞西景颇族人看到一种"南罗逊"（载瓦语）的藤状植物开出红色花朵时，就知道撒秧的季节来临了，而"蓬生"（载瓦语）草开花便到了收割水稻的时节；地山岭上播种旱谷和草棉时，要听见春季的蝉鸣和看见一种"半涅"（载瓦语）的树开白花；一种叫"木蕊"（载瓦语）的植物开花则标志着冬季的来临，也是豌豆、蚕豆、小麦等小春作物的播种季节。在潞西的巩令一带❷，景颇族人播种旱谷和水稻的节令，是从红木树和"抢泡什"（载瓦语）树的变化中获取的。当红木树现蕾和"抢泡什"结果时，开始播种山岭上的旱谷地；当红木花凋谢时，开始水稻育秧；当"抢泡什"成熟时开始栽秧；当红木树的花苞起苞像鱼的眼睛白白的还没有开的时候，就是种村边地的时候了；到了红木树的花掉在地上一瓣瓣黄黄的，像晒干的酸笋一般时，就是种下半山的地的时候了，此时也适合在地上栽种旱谷、玉米、红米、姜及苤菜等作物。

二、个人在时间中独一无二的存在

时间是可以为人类所认识的，时间认识固定形成的历法是社会时间，不论它最初的发明者和定形者是单数的个人还是复数的集体。那么，这是否就意味着时间与个人是分离的呢？时间作为一种沉默的语言，它与个人又是如何发生关联的？其实年龄等级、亲属称谓和命名方式等标注的就是个人独一无二的存在。

（一）年龄等级

一个社会可能以多种方式分层，如性别、年龄和阶级等，其中最为常见的就是年龄等级。一个年龄等级通常是由性别相同、按年龄组织起来的一类人。年龄等级在一些社会又分为若干年龄组，每个年龄组包括这样一些个体，他们在同一时间加入一个年龄等级，并共同经历一系列生命阶段。例如，在肯尼亚的蒂里基人（Tiriki）中，"七个命名的年龄组要经历四个前后

---

❶ 何翠萍：《生命、季节和不朽社会的建立：论景颇、载瓦时间的建构与价值》，黄应贵：《时间、历史与记忆》，台北：中央研究院民族学研究所，1999年，第166页。

❷ 何翠萍：《生命、季节和不朽社会的建立：论景颇、载瓦时间的建构与价值》，黄应贵主编《时间、历史与记忆》，台北：中央研究院民族学研究所，1999年，第166页。

相继的年龄等级,每个年龄组含有 15 年的时段,因此每 15 年开放一次以接纳新的加入者"❶。

1. 生物学意义上的年龄组别

年龄组别成员身份可以是一个生物学上的达成,即成员资格自动获得。一个人达到了合适的年龄,就毫无疑问地被纳入特定的年龄等级。部落社会中的年龄等级往往超越地域和亲属群体,领导权赋予群体中同一时期加入年龄等级的男子,这些男子作为一个年龄组从一个年龄等级升入另一个年龄等级,直到达到合适的年龄而成为长者。在某些部落中,共同利益社团也行使政治权力。当一个男孩达到战士地位时,他就会加入某个社团,这些组织管理部落事务。在台湾阿美族的年龄组别中❷,年龄在 12~17 岁的称为青少年组,18~36 岁的称为青年组,37~66 岁则称为壮年组,67~77 岁或 78 岁以上则称为老人组。各年龄组别既有专用名,这个名字会随同一级的成员至老死,也有其通用名,从而形成一个复杂的命名结构。阿美族人按照年龄区分的老年人、壮年人、青年人以及青少年四个组别,每一个组别对于其上一个组别成员必须完全服从,而对下一个组别则有管辖权。每个年龄组别还有着不同的社会含义,如老年人意味着在阿美族人中受到敬重;壮年人负责政治与祭祀等的社会活动;而对于青年人来说,漂亮、炫丽和活力都是相当重要的,青年人名声的大小跟他有没有展现其漂亮有着极大关系;而青少年则与被使役和劳役有关,是所有年龄组别中,唯一使用具有使役前缀特性名称的,说明该组别成员是不自主的,因为他们要完成其他年龄组别交代的较为烦琐的任务。

2. 通过仪式等手段获得的年龄组别

除了生物学意义上自然进入的年龄组别外,在有的社会中,个人还必须通过购买或者是参加约定的义务规定才能加入某一特定的年龄组。例如,北美平原的某些印第安人要求他们的男孩购买合适的服装,花钱学会某些特定的歌曲

---

❶ [美] 威廉·A. 哈维兰:《文化人类学》第十版,瞿铁鹏等译,上海:上海社会科学院出版社,2006 年,第 323 页。

❷ 蔡政良:《阿美族年龄阶层组织称谓与用语中呈现的社会秩序观》,http://oz.nthu.edu.tw/~d929802/anthropology/linguistic/final_term_20040210.htm.

和舞蹈才能成为一个年龄等级的成员。也就是说，并非所有生理年龄达到的人都能事实上加入某一特定的年龄等级❶。努尔人的成年男子以年龄为基础被分为不同层级的群体，每一个年龄组的成员经过成年礼而成为该年龄组的成员并一直保留在这个年龄组中，直到终老。这就是一种通过仪式获得的组别身份。

在《芒市边民的摆》中，田汝康还创造了社龄这个概念❷，它既包含生命史上的年龄含义，但又并非只代表个人体质的成熟和衰老，而是一种包含权利和义务的社会身份，成为解读摆夷（傣族）社会结构中的核心概念。社龄就是生理年龄和仪式年龄的合而为一。具体说来，摆夷男女一生分为四个社龄级，如女性自出生即跨入了第一阶段，也就是普通的养育期，这时她完全接受家庭的抚养；等到开始穿裙子起，她们的生命进入第二阶段，这一时期她们开始接受社会的训练，为社会事业做种种的服役，由参加青年团体在"摆"中服役起，一直到结婚为止；举办结婚仪式，是她们人生第三个阶段的开始，这时她们要把头上的辫子改成冲天髻，她们要辛苦工作，养儿育女，活动在一个小天地内，直到积蓄能"做大摆"（以财物赎佛），她就能走入第四个阶段，此后的生活也将由家庭走向奘房，一块黑色的围肩是她们这一时期的标识，念佛祈祷成了她们的工作重心。同样的，摆夷男性也将经历这样的四个人生阶段。因为摆夷的社龄并不以实际年龄作为划分标准，在同一阶段上的人，年龄可以有相当的参差，例如小菩毛（年轻男性）若没有找到相当的配偶，他就要一直逗留在第二阶段，一生没有机会"做大摆"的，也就爬不到第四个阶段。

"摆"的功能之一就在安排社会中的个人社龄，维持摆夷社会的结构，摆就成了转换社龄的仪式。田汝康不仅对摆夷四个社龄阶段的作用进行分析，还把摆夷社会各种原则的重要性进行了对比。即强迫青年男女在摆中服役绝非无意义的举动，其中含有一番深长的教育意义。经过第二社龄的长期训练，第三社龄不过是一个过渡和准备时期，眼睛还是向着第四社龄看。在进入第三社龄

---

❶ [美]威廉·A.哈维兰：《文化人类学》第十版，瞿铁鹏等译，上海：上海社会科学院出版社，2006年，第323页。

❷ 田汝康：《芒市边民的摆》，昆明：云南人民出版社，2008年，第88~91页。

之前，社会已在每个人的心头造下了他们人生的目的，通过对摆的参与，大大激发了"做摆"在每个人心中的强烈愿望，他们会在进入社会后努力工作，等血汗流够，通过摆来升华到第四社龄。摆夷的一生印证了社龄的作用，他们受过摆的教育，又在摆里教育后来的人物。其实这四个社龄实际上也可以分成两组，第二、四社龄属于积极参加做摆活动的，第一、三社龄则是不积极参加的，这种交替搭配的方式安排恰到好处，让摆夷人在世俗和超凡、个人和社会、家庭和奘房两边寻找了一个生活的平衡点，从而让社会生活在社龄结构中一代一代地传下去，最终维持了摆夷的文化特色。

如果说因生理年龄而进入的年龄组别可以说是一个集合名词的话，那么通过限定并非生理年龄可以自动进入的年龄组别就具有了个人的意味，就如社龄含义所显示的那样。

（二）亲属称谓

所谓亲属称谓就是对代际与性别的区分。自我（Ego）是个明白无误的个体存在，如果自我缺项就无从划定亲属称谓。反之，亲属称谓也就成了标注自我身份的代码。摩尔根（Lewis Morgan）是最早对亲属称谓进行分类研究的，经过拉德克利夫－布朗、里弗斯（William Rivers）、克鲁伯（Alfred Kroeber）等人的研究，亲属称谓领域已经蔚为大观了。就以默多克的爱斯基摩制、夏威夷制、易洛魁制、奥马哈制、克劳制和苏丹制❶六种亲属称谓为例，可以发现其中自我不可位移的存在。

1. 爱斯基摩制（Eskimo System）

也称直系制。强调核心家庭，特别区分出母亲、父亲、兄弟和姐妹，而不区分父亲的兄弟和母亲的兄弟，把他们统称为 uncle；也不区分父亲的姐妹和母亲的姐妹，把她们统称为 aunt；对于 uncle 和 aunt 的儿子和女儿统称为 cousin。爱斯基摩制为核心家庭的成员提供了单独而明确的称谓，也就是说，日常生活中只有直系亲属成员才是最重要的。

---

❶ [美] 威廉·A. 哈维兰：《文化人类学》第十版，瞿铁鹏等译，上海：上海社会科学院出版社，2006 年，第 309～312 页。（含亲属称谓示意图）

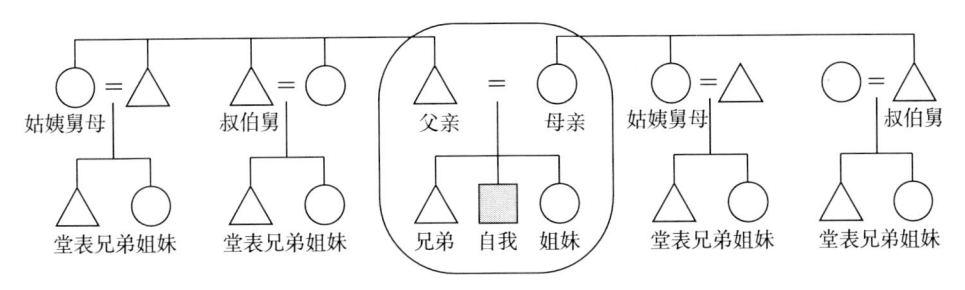

图 2-1

爱斯基摩人亲属称谓制强调核心家庭（中间方框那部分）。"自我"的父母与我的叔伯舅、姑姨舅母等是不同的，而我的亲兄弟姐妹与堂表兄弟姐妹也是不同的。

2. 夏威夷制（Hawaiian System）

又称世代制，因为同代同性别的亲属都使用同一称呼。这种最简单的亲属称谓通常与两可继嗣联系在一起。因为两可继嗣的规则是允许每一个体从家庭的任意一方去追溯自己的世系，并且双方成员基本被视为是同等的。父母亲的同胞兄弟姐妹的子女通常被排除在可能的婚姻对象之外。

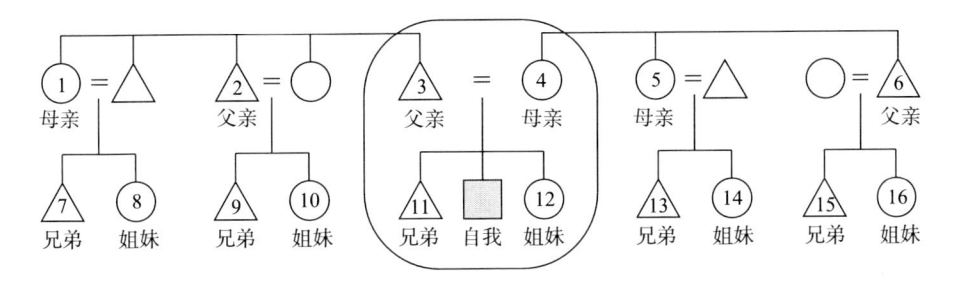

图 2-2

夏威夷亲属称谓制。编号 2 和 6 的男子同 3 号一样，都被自我称为父亲；而编号 1 和 5 的女子同编号 4 一样，都被自我称为母亲。"自我"这一辈的所有堂表兄弟姐妹都被视为兄弟姐妹。

3. 易洛魁制（Iroquois System）

因北美洲的易洛魁印第安人使用而得名。父亲和父亲的兄弟用同一个称谓，母亲和母亲的姐妹用同一个称谓，父亲的姐妹和母亲的兄弟都有单独的称谓。平表兄弟姐妹（与父母同一性别的兄弟姐妹的子女）被归入兄弟和姐妹之列，交表兄弟姐妹（与父母相反性别的兄弟姐妹的子女）也使用单独的称谓。

57

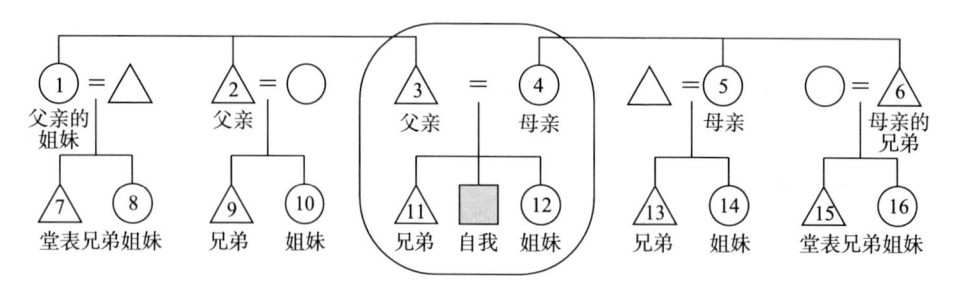

图 2-3

根据易洛魁亲属称谓制,父亲的兄弟(2)还是被称作父亲(3);母亲的姐妹(5)还是被称作母亲(4);但编号1和6的人却有他们自己独立的称谓。编号9~14的那些人都被视为平表兄妹,但编号7、8、15和16却是交表兄弟姐妹。

4. 克劳制(Crow System)

因蒙大拿州的克劳印第安人而得名。它将父亲一方的亲属和母亲一方的亲属分入不同的组别内。父亲一方的交表兄弟姐妹等同于父母一辈的称呼,母亲一方的交表兄弟姐妹则与"自我"的儿女一辈等同。这样就会出现,把父亲的姐妹以及她的女儿,甚至她的母亲都归在同一个称谓下的情况。

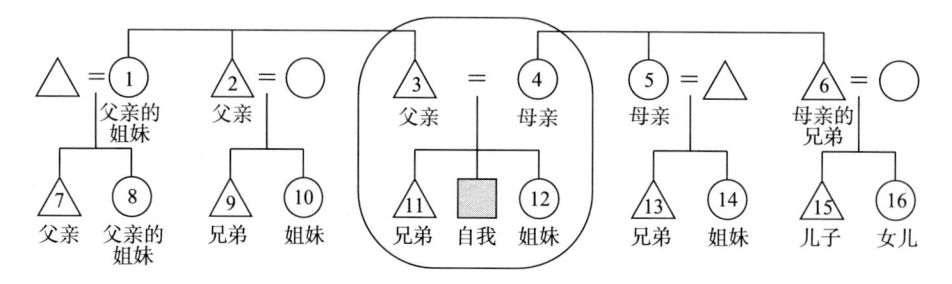

图 2-4

克劳制是奥马哈制(如图2-5所示)的对应面。那些编号4和5的人共用同一个称谓,就好像编号2和3共用同一个称谓一样。"自我"的平表兄弟姐妹(9、10、13、14)被视为同兄弟姐妹,而母亲的兄弟的孩子则等同于男性"自我"及其兄弟的孩子。

5. 奥马哈制(Omaha System)

因内布拉斯加州奥马哈印第安人得名。母亲及其姐妹共用一个称呼,父亲及其兄弟共用一个称呼,而平表兄弟姐妹则与兄弟和姐妹共用另一个称呼。作为与母系的克劳制相对应的父系系统，在奥马哈制中，母方的父系亲属系列中的跨代亲属也会出现相同的称呼。

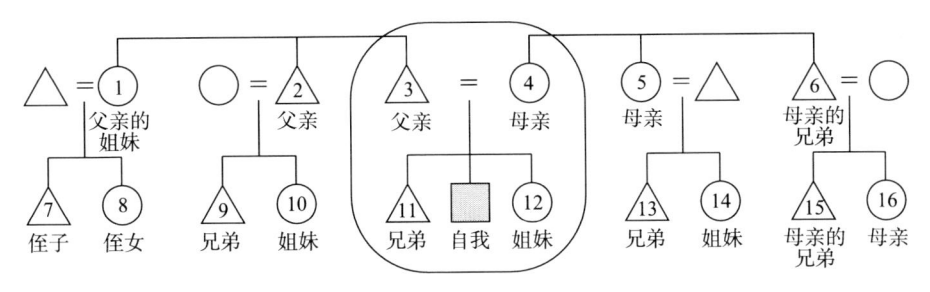

图 2-5

在奥马哈制中，编号2和3同样被称作父亲；编号4和5同样被称作母亲；但编号1和6却另有称谓。在"自我"这一辈中，编号9~14都被视为兄弟姐妹，但编号7和8却等同于"自我"子女辈的称谓，而编号15和16等同于"自我"父母辈的称谓。

6. 苏丹制（Sudanese System）

也被称为描述制，以在非洲苏丹南部的民族中发现而得名。母亲的兄弟与父亲的兄弟的称谓是有区别的，而父亲的兄弟与父亲的称谓也不同；母亲的姐妹与母亲是不同的，并且与父亲的姐妹的称谓也是有区别的。每一个堂表兄弟姐妹的称谓都彼此区分，并且对他们和兄弟姐妹也进行区分。

（三）命名方式

命名是确立个人社会存在的方式之一。人类存在多种命名方式，其中命名制与时间观相结合，表现了一个族群特有的社会记忆。例如藏族实行生辰命名❶，以纪念婴儿的出生时间，如次松（藏历初三生）、次杰（藏历初八出生）、觉阿（藏历十五出生）、巴桑（周五出生）、拉巴（周三出生）、南冈（藏历月末出生）。贵州巫脚交苗族，则实行季节命名制，春夏两季出生的男性取名田、塘、桥、菌、金、银、铜等，女性取名花、田、开、果、菌、菜、谷子等；秋冬两季出生的男性取名橙子、岩石、房子等，女性取名为水、竹、宝物、泉水等❷。

---

❶ 王贵：《藏族人名研究》，北京：民族出版社，1991年，第43~44页。
❷ 徐一青等：《姓名趣谈》，上海：上海文艺出版社，1987年，第80页。

此外，在我国少数民族中还存在一种父子/母子连名制，以一种鲜明的时间计算和不可逆的方式来确认个人存在的唯一性。

1. 父子连名制

即父名与子名相连的命名方式。世系按父系计算，用父子连名方式确保父系血统按直系血亲承递，并可区分出直系血亲与非直系的远亲，使父系直系亲属特别是直系子孙享有财产继承权。在1949年之前，彝、哈尼、景颇、基诺、独龙、怒、佤、苗、瑶、纳西、白、珞巴、维吾尔、哈萨克、塔塔尔、塔吉克、乌孜别克、柯尔克孜和俄罗斯等族在部分地区曾保留此习俗。有的民族实行父子连名的历史长达五六十代，也有的只连二三代。在哈尼族、基诺族、景颇族和广西大瑶山的瑶族中，还存在过父女连名的做法。

父子连名主要有三种，第一是正推顺连法❶。即父名在前，子名在后，以父名最末的一个或两个音节冠于子名之前；子名的最末一个或两个音节又冠于孙名之前，如此世代相连，犹如链条一般环环相扣。如川滇的大小凉山和贵州的部分彝族，名字通常包括4个音节，如古候吼兹—吼兹讫得—讫得谋巫—谋巫乌儿—乌儿洛勒—洛勒莫阿—莫阿阿讫—阿讫阿兔……以乌儿洛勒一代为例，洛勒为自我名，谋巫为祖名，乌儿为父名，莫阿为子名，阿讫为孙名，阿兔为曾孙名。

二是逆推反连法。即子名在前，父名在后，亦以父名的一个或两个音节置于子名之后。采用这种方式连名的有佤、贵州台江的苗和新疆的维吾尔、哈萨克等族。佤族的连名法是：散比里—比里松—松萨—萨特外—特外克龙—克龙猛……散为曾孙名，比里为孙名，松为子名，萨为本人名，特外为父名，克龙为祖父名，猛为曾祖父名。

此外，还有冠姓连名法。在三种连名方式中，采用正推顺连的民族比较多，即按父与子的关系推定其祖先的血统，也可以奠定行辈—兄弟之关系。这种系谱模式在广袤的凉山彝族地区一直延续至今天，而且采用的是长子长孙连名的方法，如一个人"在背他的后代的名字时，只记他的大儿子、大儿子的

---

❶ 彝学网（网聚彝学）http：//222.210.17.136/mzwz/news/20/z_20_35211.html.

长子的名字，其余的儿、孙被排除在他的谱系链条之外"❶。

2. 母女连名制

就是母名与女儿名相连的命名制度。如布朗族的人名通常为三个音节，第一个音节系性别通称，第二、三两个音节才是名字。母女连名时将母名的第二个音节作为女名的第三个音节。假若与别人同名，可在母名之后加上外祖母名。独龙族则是在本人名之前、家族名和父名之后连上母名。凡实行母女连名的民族，也实行母子连名，连法与母女连名相同。

第三节 行动者的时间实践

大多数人类学家对于时间的研究，多采用二元对立的分析框架，如社会时间和自然时间、一般时间与个体时间、结构时间与生态时间等。其实这种二分法完全忽视了作为行动者的时间实践，包括对过去、现在和未来时间的体验，在种种可能情境中作出的选择等个人策略，而正是互动与选择形成了社会结构。因此，行动者的时间实践为时间研究注入了活力。

一、不同族群行动者的时间实践

不同族群行动者的时间实践本身就维系着自然时间和时间体验，在实践中达到对行动者主体性的肯定，是理解知识传承、社区记忆、权力运作和文化传承等内容的新视角。

居住在中缅边境中国一侧的景颇人和载瓦人的时间实践是建立在两类时间之上的，一是日出日落、干季雨季，年复一年的自然节奏；另一个是人从生到死不可逆转的生命历程。景颇和载瓦按照气候变化把一年分为干季（头年10月至次年4月）和雨季（5月至9月），干季又叫做"为寨与寨间及寨里的事忙"的季节，主要工作就是"做人"（结婚、联姻、盖房和丧葬），干季"做人"还贯穿了物品交换和过节等仪式庆祝活动，"通过这些生命仪礼的形塑，

---

❶ 罗扬：《"民族家"的时间观》，《中国农业大学学报》，2007年4期。

景颇与载瓦期待完成其'人'的理想。这个'做人'的完成，在景颇与载瓦共有最重要的一环是能够通过婚姻将从外而来的'女性的事（生产力）'——以种子及裙子为表征——包藏入'男性的事（生产力）'——以男性所编的篮子与所盖的家屋为表征——之内，并把女性的'做活的事（生产力）'转移为男家的支配当中"❶；而雨季意味着"开始做活或劳动的季节"，简称"做活"，人们忙的都是与农田有关的生产的事，如犁田、播种、除草、防止雀鸟吃谷等。

中国传统文化里的命相也是与时间和谐的。每一个人生下来有四个定点：年、月、日、时，称为四柱。这四柱再加上干跟支就变成了一个人的八字；每一个人的八字跟宇宙时间的运行碰到一点的话，如果是均衡的时候，那就是吉；有冲突的话，就是凶。生活在凉山州盐源县羊圈村的彝人有自己的一套时间实践❷，比如处理与祖先等超自然神灵的关系，协调村庄时间与外来时间的一致性等。

首先，当地彝人通过一套时空占算体系来协调人与祖先、神和鬼的关系。彝人从出生、成年、结婚、生病和死亡都要请"毕摩"或"苏尼"来做各种仪式，才能保证人生的各个"关口"都能顺利地度过。一年之中，不同的时间段人和鬼、神的关系也有变化，所以，也要请"毕摩"来做相应的仪式，如"春夏之际反咒，夏秋之际转咒，秋冬之际招魂，冬春之际除孽债"，确保彝人在一年中的各个阶段都能协调好自身与外界的关系。

其次，人自出生那一刻起，就从时间上有了一个属相的归属。在他结婚、搬家、生病等等人生结点上，他注定的属相总是以时间的形式象征着对其人生祸福的掌控。如属牛的人，"牛"这样一个时间定位一旦从他生命开始的那一刻确定后，他的整个一生在这套时间体系中的命运和他与"时间"的关系就被固定了，他的祸福是由"克木拉所特（狗马虎相随），特勒乌有处（兔猪羊相伴），鸟日海其还（猴龙鼠相合），牛什瓦执日（牛蛇鸡相合）"规定的，这四句口诀体现的就是彝人的时间观。

---

❶ 何翠萍：《生命、季节和不朽社会的建立：论景颇、载瓦时间的建构与价值》，黄应贵：《时间、历史与记忆》．台北：中央研究院民族学研究所，1999 年，第 157～227 页。

❷ 罗扬：《"民族家"的时间观》，《中国农业大学学报》，2007 年 4 期。

最后，协调村庄时间与外来时间也很重要。对当地人来说，"露水在了，早晨就是了；天擦黑了，就该关门了；牲口都叫唤了，就该起床了；火堆烧完了，就该睡觉了；不想喂猪了，就该过年了"。这种村庄时间如何与外来时间如当地小学校的作息时间协调呢？为了适应村庄的习惯，羊圈村学校就调整了每日的作息时间。如学校秋季学期开学时规定每天八点上学，到了十一月时，天气开始转冷，学生迟到增多，学校就把上学时间调到九点；十二月初，学校再次把上学时间调整为十点。这是因为"农村头本来这段时间就是起来晚的时候，他家里头起来不到，做饭这些搞不赢。农忙的时候，家里头本来起来得早，我们上课时间跟到也早些，八点半左右的样子。下午早点放了学生，有的老师还可以回家参加农忙。这段时间下午放得晚也没啥子，他回去也没什么事做"。就这样，小学校充分利用教育行政部门无法直接管理的权限，把村庄时间与外来时间协调起来，创造出一种弹性的时间安排来。

二、身体成为不同时间约束与管控的对象

就身体和时间的牵连来说，它们之间的融合复杂而多元。在现实的日常生活中，行动者除了受制于生理时间，如因为饥渴疲劳而形成的劳动、进食与睡眠时间的周而复始的拘束外，还受到一些物理性时间和社会性时间的牵制。在一般的情况里，这些不同的时间类型是可以同时存在于个人生活中，而不会形成严重的冲突。人类学民族志也已经证实这种共存时间的可能性。因此，个人是时间的产物，受到不同时间的约束和管控，并不是一个不实的论断。

（一）个人的生理时间

现代科学研究业已证实，每个人从他诞生之日直至生命终结，体内都存在着多种自然节律，如体力、智力、情绪、血压、经期等，人们将这些自然节律称作生物节律或生命节奏等。人体内存在一种决定人们睡眠和觉醒的生物种，生物钟根据大脑的指令，调节全身各种器官以 24 小时为周期发挥作用。早在 19 世纪末，科学家就注意到了生物体具有"生命节律"的现象。到了 20 世纪中叶，生物学家又根据生物体存在周期性循环节律活动的事实，创造了"生物钟"一词。

生物钟的位置到底在何处？传统的观点认为，生物钟应该存在于大脑中，

但对于具体位置的说法却又各不相同，产生了外界信息所导致的外源说、生物体内在因素决定的内源说和生物体与环境相互作用的综合说等。一般说来，人类对广泛的外界信息，如电场变化、地磁变化、重力场变化、宇宙射线，其他行星运动周期、光的变化、月球引力等极为敏感，这些变化的周期性，引起了个人的生命节律的周期性。人在恒温和与外界隔绝的地下，也表现出近似于24小时的节律，因此，"人的生命节律是由人自身的因素与环境相互作用形成的"❶。

（二）铭刻社会时间的身体仪式

盖内普（Arnold van Gennep）认为："在任何社会中，出生、结婚、怀孕、为人父母个体的生命就是一系列的过程，在个体的社会转化中，身体是怎样被象征使用的，仪式和象征因文化的不同而不同"❷，这一仪式往往都是通过身体装饰（如断发文身、梳头冠笄或更衣换装等）和身体损毁（如拔牙凿齿、缠足、束腰和割礼等）来表达的，特别后者通过损毁身体某一部位更是为了表达强烈的性成熟意味。

1. 文身

文身曾在世界范围内普遍存在过，从非洲的布须曼人（Bushman）、新西兰的毛利人（Māori）、非洲的印第安人和马来西亚岛屿的土著居民，再到我国的黎族、独龙族、傣族、德昂族、佤族、怒族、基诺族、彝族、苗族、布朗族、珞巴族、景颇族、布依族、壮族、台湾原住民等，特别是这些民族的老年人身上至今还留有文身的印迹。为什么要文身呢？有各种各样的说法，如图腾徽记说、秉承祖宗遗制说、成年标记说、避除邪害说和繁殖人类说等，其实从文身年龄与文身部位来看，文身是一种性成熟的标志，进而是为了获得婚恋身份的一种身体仪式。

什么时候文身是一个关键问题。不同族群不同支系的文身时间各不相同，如海南黎族女子最早是从6岁起开始文身，大多数是在10~15岁文身，而最

---

❶ 邓爱华：《时间生物学：拨动人体生物钟》，《科技潮》，2004年第9期。
❷ Anthony Synnott. The Body Social: Symbolism, Self and Society. Routledge. 1993. pp. 247~248.

晚的也就是在 16~17 岁必须黥纹。❶ 傣族男子的文身时间是在 11~20 岁。台湾原住民的文身年龄也大抵是与青春期同步的，如"泰雅族男子为 15~20 岁，女子为 14~17 岁；赛夏族男子为 14~21 岁，女子为 14~15 岁；鲁凯族男子为 19~20 岁，女子为 15~18 岁；卑南族男子为 15~17 岁；排湾族男子为 20~25 岁，女孩子为 13~18 岁，除排湾族男性可在婚后施术外，其余均为婚前完成（文身）"❷。由此可见，选择与青春期性成熟同步的时间来文身，是大多数族群的通行做法，或者说，婚前文身是极为普遍的现象。

(1) 与生理成熟同步的女性文身

因性别不同，文身者的文身时间也有很大差别，一般来说，女子文身的施术时间较早，大致与月经初潮同步，如台湾布农族和排湾族的女子从 10 来岁月经初来的第二天即开始刺纹；而独龙族女子一长到 12 岁、13 岁时，就要纹面，"布谷鸟叫了就要播种，姑娘长大了就要在脸上绣花朵"❸。海南黎族也认为女孩子到了 12 岁、13 岁，就算成年了，父母家人都要劝其文身，台湾鲁凯族的女孩子到 14 岁、15 岁，见到初红，便认为其有出嫁资格，须加紧织布来提高工作技巧，当织布水平到达某一程度后，即可在手臂上刺青，"过去女孩子能熟练纺纱、织布等女红，便在面部刺青作为表彰。一旦女孩有了月经来潮，就被认为长大成人，即在额头上刺青，结婚后再在面颊两边刺青"❹。

(2) 与社会成熟相关的男性文身

如果说以月经初潮来认定女子的性成熟而进行文身的话，那么，认定男子的文身时间大多是以其能否建功立业有关，即有文身资格的男子，大多是在经济生产和社会活动中有突出成绩的，如狩猎成功或猎获人头等。如台湾泰雅族男子在狩猎成功以后，"可以在额头上刺青，被族人公认为成年男子"；鲁凯族与排湾族男子一旦勇武砍得外人首级时，就可以在额头与下颚处刺纹，"鲁凯族男性须立了大功才可以在前胸后背刺青"❺；傣族男子也在"学僧"（入寺为僧）时候，才在胸、背、额际、腕、臂、脐和膝等部位，以针刺出种种形

---

❶ 马沙：《黎族文身研究》，北京：中央民族学院出版社，1993 年，第 252 页。
❷ 张崇根：《台湾世居少数民族研究》，北京：民族出版社，2002 年，第 178 页。
❸ 罗荣芬著：《独龙纹面女》，《山茶》，1995 年 1 期。
❹ ［日］铃木质：《台湾原住民民俗志》，吴瑞琴编校，台北：台原出版社，1992 年，第 74 页。
❺ 简炎辉：《台湾排湾族性文化调查研究》，《华人性人类学研究》，2011 年第 1 期。

65

状。也就是说，男子的文身时间并非与其性生理成熟时间重合，而是以其掌握某项技能，获得某种社会身份的时间相一致。

2. 拔牙

拔牙凿齿指是成年以后拔去的恒齿，而并非幼年时期拔除的乳牙。为何要拔牙凿齿呢？只有了解什么时间拔牙凿齿以及拔去什么牙才能清楚其中的奥秘。

其实损毁身体的拔牙凿齿也是与性成熟有关的，因为拔牙凿齿的时间大多与青春期性成熟的时间同步，更准确地说在未婚之前进行的，如台湾的泰雅族、赛夏族、布农族等打牙的年龄，一般在 12 岁、13 岁至 15 岁、16 岁。拔去的牙齿是健康的恒牙，即一旦被拔除后不能再度萌发，因而也被作为终身固定的永久性标志，有的族群也视其为男性的成年礼。如在非洲尼罗河畔的努尔人少年，在换齿后的下牙再长 6 年后，即击碎它，而少年男性只有把前面的门齿和犬齿去掉，才能进入青年人的行列，有资格承担成年人的义务和享受成年人的权利，包括性交往的权利。在澳大利亚部落社会中，举行成年仪式时，"把一个男孩的门牙敲掉一个或更多乃是常有的事，这种仪式是每个男性成员在其享有一个成年人待遇和特权之前都必须接受的。"[1]

---

[1] ［英］詹姆斯·弗雷泽：《金枝》，徐育新等译，北京：中国民间文艺出版社，1987 年，第 58 页。

第三章

空 间

作为社会现象的基本要素,空间也是人类定位自身、认识世界的参照系。在相当长的一段时期里,空间之于人类学仅仅意味着社会关系与社会过程运行其间的处所。当这种在存在上既抽象而又与一般生活不能分离的空间成为理论的切入点后,人类学领域的空间议题才具有了新的向度。因为空间既不是一种纯粹的外在物质存在,也不只是一种人类对世界秩序的理解,而是人类实践的社会过程。

第一节 人类学的空间研究

厄瑞(John Urry)宣称:"从某些方面来看,20世纪社会理论的历史也就是时间和空间观念奇怪的缺失的历史。"[1] 如果说在其他社会科学门类中,还将空间视为无关紧要的倾向,从而无法促成有关空间知识生成的话,在人类学中则不然。民族志已在描述空间背后的社会关系模式,或者把空间当作社会文化的象征物,从而使空间超越纯粹的理学概念获得了文化的表达。

---

[1] John Urry. Sociology Beyond Societies: Mobilities for the Twenty–First Century. Routledge. 2000. p. 505.

一、空间是社会形态学的容器

时间和空间是交织在一起的，要认识空间有时也需要先理解时间。人类学中不乏试图将时间和空间并置起来进行的研究，这在毛斯、涂尔干和埃文思-普里查德等人的研究中都有表述。

（一）空间的社会属性

在《论爱斯基摩社会的季节性变化》（1906）一文中，毛斯虽然是从夏冬季节变化的时间因素入手，但具体是通过爱斯基摩人夏季住的帐篷、冬季住的长屋和卡西姆等空间形态来论述其居住形式与社会团体及其活动等社会形态学方面的内容。

爱斯基摩人的夏季居所帐篷（Tupik）是一个比冬季的房屋更加简便的建筑。大致说来，它是用撑杆摆成锥面的样式而搭成的，在这些撑杆之上，放着各种皮件，通常是缝制过的非整块的皮，下面用能够抗击狂风的大石头压住……爱斯基摩人的帐篷顶上没有出口，因为它不必把烟排出去，它们的灯也不起烟，至于进口，它可以是密封的，因此，居民们是生活在黑暗之中。从整个爱斯基摩人的地区来看，居住于夏季帐篷的就是最狭隘意义上的家庭，也就是说一个男人及其妻子，或者一个男人与他的妻妾、未婚子女（亲生的或收养的）；在"特殊情况下，还有一位直属亲戚，或者一位未再婚的寡妇，她的子女，或者一位客人或几位客人"❶。

爱斯基摩人的冬季居所包括长房子和卡西姆。长房子包含有三个要素：第一，一个由外入内的走廊，它通过一个一半在地下的入口处进入屋内；第二，一个长凳和用来摆放灯具的地方；第三，各种隔板对着这个长凳隔出来的一些小房间。每个单间都对应着一个家庭，在它们前面都放有一盏家庭用灯。在房屋内壁之前，沿着前墙放上一个不宽的长凳，它是留给未婚的青少年的。而且，当客人们不能使用家里的床时，他们就睡在这个长凳上。"冬季的长房里

---

❶ ［法］马塞尔·毛斯：《社会学与人类学》，佘碧平译，上海：上海译文出版社，2003年，第346页。

一般都要住上许多人家，而且合住的家庭数是可变的，从2~10个不等"❶。

除了长房子外，还有一类冬季建筑物值得关注，卡西姆（Kashim）是爱斯基摩语中用来指"我的聚会场所"一词的缩写词，是一种放大的房屋。首先，它有一个中心火炉；其次，它没有单间，通常也没有长凳，只有座位。如果这里既没有区隔，又没有单间，而只有一个中心火炉，那么这就是整个居所的公屋，在那里举办各种全社区都要参加的典礼，特别是在阿拉斯加，那也意味着这是"男人的屋子"。"卡西姆"揭示了冬季生活的独特特征，即群体的高度集中。在这一时期，许多家庭来到一个房屋中共同生活，而且同一居所中的所有家庭，或者至少是所有男性都有相聚在同一地点并过一种共同生活的需要，"卡西姆正是为了满足这一需要出现的"❷。与夏冬居所相关的就是有关宗教、法律、财产和其他社会关系的迥然不同，具体内容参见第二章第一节的相关论述。

（二）空间生成的个人基础

空间是与时间相对的一种物质存在形式，表现为长度、宽度和高度。如果说毛斯的《论爱斯基摩人社会的季节性变化》是对时间空间的相关性进行了民族志探讨的话，那么，1912年涂尔干的《宗教生活的基本形式》一书，则对空间进行了理论的概括和思考，他把空间、数学、因果等范畴视为每个文化存在的基本分类，并认为对于这类基本分类的了解是对一个文化深入了解所不可少的。当然，把空间等视为范畴并非涂尔干的首创，但是他假设了范畴的社会起源，"社会所占据的地域为空间范畴提供了物质基础"❸，而且"集体表象是广泛合作的结果，它不仅延展到了空间，也延展到了时间"❹。

当然，涂尔干还揭示了空间社会属性的个人基础，"我通过感觉所了解到

---

❶ [法]马塞尔·毛斯：《社会学与人类学》，佘碧平译，上海：上海译文出版社，2003年，第355页。

❷ [法]马塞尔·毛斯：《社会学与人类学》，佘碧平译，上海：上海译文出版社，2003年，第358页。

❸ [法]爱弥尔·涂尔干：《宗教生活的基本形式》，渠东等译，上海：上海人民出版社，1999年，第576页。

❹ [法]爱弥尔·涂尔干：《宗教生活的基本形式》，渠东等译，上海：上海人民出版社，1999年，第17页。

的空间，都是以我为中心的，其中各种事物的分布都与我有关"。❶ 为了避免发生冲突，社会必须为每个特定个体指定一部分空间。换句话说，就是对一般空间进行划分、区别和安排，而这些划分和安排必须让每个人都知道。在空间中，具体的个人始终处在某个确切位置，并能够恰如其分地把握住所有与之相关的特殊感觉，而"这种空间不可能是一般意义上的空间，后者包括所有的空间范围，只能用人所共知的标线画出坐标"❷。

这清楚地表明，社会空间所具有的一般性绝不是我们所能感受到的具体范围可以与之相提并论的。因此，提出时间和空间是社会构造物，空间具有社会性，特定社会的人都以同样的方式去体验空间，社会组织是空间组织的模型和翻版。当然，涂尔干指出空间的个人来源旨在论述空间的社会性，并服务于集体表象的论述，因而其空间观高度抽象并缺乏具体的历史分析，这就导致涂尔干关于空间与社会关系的表述显得含糊不清。

（三）空间的价值性

埃文思－普里查德的《努尔人——一个尼罗河畔人群的生活方式与政治制度描述》全书共分六章，前两章从生态学的角度讨论了牛与人的关系，以及生态环境与人的生活方式相适应的必然性，并对其相互之间关系作了生动的、细致入微的描写。努尔人在随着雨季和旱季的季节变换而迁徙的畜牧经济中适应了像牛一样的生活方式。第三章分析了随季节而变动的居民构成，说明了时间和空间的观念，反映了生态与社会所组织的活动的相互影响。

从空中俯视，努尔人的空间分布一目了然：棚屋和牛棚、开阔的草地和在雨季便成为沼泽的低洼地，它们呈现出来的是生态空间，这个生态空间能够用物理术语作出关于空间测量的表述。但是，仅就其本身而言，其意义是非常有限的，"因为它还要通过介于地方性群体之间的土地的特性以及它与这些群体成员的生物需要之间的关系进行推算"❸。但是努尔人的空间并非纯粹地理意

---

❶ [法] 爱弥尔·涂尔干：《宗教生活的基本形式》，渠东等译，上海：上海人民出版社，1999年，第578页。

❷ [法] 爱弥尔·涂尔干：《宗教生活的基本形式》，渠东等译，上海：上海人民出版社，1999年，第578页。

❸ [英] 埃文思－普里查德：《努尔人——一个尼罗河畔人群的生活方式和政治制度描述》，褚建芳等译，北京：华夏出版社，2002年，第128页。

义上的空间，就像努尔人把价值赋予到生态时间中一样，他们同样把构成其政治结构的价值观念赋予到地理空间中。

也就是说，努尔人的距离乃是置身于特定社会制度中的人们群体之间的距离，它与价值观紧密相连。人们赋予居住地、亲属关系、宗族、性别以及年龄的价值观把不同群体的人们区分开来，从而使不同裂变分支之间的相对位置处于结构空间之中。例如，努尔人把空间的地方性分布赋予了价值蕴涵，也就是说，在努尔人看来，社会空间范畴包括"栅屋—家宅—村舍—村落（牛营）—三级部落支—二级部落支—一级部落支—部落—其他努尔部落—东西努尔地区—努尔地区—丁卡地区及其他外部人群地区—从各个中心行使职能的政府"这一"结构距离就是社会结构中人们群体之间的距离"❶。这种从近到远，从熟悉到陌生的外扩式距离就是努尔人的空间意识。

二、空间是社会结构的象征物

空间在很长一段时间内仅仅被视为自然的、既定的和基本的条件，是一种自然地理，为地理学所宰制。在早期人类学的空间研究中，空间主要是作为一种静态的、被动的媒介，被建构成为某种社会关系的象征物。也就是说，利用空间来显现社会关系中的阶级、性别和社会地位，是这一阶段空间呈现中最常见的内容。

人类的生活空间不是纯粹的物理空间，也是一种充满了象征意义的文化空间，如借助信仰与禁忌形成某些不可违犯的使用规范。这一类空间首先与具体的方位有关，比如东方是太阳升起的地方，象征着生命力和活力，白天；西方是太阳落下的地方，象征着衰落与死亡，黑夜等等，兹以居住在墨西哥恰帕斯高原的查穆拉人的住房为例。如图3-1所示。

查穆拉人将他们的住房划分为不同部分，房屋的门口无论实际上是否面向东方，它都是观念上的东方。屋内以右侧为尊，一般神龛位于观念上的北方，即最右侧的中央位置1，男人在居室中的活动空间和他们在社会中所占据的地

---

❶ ［英］埃文思-普里查德：《努尔人——一个尼罗河畔人群的生活方式和政治制度描述》，褚建芳等译，北京：华夏出版社，第132页。

位相对应，位于优越的一方3，神龛有时也放在2的位置上，正对东方（观念上的）的中轴线似乎具有一定的神圣性，因为神龛2与火炉4都在这条线上，或在它附近，女人的社会地位与价值都处于劣势，即处于非神圣的一方。

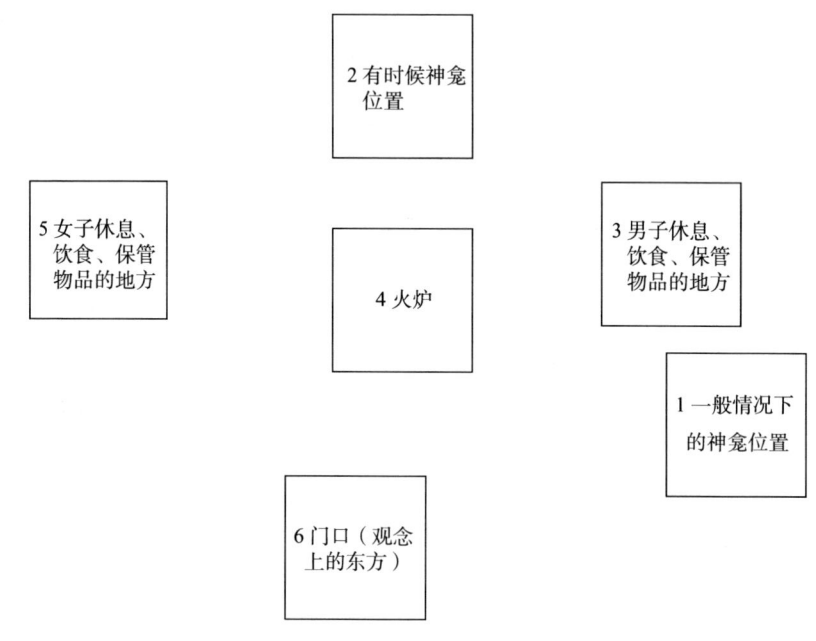

```
                    ┌──────────┐
                    │ 2 有时候神龛 │
                    │   位置    │
                    └──────────┘

┌──────────┐        ┌──────────┐       ┌──────────┐
│5 女子休息、│        │          │       │3 男子休息、│
│ 饮食、保管 │        │  4 火炉  │       │ 饮食、保管 │
│ 物品的地方 │        │          │       │ 物品的地方 │
└──────────┘        └──────────┘       └──────────┘

                                        ┌──────────┐
                                        │1 一般情况下│
                                        │ 的神龛位置 │
                                        └──────────┘

                    ┌──────────┐
                    │6 门口（观念│
                    │  上的东方）│
                    └──────────┘
```

图 3-1　查穆拉人的住房空间分布

资料来源：金泽：《宗教禁忌》，北京：中国社会科学出版社，1998年，第142页。

在有些部落社会中，妇女，尤其是产妇和处于经期的妇女，被认为是作非常不洁的。为了避免这种不洁的污染，人们往往另辟一地专供产妇或经期的妇女居住。所罗门群岛的科维奥族人的居住地，就十分典型地展现了人们如何在空间上处理不洁的问题。位于高处的山坡地是神圣之地，男人们在这里以猪作为牺牲祭祀祖先，并奉献芋头等供品，这个圣地及其附近的男子宿舍均禁止女性接近。居住地的中间地带是家族的住所，在住所的内部以火炉为界，其上部是男性的空间，下部为男女合用的场所。男子在家族住所与神圣之地间往来，与此相对应，女子则在家族住所与位于更低下处的月经小屋间往来。当妇女要分娩时，她必须进入较月经小屋更低的森林中的小屋，由少女照顾，并严禁男性接触。如图3-2所示。

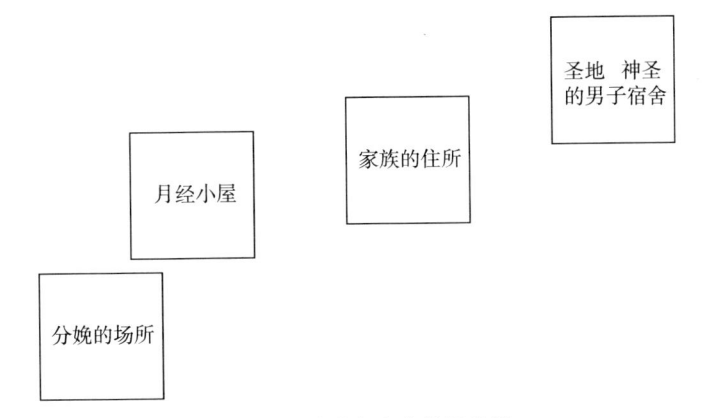

```
          ┌──────────┐
          │圣地 神圣  │
          │的男子宿舍 │
          └──────────┘
      ┌──────────┐
      │家族的住所 │
      └──────────┘
┌──────────┐
│月经小屋   │
└──────────┘
  ┌──────────┐
  │分娩的场所 │
  └──────────┘
```

图 3－2　科维奥族人的居住地

资料来源：金泽：《宗教禁忌》，北京：社会科学出版社，1998 年，第 147 页。

在人的禁忌行为、空间观念和宇宙观之间有一种内在的连锁关系，空间分割的各种原理及其意义，来源于人们的宇宙观。太阳升起的位置、神龛的位置、火炉的位置、男子的位置是一种等价的关系，而某些禁忌行为的意义恰恰派生于这些空间分割的原理，"宗教禁忌既取决于整个宇宙的意象结构，又反过来强化了这种意象结构。"[1]

第二节　空间理论的新发展

伊利亚德（Mircea Eliade）曾将人的直立行走状态作为人之所以为人的重要特征之一。他说："当人处于并保持直立行走状态，空间以一种人类前所未有可能拥有的结构组织起来，以上下为中心轴，沿着水平方向向外辐射出四个方向。换句话说，人类以自己的身体为基点，形成前后、左右、上下的方位，由此人类形成以一个中心来把握方向，进而形成以一个中心来把握世界的方法。"[2] 随着身体与空间、权力与空间以及后现代空间论等主题不断呈现[3]，改

---

[1] 金泽：《宗教禁忌》，北京：社会科学出版社，1998 年，第 156 页。
[2] 金泽：《宗教禁忌》，北京：社会科学出版社，1998 年，第 157 页。
[3] 黄应贵：《人类学对于空间的研究》，《中国民族学通读》第 27 期，第 1~12 页。

变了民族志中那种单纯把空间作为社会关系和社会结构的静态容器和象征物的做法，使人类学的空间实践性和生产性得到强化，从而揭示出新的社会构成机制和实践过程。

一、布迪厄的空间实践

布迪厄是在阿尔及利亚卡比尔社会（Kabyle）柏柏尔人（Berbers）研究中发现空间的重要性。阿尔及利亚人的家庭具有独特的空间性，空间的组织将人们限定在不同的地方，从而有助于建构社会秩序并形成阶层、性别和分工。布迪厄最早是用结构主义来解析房屋空间内外和不同布置的对立❶：高对低、光对暗、日对夜、内对外、男对女等。也就是说，在可见的生理差别基础上形成了一个在所有领域内都构成男女对立的普遍分类系统。他根据男女之间的基础对立，重新阐释了社会生活和象征生活的既定条件，展现了社会的象征资本如何与男女之间的对立相辅相成。也就是说，建立在男性统治基础之上的社会秩序还形成了以下严格的划分，如劳动的性别分工，是对两性承担的活动及其地点、时间、工具的分配；空间结构的男女对立，大庭广众或市场专属男人，家庭专属女人，或在家庭内部，炉火归男人，牲畜棚、水和植物归女人，这是时间的结构，"劳动日、耕地年或生命的循环、中断的时刻是男人的，漫长的妊娠期是女人的"❷。

结构主义的分析往往忽略了行动者的主体建构能力，布迪厄的后期研究为了打破结构决定论，发展出基于空间的场域和惯习等相关理论，回答的就是空间是通过怎样的社会过程生产出来。空间是一个关系的体系，空间的建构由位居此空间的行动者、群体或制度所决定。反过来，空间对于社会行为也有影响。人们居于一定的社会空间会形成一定的个人地方感，并由此形成比较一致的惯习。惯习暗含了对自己所在地方的感觉和对他人地方的感觉，行动者对空间的看法取决于其在空间中的位置。布迪厄并不认为人们是通过内化体现在房屋之上的象征秩序来习得社会的文化传统，而是通过与物质环境和社会中的其

---

❶ [法] 皮埃尔·布迪厄：《男性统治》，刘晖译，深圳：海天出版社，2002年，第12页。
❷ [法] 皮埃尔·布迪厄：《男性统治》，刘晖译，深圳：海天出版社，2002年，第8页。

他人的具体互动——对房屋的逐渐熟悉，对社会中其他人思想和行为的观察模仿——来形成身体惯习，从而达成对社会文化的继承和传递。正因为如此，布迪厄空间的理论分析焦点就"从原来静态的结构和意义，转向动态的实践和过程"[1]。在一定程度上，布迪厄的贡献在于厘清了地理空间与社会空间之间的关联以及空间与阶级之间的复杂关系。布迪厄的场域与惯习则分别是空间的呈现与空间实践的面向，当他建构两者关系时，却把惯习理解为"实践逻辑中的无意识特质"[2]，于是空间实践遂成为内化了的社会结构，最后又成了社会决定论的翻版。

二、列斐伏尔的空间直感行为

1974年，列斐伏尔（Henri Lefebvre）以法语出版了《空间的生产》，但英译本迟至1991年才出版。这一重要著作在一定程度上引起了社会理论对空间概念的系统关注。列斐伏尔试图提出一个关于空间的一般社会理论，并将空间结构区分为空间的实践、空间的呈现与呈现性的空间三个要素。也就是说，他没有把空间二分成结构与实践两个部分，而是把空间划分成三个要素：空间实践，一种空间的创造性和习惯性使用，他"以蜘蛛织网为例，指出空间实践是人的基本能力，这些能力透过姿态、手势、表情、语言、标记去界定自己的空间以及与别人的距离"[3]；空间的呈现，是指生产关系下空间的知识和象征秩序，以及人们对空间的自我意识；呈现性的空间，指的是一个生活的空间，实践与认知互动的场所，是一个充满着张力、矛盾和不稳定性的象征世界。

列斐伏尔力图纠正传统社会理论对空间的简单和错误的看法，认为空间不仅是社会关系演变的静止的"容器"或"平台"，也是"社会的产物"。他重新赋予空间能动和辩证的力量：空间是一种社会产物，也是社会生活中的一种建构力量，既为手段也为目的。列斐伏尔认为"空间问题汇聚了一切"，空间不再是中性的，而是兼具政治策略性。在空间的社会生产中，列斐伏尔还强调

---

[1] Pierre Bourdieu. The Logic of Practice (Trans. By Richard Nice). Oxford: Polity Press. 1990.
[2] Richard Jenkins. Practice, Habitus and Field in Pierre Bourdieu. London: Routledge. 1992. p. 77.
[3] Henri Lefebvre. The Production of Space. Trans by Donald Nicholson – Smith. Oxford. Basil: Wiley – Blackwell. 1991. pp. 173~175.

空间并置的无限多样性以及多样性空间之间的重叠和渗透，使我们注意到空间与空间之间出现的割裂、分离、不连续和等级化的状况以及中心地区对边缘的权力主宰。

布迪厄的"场域"与"惯习"分别是空间的呈现与空间实践的面向，但他并没有处理空间的呈现与呈现性空间之间的张力和抗衡，也没有再进一步讨论与呈现性空间相对应的实践。列斐伏尔指出，空间实践是人的基本能力，行为与空间不能完全二分，空间实践就包含了惯习（Habitus）和直感（Intuitus）行为❶，前者是社会与人互动而产生的实践逻辑，后者是一种对环境整体的直觉和感应。列斐伏尔认为，空间实践不单是当地社会关系文化习惯的行为模式，而且涉及行动者如何感知自己的空间位置，并做出相对应的行动。如果说惯习是空间呈现的实践，那么直感行为则是呈现性/象征性空间的实践，前者对空间呈现进行实践性的再生产，后者则透过仪式性行为来处理日常生活空间中所感受到的矛盾和张力。布迪厄提出的惯习是空间呈现的实践，而列斐伏尔提出的直感行为则是发生在呈现性象征性空间的实践，而呈现性空间中的空间配置与认知之间则总是格格不入的，实践就是要揭示其中的矛盾和张力。由于这些概念过于抽象，自列斐伏尔提出以来，一直停留在理论层次的讨论，很少用于具体的研究分析。

第三节　民族志中的空间实践

空间存在虽有其独立性，但总与人类的活动密不可分。具有主体性的行动者能"将各种物质及社会文化资源结合一起运作来替代或超越各个要素而建构出来新的空间"❷，而且不同的行动者在面对不同的自然、人文环境而衍生出不同的宇宙观和生命观，就能创造出诸如日常生活的、流动的和历史的空间。

---

❶ Henri Lefebvre. The Production of Space, Trans by Donald Nicholson - Smith. Oxford. Basil：Wiley - Blackwell. 1991：239.

❷ 黄应贵：《空间、力与社会》，《广西民族学院学报》，2002 年 2 期。

第三章
空　间

一、凉山彝人的"撞"或"惹"

《"民族家"的时间观》❶ 就展示了彝人如何通过时空交织的方位，来进行人的出行、行事、避凶和死后的灵魂回归路线等空间实践的。

```
              日么
    有色各            日地火
    木几              木都
    克地火            牛色各
              日乌
```

图 3 – 3　凉山彝人的空间方位

资料来源：罗扬：《"民族家"的时间观》，《中国农业大学学报》，2007 年第 4 期。

木都是太阳生起的地方，木几是太阳落下的地方；日乌是水来的方向，日么是水走的方向；牛色各意为牛马的方位，有色各为放牧绵羊的方位；日地火是晒龙场或龙的晒场；克地火为晒狗场或狗的晒场。象征时间的十二属相与代表空间的八个方位配合，构成了彝人占卜的核心——唐格。"属哪方，哪方（唐格）挡"。每天的唐格按照木都→日地火→日么→有色各→木几→克地火→日乌→牛色各的逆时针方向循环。但是在循环完一轮，也就是牛色各之后要加上"达乌"，意为地下，"么乌"指天上，一共十个方位，再循环至木都。

对彝人来说，以时空为坐标的唐格体系，就是指导他们如何正确处理人及其与之共同生活着的祖先、鬼和神关系的指南。祖先和神灵对人的旨意和庇佑似乎就蕴藏在唐格体系中，人若遵从它，就能避免鬼怪的作难，战胜邪祟的侵害；逆其意而行，必要遭到报应。如果个人的日子和属相间的合撞是在纯时间体系内指导人处理与鬼神关系的准则，那么看唐格的"撞"或"惹"，则是空间体系在时间坐标下，象征神鬼，对人施以吉凶的另一种方式。"八字（空间方位）跟属相基本上是一种嘛。八字在木都，他的本命，属相都在同一个地方了"。人自出生，不仅他的属相确定下来，他的命宫，即在空间方位上属哪一方也同时确定，而且人在空间方位上的归属是由他母亲生育他的年龄即时间

---

❶　罗杨：《"民族家"的时间观》，《中国农业大学学报》，2007 年第 4 期。

来决定。因此，属相与唐格方位始终交缠在一起，空间唯一相对（因为还有属哪日哪日不送）独立的时刻，是在人死后火化之时，唐格方位的"挡"成为选择火化时辰的最重要标准。

人的死亡，意味着纯时间体系内的生命之线断裂了，但时空的交织体系——唐格仍在。在人与神两个阶段的节点上，人要遵循时空体系所设置的最后一道关隘，只有避开了唐格的方位，魂才能顺利通过，踏上回归祖地之旅。彝人死后要举行火葬。人死后除了一魂附灵牌，一魂守坟地外，最重要的是，魂魄要在毕摩《指路经》的引导下，沿着先辈们的迁徙路线，重回到祖先们居住的地方，那是一片类似佛教西方极乐世界的乐土，也是彝人人生观的终极目标。而葬礼上的任何细节都关系着死者能否顺利"走"回祖地，同时也与自身的安危息息相关。如果死者不能平安到达祖地，化身为鬼，其亲属的家庭，无论是人还是牲畜，都会遭到鬼的报复。而人死后的魂从家里到祖先之地，空间上的路线，先过哪一条河，再翻哪一座山；黄、黑、白几条路，应该选取哪一条；每一处经过之地，它的风物如何等等，同样要遵循当地彝人生活中固定的空间逻辑。

二、晋江—香港移民的"做家"

随着全球化的发展和人口流动，世界出现了区域性分工，社会学科开始思考空间与生产和社会结构的关系，其中通过漂泊主体的空间实践来捕捉跨地域家庭空间生产与再造的不稳定性，就展示了"移民透过流动和实践来创造新的跨地域的社会空间"❶。

王安山家是典型的香港—晋江移民家庭：父辈于20世纪70年代初移民到香港，母亲和四个孩子于80年代初到90年代末分批申请到香港；90年代中后期，父亲回到家乡建厂。王家在晋江的村庄（A村）是一个典型的华侨村，距离泉州市约10公里，于90年代中开始生产雨伞。小小的村庄，人口不足三千，但大小出口加工工厂加起来有二三百家，聘请的民工有七八千人，是一个很典型的晋江生产模式村庄。从20世纪70年代王安山到香港之时起，王家就

---

❶ 林蔼云：《漂泊的家：晋江—香港移民研究》，《社会学研究》，2006年第2期。

面对着香港—晋江两组象征结构秩序，在建立自己的家园时，在两者之间徘徊。当理想和现实之间出现无法自圆其说的差距时，就从一组空间呈现转换到另一组；香港的家与晋江的家，在这种拉扯关系下，都不能成为理想中的家园。当然，这种跨地域造就的社会空间，被新移民们赋予了特殊的意义，是其主体实践的空间与过程。如王家在香港的家以母亲为核心，而在晋江的家则以父亲为主干，两者之间形成一种家庭空间再生产的张力。

也就是说，以王安山一家为代表的移民一直在努力"做家"（home making），他们在不同地方所生产出来的家，都是一种空间的铭刻，标记着自己于该社会空间中的存在状态。在不同的社会空间下，王家采取了不同的家庭空间实践策略。他们当然对家有一个"理想"的想象与追求，而且不论在香港还是在 A 村，均未能建立一个让自己放松和认同的家，但这并不表示他们有一个超然或跨越疆界的身份认同。相反，他们在每一个地方都在展开一场身份认同的周旋；在每一个社会空间，他们所站的位置不一，他们所生产出来的空间及其意义也各异。在香港，他们无法认同自己被社会界定的位置，他们的家不是自己之所欲，但却维系着每个家庭成员；在晋江，他们要透过加入当地的生产制度去为自己建造空间、争取认同。香港的家与晋江的家正好是镜子的两面，一面在社会空间的呈现里沉默无声，甚至退却；另一面则利用制度的力量来为自己正名，来进行自我的呈现。

其实王家的"做家"经历，就是晋江—香港的移民史的一个缩影，也反映出宏观政治经济结构力量对个人/集体的影响。当家开始漂泊时，其成员要面对空间的错置，这个空间错置不单是地理层面的，还是不同制度下空间呈现的差异。

三、东埔社布农人的家屋空间转换

从 20 世纪 20 年代到 90 年代，台湾岛东埔社布农人的作物由小米、水稻、番茄到茶出现了不同的更替，呈现出"从历史客观条件到社会结构的生产过程空间"❶，其中家屋空间的转换就是例证。

---

❶ 黄应贵：《作物、经济与社会：东埔社布农人的例子》，社会学人类学中国网，2006 - 03 - 07。黄应贵：《间、力与社会》，台北"中央研究院"民族学研究所，1995 年。

从 1920 年至今，由小米、水稻、番茄到茶的转变，也使东埔社布农人自己的一套生计空间认知发生变迁。传统的布农人过着自给自足的生活，"农耕、狩猎、居住，都可以发生在同一块的土地上"。他们的土地有三类：旱地、猎场、宅地。这三类地可以重叠，视需要调整，猎地上建房就成宅地，旱地有猎物也可以变成猎场。旱地属于首次举行"开垦播种祭"的那家人，即便他人无偿使用这块耕地，也须经这家人同意。猎场属父系氏族，外族人经允许可来打猎，但留下猎物的后腿。宅地"属"聚落，聚落成员有权在本聚落所属成员的旱地或猎场上建房，前提条件是"该地段以前没人盖房子并在屋内埋过人"。布农人家屋的结构富有象征意义，谷仓是主要象征物，有它才算家。家屋的中柱是主柱，内部空间分左右，象征个人与集体、失序与秩序、身体与精灵、女性与男性的二元对照。住房的屋顶和墓场也有类似的象征意义，尤其屋顶，它象征人与天、与各种自然力和灾疫进行调解的中介。客厅、饭厅和坟场可以占有同一空间，但它们在象征体系中有明确区分。

（一）小米家屋

东埔社布农人家屋中最重要的地方是屋子后面部分储藏小米的粮仓，那里正常还有一个篮子，里面存放着来年要种的小米种子，不是该家庭的成员不能进入粮仓，否则意味家庭成员将会全部死亡。小米对于布农人的意义重大，一个家庭已经收获了第一年的小米并且有了下一年的小米种子以后，才能算是一个独立的家。由此可见，小米基本上是家庭的象征，小米储藏的多寡往往代表着个人成就的大小。

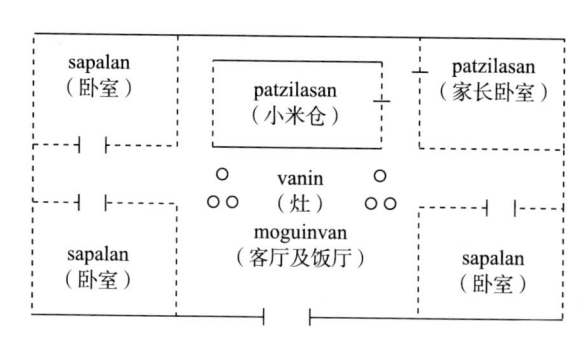

图 3-4 传统布农人的小米家屋

资料来源：黄应贵：《作物、经济与社会：东埔社布农人的例子》社会学人类学中国网。

（二）水稻家屋

1944年，日本殖民政府强迫布农人从事水稻种植，由于水稻耕作需要依靠集体的合作，因此稻米生产就具有村落集体合作与成果共享的特征，而且这也表现在家屋空间结构的改变上。

此后新建的房子，与原有家屋空间结构最大的不同是原有存放小米的地方（粮仓）和客厅中的灶消失了，而且另建附属物来作为粮仓，但是这新建的屋子，不管是与原家屋主体衔接（如A）或分离（如B），都由另外的门进出，而不再完全属于家屋主体。在这附属物中，存放稻米的粮仓，除了家庭成员以外的人也可随意进出而再无从前的禁忌。厨房与饭厅不只是煮饭吃饭的地方，

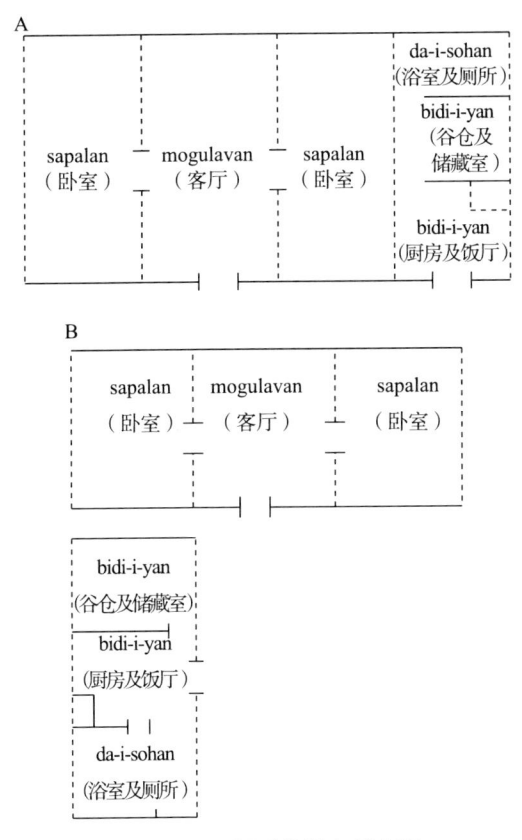

图3-5 日据时代的水稻家屋

资料来源：黄应贵：《作物、经济与社会：东埔社布农人的例子》社会学人类学中国网。

现在也成了吃饭时暂置农具和暂存收获稻谷（未晒）的地方。事实上，整个附属物几乎是对所有其他聚落成员开放的：当家庭成员用餐时，任何聚落成员进入均会被邀请一起用餐。

（三）番茄家屋

1966年布农人才开始种番茄，这个发展过程不只是表明汉人的进入，而且是和布农人社会纳入台湾整个大的资本主义经济体系有关，如布农人需要货币缴纳电费、学费、车费等。与种番茄或其他经济作物有关而产生的变化，也体现在新建家屋的空间结构上。

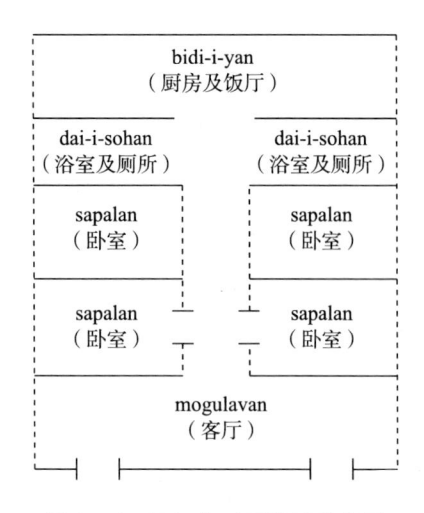

```
┌─────────────────────────────┐
│        bidi-i-yan           │
│       （厨房及饭厅）         │
├──────────────┬──────────────┤
│  dai-i-sohan │  dai-i-sohan │
│  （浴室及厕所）│ （浴室及厕所）│
├──────────────┼──────────────┤
│   sapalan    │   sapalan    │
│   （卧室）    │   （卧室）    │
├──────────────┼──────────────┤
│   sapalan    │   sapalan    │
│   （卧室）    │   （卧室）    │
├──────────────┴──────────────┤
│         mogulavan           │
│          （客厅）            │
└─────────────────────────────┘
```

图3-6　1975年以后的番茄家屋

资料来源：黄应贵：《作物、经济与社会：东埔社布农人的例子》社会学人类学中国网。

图3-6的空间结构图是以东埔社一位因种经济作物（番茄及香菇）获大利者所兴建的第一栋水泥家屋为依据。以图3-6与图3-5对照，可明显看出其改变与特色。第一，原在外的附属物，包括厨房、饭厅、浴室、厕所等，重新纳入家屋的主建筑中，成了一个完整独立自主的单位。它似乎又回到图3-4传统家屋的独立性上。第二，原有的谷仓与储藏室完全消失。这是因为经济作物的种植，所得农产品不但必须立即卖出以换取金钱，日常所需的主副食，也是经常性地由市场购买。至于生产上用的农具和农药等，也都安置于山坡旱田的工寮而不存放于家屋中。第三，家屋中的空间配置是左右对称，不但卧室如

此，浴室如此，连大门也如此。这是准备房主的大儿子分家时，很容易可以由家屋中间分隔为二。由此，反映出经济作物的种植加强了家的独立自主性和依个人贡献来分财产的原则。同时，正如整个聚落内部的分化一样，家内部也产生明显的分化及分化本身所带来的紧张与冲突。

（四）茶家屋

1985年，东埔社最早开始种茶，与番茄等经济作物的种植一样，茶本身并没有发展成家或聚落的象征，因而缺少社会身份认定的意义，这也在新家屋的空间结构上明确地呈现出来。

图3-7中的家屋是一独立完整的单位，但楼上与楼下的区分却各自反映出完全不同的意义。楼下不但是与外人（客人）接触的地方，更充满满足个人各种享乐的各种现代设备（酒柜、电视、音响、冰箱、录放机、伴唱机等），充分呈现出对个人的情绪生活之复杂性的承认。而以楼梯分隔楼上的卧室与楼下招待客人的地方，不只加强了个人生活的私密性，也具体化了强调自我意识的内化过程的趋势。但另一方面，在楼上的卧室，并没有如前那样将每人的卧室分隔出来以加强个人的私密性。反而是将原有隔离各卧室的墙放弃而只保留每个人的床，使所有家人在空间上整合在一起。这使得至少在家人中达到个人与集体之间的某种调节与平衡。

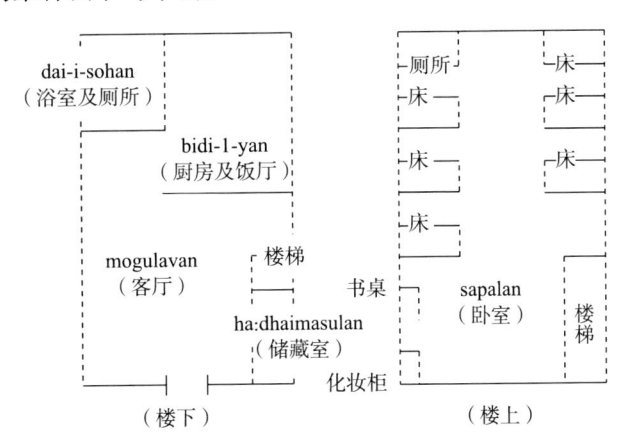

图3-7　1985年以后的茶家屋

资料来源：黄应贵：《作物、经济与社会：东埔社布农人的例子》社会学人类学中国网。

第二部分
社 会 事 实

迪尔凯姆认为,"普遍存在于该社会各处并具有其固有存在的,不管其在个人身上的表现如何,都叫社会事实"❶。其中生计与交换、婚姻与家庭、权威与秩序、信仰与仪式一并构成了社会事实的主要内容,迪尔凯姆关注的是社会事实对个人的外在性与强制性,至于个人在社会事实的形成与建构过程中有何作用,则不是迪尔凯姆关注的。当代人类学理论旨在关注社会事实是如何形成的结构化过程。

---

❶ [法] E·迪尔凯姆:《社会学方法的准则》,狄玉明译,北京:商务印书馆,2002年,第34页。

第四章
生计与交换

自 20 世纪 60 年代以来,人类学的经济研究围绕生计方式、交换、礼物、夸富宴等,形成实质主义学派和形式主义学派。其中波拉尼（Karl Polanyi）指出:"经济的实质含义源于人的生活离不开自然和他的同伴。它是指人与其自然和社会环境之间的交换,这样做的结果就是为他提供满足物质需要的手段。"[1] 人与自然的交换涉及土地、水和森林等自然资源和性别分工等劳动力资源的分配与使用,人与社会环境的交换包括生产物的分配与流动,其中"库拉"交易、礼物流动和"夸富宴"解释了互惠与再分配现象。

第一节　经济的实质与形式之争

在西方古典经济学中,经济过程由生产、分配、交换、消费等边界分明的环节组成,亚当·斯密（Adam Smith）所创造的经济的经典定义表明,经济行为的目的就是赚钱或获取使用价值。波拉尼认为西方经济学理论并不适用于对非西方社会经济现象的研究,也就是说,经济活动是社会生活的一部分,而且经济制度在本原上是非物质性的。但也有人类学家认为西方经济学具有普遍的解释力,因为不同社会类型中的经济现象就其本质上而言是一致的,只是发达

---

[1] 许宝强、渠敬东选编:《反市场的资本主义》,北京:中央编译出版社,2001 年,第 33 页。

程度相异而已。围绕这一问题的探讨形成了实质主义学派与形式主义学派,两派众多学者围绕西方传统经济学理论对非西方社会的经济现象的解释力进行了长期的论战,从而丰富了人类学经济研究相关命题探讨的广度与深度。比如富尔人经济系统中的"啤酒会制度"(Beer Party),维持了以世系群为基础的土地制度,但是阿拉伯商人的到来,使得这种制度在变化中走向了解体(Barth,1967);西西里岛的黑手党是资本主义世界体系与西西里岛人传统主要价值相互运作发展的结果(Schneider,1976);而哥伦比亚的劳工及玻利维亚的锡矿工人,更以原有之恶魔的观念分辨出具有物化意义而为资本家所从事的生产工作之收益,以别于用神来代表而具有繁殖能力之传统乡民生产工作(Taussig,1980)。

一、实质主义学派(Substantivism)

在波拉尼的《伟大的转变》(1944)和波拉尼、阿伦斯伯格(Conrad Arensberg)和皮尔逊(Harry Pearson)共同编撰的《早期帝国的贸易与市场》(1957)两书中,已经包含了实质主义的基本观点:狩猎采集和农耕社会的经济不能想当然地视为资本主义经济的初级版本,经济是嵌入在社会结构当中的。但是直到20世纪60年代才形成实质主义学派(亦称波拉尼学派)。该学派的代表人物和著作有多尔顾(Gorge Dalton)的《非洲的市场》(1963),博安南(Paul Bohanna)的《提夫人的经济》(1968)、萨林斯(Marshall Sahlins)的《石器时代的经济学》(1972)、波拉尼的《人的生计》(1977)和栗本慎一郎的《经济人类学》(1979)等。早期实质主义的目的在于寻找理解非西方社会经济现象的理论工具,后期则提出要建立人类学经济学,挑战西方经济学对市场经济的话语霸权。如萨林斯(Marshall Sahlins)在《石器时代的经济学》(2003)新版前言中就宣称,"人类学经济学,不仅可用以研究非西方社会的经济现象,也是认识西方资本主义商品社会自身的有力工具"。

(一)经济在于维持社会关系

新古典学派认为,"经济人"就是经济活动的行为主体,其特点一是具有功利主义本性,即以最小成本去获得自身最大的经济收益;二是具有完全理性,即掌握全部知识和信息,恰当选择,实现利益最大化。西方经济学只适用于市场经济发展以后的西方社会本身,而对非西方社会的经济现象则无法解释。在《西太平洋的航海者》(1922)一书中,马林诺夫斯基通过特罗布里恩德群岛的"库拉圈"(Kula Ring)交易现象,揭示了西方传统经济学所谓的经济行为的目的——赚钱或获取使用价值的原则,在原始经济中并不存在。原始经济只是其他社会行为,如亲属制度和仪式行为的一种反映。或者说,原始社会的人们从事经济活动的目的是维持和完成人际间的社会关系和责任。

马林诺夫斯基还揭示了甘薯经济的特殊价值。特罗布里恩德群岛各个家庭都同样生产甘薯,但他们种的甘薯和吃的甘薯是不同的:在收获季节,男人把收获的甘薯,送到他的姐妹家,而他这个家庭所食用的甘薯,则由其妻的兄弟供给。在特罗布里恩德人的家庭中,女子总是处于一个男子的特别监护下,主要是她的兄弟。对她负有监护义务的男子也是她孩子的当然监护人。对他而言,不仅要照顾孩子们的生活,还要为这个家庭提供足额的食物,因此每到收获季节,都要有一次覆盖整个地区的普遍的经济活动。当农作物收割完,甘薯被依次分类后,每块田园收成中最好的部分将被堆放在圆锥形的仓房里,从每块田园中挑出的最主要的那堆一定是为他的姐妹家准备的,经过几天在社区的展示后,这些食物被背到姐妹夫家的粮仓进行展示,由人褒贬评价。如果把收成的植物与整个背景割裂开来看,每次交易行为又是荒谬的,成了不堪的重负。这种间接地分配田园作物具有更多的经济上的不合理,这里的每个男人都在为自己的姐妹操劳,反过来却要依赖妻子的兄弟。这种在食物的展示、炫耀和搬运上直接浪费的时间和精力远远超过了他们在田间的劳动,正是这种看似完全没有必要的行为却有着强烈的经济刺激力。离开特罗布里恩德群岛的婚姻模式和婚后居住规则就无法理解这一甘薯经济行为。

(二)经济被嵌入社会关系中

古典经济学的分析基点是个人,无论是理性经济人还是"看不见的手"的假设,都是基于个人方面的一系列任意交换,创造了供求力量,设置了产生一个市场体系的价格,并成为市场经济的组织原则。实质主义学派则认为"理性经济人"概念并不适用于原始经济的分析,原因就在于,在非西方社会中物品的生产、分配以及消费并不是作为一个独立整体而存在的,它是嵌入诸如亲属关系、政治、法律以至于宗教等制度当中的,与社会事实中的各种要素

错综复杂地交织在一起的。尽管可能不为人们所意识到,但是在由血缘、信仰或社会习俗所决定的人们行为中,实际上暗含着生产、分配、交换等经济功能;而为了每个人的自然生存,社会需要连续不断地供给物品与服务,并由此形成了一定的结构。

在任何给定的情况下,个人行为的社会影响依赖于特定的制度条件的存在,这些条件并不因此而来自于所讨论的个人行为的结果,一个人必须因此从既定的社会结构和社会关系开始,而不能仅从个体开始。也就是说,个人层面上的交换行为,如果发生在一个价格决定的市场体系下,仅仅产生了价格。换句话说,没有一个既存的结构,个人不能创造具体的制度安排,"一个制度的建立,在任何地方都不是由纯粹任意的交换行为所创造的"[1]。

二、形式主义学派(Formalism)

形式主义学派是在20世纪60年代初期与波拉尼学派论辩过程中形成的,旨在应用西方经济学理论和方法研究非西方社会的经济行为和经济生活。其实,早在1953年,塔克斯(Soul Tax)就出版了《一个便士的资本主义:危地马拉印第安人的经济》,此后,形式主义学派逐渐成为人类学经济研究中历时最久、影响最大和人数最多的一个流派。代表人物和著作,如波斯皮西尔(L. Pospisil)的《巴布亚经济中的卡保库人》(1963),弗斯(River Firth)的《经济人类学的主题》(1967),爱普斯坦(T. Epstein)的《资本主义:原始与现代》(1968),施奈德(Harold Schneider)的《经济人:人类学的经济学》(1974),普莱特纳(S. Plattner)的《经济人类学中的形式主义方法》(1975)和库克(S. Cook)的《萨巴特克石匠:墨西哥现代资本主义经济中的乡村简单商品生产的动力》(1982)等。

(一)形式主义的分析逻辑

形式主义把古典主义经济学和新古典主义经济学概念大量引入非西方社会经济活动分析中,如生产要素的分析,经济发展原动力的内源性与外源性,要素效用的关联性,企业家职能,机会成本等概念频频出现在人类学家的著述

---

[1] 转引自陈庆德:《经济人类学》,北京:人民出版社,2001年,第96页。

中。人类学家运用这些概念对人类学中的经济现象做出了富有创意的分析。

形式主义学派以传统经济学的概念和假说为出发点，其理论工具的中心概念包括价格、供给—需求、稀缺性、最大化假定以及个人兴趣选择首要性等范畴分析等，从个体行为的描述开始，它直接引入了经济学的许多分析模型，诸如决策模型、适度征集模型等，而最大化和均衡是其系统模型的主要概念。他们从古典经济学中汲取灵感，并试图把古典演绎分析法引入对非西方社会的形式主义分析，以经济人为基本视角来观察不同的人类群体。如塔克斯的《一个便士的资本主义：危地马拉印第安人的经济》把工商企业的精神赋予了帕纳哈切尔的印第安人；波斯皮西尔的《巴布亚经济中的卡保库人》称这些民族具有利润动机、经济头脑以及在"资本主义社会中几乎无法超越的方式中的个人主义"；爱泼斯坦关于南印度的早期研究《南印度的经济发展与社会变化》中强调非西方的土著人民对新的机遇是会很快作出反应的；波利希尔从统计学的角度论证了豪萨人（Hausa）农场的重大财产差异，并声称农场的生计与其所掌握的现金是分不开的，从而反驳了把传统农业社会经济单位简单等同的论调；1969 年索尔兹伯里（Richard Salisbury）等人的《人类学的经济学中的形式分析：罗塞尔岛的案例》也报道了布达干人对棉花价格的反应[1]。

（二）形式主义定量分析的意义

在某种意义上说，具有经济学训练的人类学家组成了形式主义流派的队伍，在对经济学模型的普遍运用中，人类学的社会分析角度和关注数据的理论传统，使人类学的经济研究中的形式分析获得了某些特征，也得出了一些有别于一般经济分析的理论成果，从而确立了人类学中经济研究的独特地位。如把一些原来只为人类学家所关注的议题，放置于更为广阔的公共话语空间，引起了经济学和发展领域的关注。

形式主义的分析，是把各种经济活动的考察抽象化为物流量的分析，在经济流量的数量指标体系的函数变动中，使人们来了解和把握各种经济变动关系，从数量指标上向人们提供一个对经济活动的直观印象。在他们用数理经济学模型解析原始社会经济现象的努力中，输入模型的基本数据，是根据以市场

---

[1] 陈庆德：《经济人类学》，北京：人民出版社，2001 年，第 136 页。

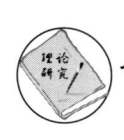

经济为标准的进化论理论方法而确定的,这种认识论基础决定了所谓科学手段的应用,也无法保证其研究成果的科学性和可靠性。然而,它却在技术层面上展示了一种方法扩展的前景,即运用数量模型去为不同社会的系统关联建模提供了可能性。如从世界各地众多社会群体的抽样资料之中作出统计分析,试图进一步找出某些具体的风俗、信仰甚或社会组织、社会关系等等的规律,或者一些相同或近似的发展模式。

当然,从对经济学概念的简单搬用开始到通过建模来进行相关思考,本身就含有从不同方面对已有的理论分析进行检验的积极意义,也就是说,正是在对行为结果或一个群体里的行为统计分布的比较中,对最优化行为的不同的最大化模型的预测,提供了检验的手段。1975年,普莱特纳运用计算机整理了有关墨西哥东南部的商队活动数据,出版了《经济人类学中的形式主义方法》一书。

此外,把不同形式模型用于分析一些极为相似的问题上也取得了很好效果。如分析渔猎—采集者生存策略的适度采集与生态模型就被广泛运用,如卡什丹(E. Cashdan)的《人类采集者的地区性:生态模型及其对四个布须曼群体的运用》(1983);李(Richard Lee)《一个采集社会中的男人、女人与工作》(1979);贝廷格(R. Bettinger)《渔猎—采集者适应性的解释—推断模型》(1980)和温特霍尔德(B. Winterhalder)、史密斯(E. Smith)主编的《渔猎—采集者的采集策略:文化人类学与考古学的分析》(1981)等,就是对渔猎—采集者生存策略的适度采集与生态模型的广泛运用。

第二节 人与自然交换的生计方式

生计方式是维系人类社会存在的基本生存模式,常见的生计方式包括狩猎采集、园艺、畜牧、农业和工业几种类型,它们可以是一个时期几种并存或者以一种为主,并不完全意味着时间顺序上的演进。任何一种生计方式的形成都与两个要素相关,即地理条件和文化选择,前者是对后者的限定和界限,而后者是对前者的调适与反应。人类学经济研究的实质主义和形式主义学派,以

第四章
生计与交换

及在它们影响下的文化生态学派拓展了这一领域的研究，使之呈现出生态与文化结合的新走向。

一、生计方式中的生态制约

任何族群要生存都离不开生计方式，人类学对这一领域的关注由来已久，并非实质主义学派或者形式主义学派的专属领地。但由于他们以及受其影响的生态文化学派在这一领域进行了更多的阐释，使得生态与文化命题成为一种共识，强调生计方式中的物质基础。

（一）狩猎采集中的朱瓦西人

大约一万年前，狩猎采集是全人类共同的生活方式。而在当代，只有在世界的边远地区的人们还在沿用这一生活方式。人类的生存离不开对地表动植物的依赖，无须高明的工具和技术便可采集到浆果、坚果、植物根块、贝类、鸟卵、昆虫、鱼类和死的野兽等。因此，根据季节和动植物情况便能获得便捷稳定的食物来源，无疑是人类最基本的一种生产方式。几乎在世界上所有的族群中，都对这种生产方式有不同程度的保留。生活在纳米比亚的朱瓦西人（Bushman）生存环境并不优越，但他们平均每周花费约42小时（包括家务等），就获得超过国际推荐营养水平的日常饮食，少于北美"白领"的44小时。[1]

狩猎采集生活的特点是经常迁移、群体规模较小（通常不多于100人，并且常常通过文化控制人数）以及平均主义。其中的因素就是土地的供养能力，那些可获得资源所能供养的人数；经常流动或在一地长时间的逗留，除了季节性或地方性调适之外，还必须对资源有长期的调适，也就是人口数量稳定在他们的土地供养水平之下，这也是控制人口数量的低水平的结果。一般说来，土地的产出能力高出人们生存需要的 3~5 倍。控制人口规模的方式主要是：女性身体积累脂肪的多少，以及照料孩子的方式。"前者决定女性的繁殖能力控制在 20~25 岁，4~5 年的哺乳期使得子女总数控制在低水平，保持人口规模

---

[1] ［美］威廉·A.哈维兰：《文化人类学》（第十版），瞿铁鹏等译，上海：上海社会科学院院出版社，2006年，第170页。

和数量"[1]。大部分狩猎采集者大体都拥有固定的活动区域,在那里资源对全体成员开放,家庭很容易从一个群体迁移到另一个群体,在他们先前有亲属联系的任何群体安顿下来,于是群体构成总是变动的,对群体成员身份也形成较宽松态度,促成了最广泛的资源享用权,同时也维持了人口和资源的平衡。

(二) 园艺农业中的猪祭

在新几内亚高原的桑巴加人(Tsembaga)维持自己生存主要靠的是园艺,他们用简单的工具种植谷物,平时饮食中缺少肉食,以食用蔬菜为主,偶尔会吃青蛙和老鼠等,猪肉是他们获取高质量动物脂肪的来源,但是只有在生病、受伤、战争或庆典情况下才能吃到猪肉。

在桑巴加人的各个小部落中,平均每隔5～10年举行一次猪祭,一般要持续长达一年之久。在活动结束的头两三个月里,一个部落便开始与敌对部落交战拼搏,交战中仍须杀猪祭祀。最后,双方发现生猪所剩无几,无力杀猪祭祀祖先灵魂以振士气,于是战争迅速停止,交战双方前往圣地举行庄重仪式种下朗比姆(Rumbim)小树,并向先灵保证,只要朗比姆树生长一天,武力抗争的事件就绝不会发生。于是,在朗比姆树矗立的岁月里,妇女们日夜操劳,忙于扩大自己的田地,多种红薯和芋头,拼命饲养猪群。由于生猪无限制的繁衍生长,会导致人与猪之间的激烈竞争,加重妇女的负担,殃及赖以生存的庄稼。祖先的作用就是鼓励人们尽全力饲养生猪,但同时又要防止过多饲养生猪使妇女筋疲力尽,田地因此遭殃。于是桑巴加人开始宰杀那些饱食终日、无甚用处的生猪,以防生猪数量超过人的承受能力。

拉帕波特(Roy Rappaport)曾参加过1963年桑巴加人的猪祭,当时部落共宰杀169头生猪,占总存栏量的3/4,重量达到总存栏量的7/8,大约200人参加。猪肉大部分分给姻亲客人和同盟部落的贵宾,这些人应邀参加一年之久的庆祝活动。特别是11月7日到8日,庆祝活动达到了最高潮,共宰杀了96头猪,大约2000～3000人直接或间接地分食到猪肉。桑巴加人为自己保留

---

[1] [美] 威廉·A. 哈维兰:《文化人类学》(第十版),瞿铁鹏等译,上海:上海社会科学院院出版社,2006年,第171～173页。

了 2500 磅猪肉，人均 12 磅，这些肉足够全族人不加节制地连续吞食 5 天。这一战争与猪祭的轮回，构成一个地区性的生态适应周期，而这一周期，即使是在没有战争的情况下，也要如仪式一般地维持着。"战争与盛宴的周期，是为人、土地和动物之间保持平衡关系而设置的"❶。也就是说，猪祭的每个环节均与错综复杂、自我调节的生态体系密切相关，猪祭卓有成效地调整着桑巴加人的人口与生猪的数量与分布，从而在所获得的资源与生产机遇之间达成一种平衡。

（三）农业时代的印度圣牛

印度是传统的农业国，农业是维持亿万农民生存的最基本方式，在耕田、运输、播种、收割、制糖、榨油等活动中都要依靠牛提供畜力，而牛奶则更是直接来自母牛。最贫穷的农民拥有大多数无力生育的母牛，因为他们的土地很少，无法为牛提供专门的饲料，麦秆、谷壳、垃圾、树叶、路边杂草以及人类不能消化的其他东西就成了牛的口粮。所以，大量的饥饿牛群到处游荡，阻塞交通。印度拥有约 2 亿头牛，其中 1/4 到 1/2 都是老弱病残的牛，且印度还拥有 10 多亿人口。如此众多的人口必然对蛋白质和热量有更多的需求，而牛肉富有营养价值。为什么没有人要杀牛或吃牛肉？对此，哈里斯（Marvin Harris）在《圣牛之谜——饮食人类学个案研究》一书中将印度农民宁肯饿死也不肯吃牛肉的神秘莫测的东方思维方式，还原到从生态、经济、生计、能量消耗、阶层的角逐、富人和穷人之间不同策略等物质和文化背景进行有机结合的角度进行思考。

哈里斯用唯物主义观点分析了印度维持庞大数目牛的原因，尽管多数的母牛处在半饥饿状态，它们仍然表现出印度牛血统中特有的吃苦耐劳性，许多"不生育的"母牛或迟或早又开始产犊和产奶。即使一头母牛每三四年内只产一只牛犊；每天只产两三公升的奶，那么牛犊加上奶，再加上牛粪的总体价值所产生的收益也几乎能占到贫穷人家庭收入的 1/3 或者更多。一旦母牛生下一只公的小牛，人们花费一些成本将它养大的话，它便能够接替耕牛的工作，人

---

❶ Roy Rappaport. Ritual Regulation of Environmental Relations among a New Guinea People. in Ethnologist. 1967. vol. 6，No. 1. pp. 17~30.

们也第一次拥有自己的耕牛，这一切都会增加母牛的贡献。也就是说，在西方人眼中那些多余的或无用的动物，在印度人眼中仍是有潜力可挖的。除此之外，牛粪则是重要的燃料与肥料。母牛粪晒干后无异味，且不招苍蝇，烧起来还可以驱蚊子。燃烧牛粪产生的火焰没有气味、清洁、可靠，而且不需要怎么照料就能很适合地以文火慢煮的方式做成各种印度菜肴。

以哈里斯为代表的文化唯物论把适应环境作为最重要的解释机制，目的是通过追溯各种技术、居住模式、宗教信仰、礼仪等文化特征同环境因素的联系来论证它们适应环境的、唯物的合理性。在对印度圣牛崇拜的分析中，哈里斯无非是想证明在环境所施加的物质条件下，所有文化特征都具有生态意义。印度圣牛崇拜的生态功能具体表现为：用瘦弱的公牛耕地——受土地、生产潜力和生活水平的限制，可以保持低水平的农业生产，要养好牛就等于间接从人们的口中夺走粮食；用牛粪施肥——改良土地，这对于贫瘠土地的农耕生产是不可或缺的；粪肥作燃料——弥补烧煤费用高和燃烧慢的不足之处等❶。因此，印度教不杀生的宗教教规就具有了很好的生态价值，对印度社会文化发展起到了重大作用。

二、生计方式中的性别分工

人类学家广泛研究了各种社会根据性别进行分工的情况，发现了"以灵活性和男女相协调为特点，根据性别严格分开和以其他两种的各要素为特点"❷的三种普遍形态，也就是试图分析性别分工是怎样与其文化和历史的因素相关，而不是去单纯寻找生物学规则来解释它。因此，最富有成效的策略就是考察在具体社会环境中男子和妇女所做的工作种类。

（一）狩猎采集时代的性别分工

在这一阶段，男性从事大猎物的捕杀和对粗硬或坚韧原材料的加工，妇女的工作通常是采集和加工各种各样的蔬食，还有带孩子和做其他家庭杂务。到

---

❶ ［美］马文．哈里斯：《牛、猪、战争和女巫：文化之谜》，王艺等译，上海：上海文艺出版社，1990年，第10~12页。

❷ ［美］A. W. 哈维兰：《文化人类学》（第十版），瞿铁鹏等译，上海：上海社会科学院院出版社，2006年，第197页。

第四章
生计与交换

20世纪中期，人类学家发现原始部落正在快速消失中，其中有90%都被人类学家研究过，在这些原始部落从事的狩猎采集工作中都是按性别进行分工的，男性负责狩猎活动，而女性在居住地附近做采集工作。因而形成对性别分工的刻板印象，即性别分工是基于体力而进行的分工，男性工作辛苦，贡献大；女性工作轻松，贡献小。

在当代尚存的狩猎采集社会中，"妇女的工作与男人的工作一样艰巨"❶，如朱瓦西人妇女每天可能要步行12英里，每周2~3次去采集食物，不仅要带着她们的孩子，而且从任何地方返家时还要携带15~33磅食物。因为肉食并不是稳定的食物来源，而稳定的收益则来自于妇女的采集工作。朱瓦西妇女可以分辨100多种可食的植物，一次采集就可以获得50磅食物，足够10天所需，而狩猎所得只占食物中的较小部分（约为30%）。因而，有学者认为"采集是最为更可靠和更有收获的活动，其生产效率是狩猎的两倍多"❷。当然，这一结论也为其他学者所质疑，认为不同性别对狩猎采集的贡献因地区而异，如在非洲采集贡献的热量为60%，在新几内亚等占50%，在中东占33%……也就是说，"性别对生计的贡献大致是持平的"❸。

（二）刀耕火种中的性别分工

在霍斯科维茨（Melville Herskovits）的《文化人类学》（1955/1974）一书中有一份详尽的新几亚内土著居民Waru在24天中的工作日志，其中包括了劳动种类、工作时间和其他家庭成员的工作时间等细节，用来说明刀耕火种中的性别分工，可谓最具说服力的材料了。

在初民社会中，从亚马逊丛林、刚果盆地到新几内亚热带丛林中，当地居民准备耕种一块土地时，他必须先清理掉茂密的树林；当他栽种植物时，他必须保护这些娇嫩的植物免受快速生长的寄生藤蔓的侵害；他也得警惕他的收成免受各种昆虫、野生动物和鸟类的破坏。

一份个案研究就显示了初民社会人们的工作，从沃格岛，新几内亚北部海

---

❶ [美]威廉·A.哈维兰：《文化人类学》（第十版），瞿铁鹏等译，上海：上海社会科学院院出版社，2006年，第173页。
❷ 转引自陈庆德：《经济人类学》，北京：人民出版社，2001年，第384页。
❸ 转引自陈庆德：《经济人类学》，北京：人民出版社，2001年，第385页。

岸靠近塞匹克河的河口处。豪格宾讨论了这种园艺经济所包括的两个方面，这里具体以一个叫 Waru 的男性活动为例。

他的园子是一块大约 1300 平方米的园地，种植物包括 3000 株芋头、65 棵香蕉、一些烟叶、薯蓣、甜薯、药草和蔬菜。时间花在平整园地和种植植物上，包括以下活动安排（相当于一份工作记录）。

第一天，Waru 和 Gris 一起在早上 7：30 离开家，7：50 到达园地，他们一起工作到中午 12：10，主要工作是砍树。Gris 返回到村子里。Waru 一直休息到下午的 2：15，又继续砍树直到下午 5：04，在整个下午，他休息了两次共 25 分钟。

第二天，Waru 和 Gris 一起在早上 7：26 离开家，7：45 到达园地，他们一起工作到中午 11：56，也是砍树。Gris 回到村子而 Waru 继续休息到下午的 2：17，然后一直工作到下午的 4：31，整个园地的树才清理干净。

第三天—第十二天，砍倒的树就留在地里晒干。

第十三天，Waru 和 Mujewa 早上 8：02 一起来到园地，把砍倒的木头堆放在一起，一直干到中午。在早上 10：56 的时候休息了 12 分钟，然后又接着堆放木材，直到下午 1：58 才再度休息。下午 2：38 因为一场不期而至的雨，所有的工作只能停止了。

第十四天，下雨。

第十五天，Waru 编扎篱笆，从早上 8：01 到中午 12：03，再从下午的 1：50 工作到 4：16。Mujewa 把杂草等收拢到一起并放火焚烧直到把它们清理完毕。她从从早上 8：01 到中午 12：03，再从下午的 1：50 工作到 3：04。中途他们俩都休息了 22 分钟。

第十六天，Waru 编扎篱笆，从早上 7：56 到中午 11：59，再从下午的 2：01 工作到 4：21。Mujewa 清理地面的杂物。她从早上 7：56 到中午 12：04，再从下午的 2：00 工作到 2：40。

第十七天，Waru 完成了编扎篱笆工作，并根据不同种植品种对土地进行了区域划分。从早上 7：40 到中午 11：58。

第十八天，Waru 和两个年轻人清理石头，从早上 8：30 到 10：20，再从 11：04 工作到 12：16，从下午 3：01 到 4：02，因为下雨而停止工作。

第四章
生计与交换

第十九天，Waru 带来香蕉树幼苗，Mujewa 带来了芋头幼苗。

第二十天，下雨。

第二十一天，Waru 种香蕉树苗，从 8：00 到 12：10，再从 2：02 到 4：05，期间有几次停顿，就是与路过的人交谈，全部时间为 35 分钟。Mujewa 种芋头幼苗，从 8：05 到 12：05，再从下午 2：01 到 3：29。

第二十二天，Waru 和 Mujewa 都在别的地方有事做。

第二十三天，Mujewa 种芋苗从 8：02 到 12：20。Waru 种薯蓣从 8：02 到 8：50。

第二十四天，Mujewa 种完了芋苗、蔬菜等，从早上 8：14 到下午 2：17。

Waru 的家庭人口很少，他有一个妻子 Mujewa，一个孩子，一个 17 岁的男性孤儿 Gris 和他们一家住在一起。为了打理他的园地，Waru 在 8 个工作日里工作了 42 个小时，Mujewa 在 6 天工作了 30 个小时，Gris 工作了 8 个小时，两个年轻人还一起帮忙工作了 4 个小时。这只是 Waru1/6 园地的工作量。这些园地为 Waru 的小家庭提供数量巨大的 7000 个芋头，接近 70 株香蕉树，大约 4200 个的产量，外加甘蔗、蔬菜和烟叶等[1]。

在中国西南地区民族志中也有关于刀耕火种中的性别分工信息。当然，相比前者以日为劳动单位的工作日志来说，后者更像是月份志。现以一份克木人刀耕火种的民族志为例[2]。20 世纪 40 年代至 70 年代，曼暖远村克木人砍种山地，每年 12 月"号地"（寻找合适的地块），首先请"陆滚"（巫师）看当年砍种的地块。1 月各家各户砍地，男子和妇女都参加砍地，把地上的树、草砍倒。2 月晒地。树木砍倒后，放在地中曝晒一个月左右。如果有野兽死在地中则这户人家当年所砍的地不能种，因为克木人认为如果在这块地里种庄稼，当年所种的庄稼会被野兽的灵魂所食，所以，只能另砍一片地来种。晒干以后到 3～5 月放火烧地。烧地前通知全寨各户男子共同参加，无男子之家亦可由妇女参加，同时通知邻寨知晓。有的树大不能完全烧掉，还要捡烧数次，即烧过

---

[1] Melville J. Herskovits. Cultural Anthropology. Oxford & IBH Publishing Co. 1974. New Delhi Bombay Calcutta. pp. 145～147.
[2] 杨晓冰：《环境变迁与生计方式的调适——曼暖远克木人的刀耕火种文化》，《人类学生态环境史研究》，2008 年第 6 期。

99

一次后又将其移至没有烧过的土地上再烧一次，直到把树、草完全烧尽并捡除残渣为止。地烧好后，搁置的时间不能过长，否则肥灰会被风吹掉。6月即动手点种，点种时，男子手持点种棍"农"（先用刀将竹或木质的棍棒一头削尖，用秃以后再削，后在一头装上铁质圆锥形头）在前面戳洞，妇女则紧跟在后往每个小洞里丢上两三颗种籽并随即覆土。

第三节　人与社会交换的社会关系

人与社会的交换是实质主义学派的重要领域，互惠和再分配概念的提出阐发了波拉尼对非西方社会经济的理解与把握，已为马林诺夫斯基的库拉交易和散布在世界各地的夸富宴所验证。其实，由波拉尼从研究古代社会/原始社会中开创的概念和命题，也启发了其他学者对现代社会的相关研究。

一、互惠是一种普遍存在的交换方式

波拉尼认为，人类历史上存在互惠（Reciprocity）、再分配（Redistribution）和市场交换（Exchange）三种交换体系——同时也是三种社会整合模式——分别对应于原始社会、古代社会以及现代西方商品社会。而布罗代尔则更进一步指出："在人类历史实存中，存在过许多种社会—经济交换形式，它们的多样性不妨碍它们的共存，或者正是由于它们的多样性，它们才能共存。"❶ 现以库拉交换和礼物交换为例，分析非西方经济的社会特质。

（一）库拉交换

马林诺夫斯基在《西太平洋的航海者》一书中描述了特罗布里恩德岛交换白色贝壳臂镯和红色贝壳项链的库拉交换制度。库拉交换受到种种严密的规则制约，每一件库拉宝物的流动有确定的地理方向，如白色臂镯沿着顺时针方向传递交换，而红色项链则沿着逆时针方向传递交换；每一件库拉宝物只能被

---

❶　[法] 费尔南·布罗代尔：《15 至 18 世纪的物质文明、经济与资本主义》第 2 卷，顾良等译，北京：三联书店，2002 年，第 230 页。

交换和展示，而不能由个人永久占有；库拉伙伴是固定的，而且是"一旦库拉，永远库拉"等等。❶

马林诺夫斯基曾经明确提出，社会之所以可以有秩序，依靠的是相互性原则，恰恰是相互性的服务，才使得社区能够持续地存在下去。这是一种互惠的义务，不是随便两个人之间就可以进行交换的。相反，在交换中，每个人都有其永久的伙伴，他们要么是姻亲，要么是盟兄弟，或者是库拉伙伴，这种相互性的关系构成社会结构的基础。以此为出发点，大的社会结构才能出现，"这种交换构成了一种经济活动的社会结合的系统，由此系统出发，个人和个人之间、亲属群体与亲属群体之间、村落与村落之间，区域与区域之间就连在了一起"❷。

在特罗布里恩德群岛中，库拉交换不仅涵盖了全部的经济和社会生活，而且把所有部落包容其中，甚至伸展到广泛的族际之间。每一次交换都在启动时的赠礼和结束时的回礼仪式中进行。在库拉交换中，还伴随着附属的日常生活用品的交换。特罗布里恩德岛渔民拿自己的捕获物——新鲜的海鱼，来同内陆村民种植的蔬菜进行交换。拥有库拉宝物者得到了贸易安全的保护并结成交易伙伴，使货物像涓涓细流一样不断在一个村的内部流动，并从一个部落流向另一个部落，从一个岛流向另一个岛，也"使农业部落与沿海部落确立了常规的、义务性的交换"❸。

（二）礼物交换

莫斯收集了散见于不同文献中有关礼物交换的资料，出版了《礼物》（1925）一书，第一次对古代社会中的交换形式及其功能进行了系统的比较研究。莫斯在该书的开篇就提到这样一个问题："在后进社会或古代社会中，是什么样的权利与利益规则，导致接受了馈赠就有义务回报？礼物中究竟有什么力量使得受赠者必须回礼？"他接着说："我们希望能够通过大量的事实来回

---

❶ [英] 马林诺夫斯基：《西太平洋的航海者》，梁永佳等译，北京：华夏出版社，1991年，第106~121页。

❷ [英] 马林诺夫斯基：《原始社会的犯罪与习俗》，原江译，昆明：云南人民出版社，2002年，第26页。

❸ [法] 马塞尔·莫斯：《礼物》，汲喆译，上海：上海人民出版社，2002年，第58页。

答这一问题，同时也为所有相关问题的研究指明探索的方向。"❶

莫斯认为礼物当中存在着一种神秘的力量"豪"，正是这种"豪"迫使受礼者做出回报。在他看来，馈赠某物给某人是某种自我呈现，接收了某人的某物，即是接收了对方的某些精神本质，以及他的一部分灵魂。如果违背这种信仰上的禁忌将会带来严重的灾难。因此，人们必须履行回礼的义务。当然，莫斯关于"礼物之灵"的说法，很快就遭到了马林诺夫斯基、弗斯、列维-斯特劳斯和萨林斯等人的反驳。

在《礼物》一书中，莫斯提到过一个圆桌骑士的故事，亚瑟王在一位木匠的帮助下发明了一张令骑士们团团围坐从而不再相互争斗的奇妙"圆桌"。这张圆桌可一次性容纳1600人，而且谁也不会被遗漏，而且上首席和下首都是平起平坐，没有了上上座，争吵也就销声匿迹了，使得众骑士和谐相处而不再争斗。❷ 从这个故事中不难看出，莫斯想要说明，馈赠给予、接受、回赠是人与人、群体与群体之间社会互动的方式之一。

以社会义务作为物品和劳动力交换的基础的互惠模式，也是《礼物》表述的一个重点。如强调互惠的交换是一个集体的社会现象或者说是整体性的社会事实，展现了在经济交换之外的另一种体系的存在，即经济是嵌合于社会结构当中的。这种根本性的结构属性不仅使经济交换"首先要交流的是礼节、宴会、仪式、军事、妇女、儿童、舞蹈、节日和集市"，而且，交换总是在"集体之间互设义务、互相交换和互订契约"的基础上得以进行。❸

二、作为再分配形式的"夸富宴"

1897年，博厄斯最早介绍了北美西北海岸夸库特耳印第安人（Kuakiutl）中盛行一种经济交换形式——夸富宴（Polatch），宴会上除了消耗大量的食物，还要把刻着花纹的铜盘、毛毯、独木舟之类耐久物品毁掉并将它们一股脑地投入大

---

❶ [法] 马塞尔·莫斯：《礼物》，汲喆译，上海：上海人民出版社，2002年，第4页。
❷ [法] 马塞尔·莫斯：《礼物》，汲喆译，上海：上海人民出版社，2002年，第209~210页。
❸ [法] 马塞尔·莫斯：《礼物》，汲喆译，上海：上海人民出版社，2002年，第7页。

第四章
生计与交换

海中,这种不是"保存财富,而是散发财富"❶ 的对财富占有的否定,引发了人类学家的关注。莫斯认为:"夸富宴这种原始生存方式是原始部落的一种普遍现象……一种竞技式的总体呈献"❷;首领为"证明他拥有财富,唯一的办法就是把财富挥霍掉、分发掉,从而压低别人,把别人置于他名字的阴影下"❸,于是"等级便在首领和其臣属之间、臣属和其附庸之间确立下来了"。

本尼迪克特(Ruth Benedict)从文化与人格的角度出发,认为毁灭财富是夸库特耳人对权威渴望的强烈表现,是一种妄想自大狂人格的表现。

"我才是这些部落的第一人,
我才是这些部落的唯一者,
那些部落首领都只是地区首领,
我在来宾中寻找如我一般的至尊者。
我却未能发现一个,
他们从不会回请你去赴宴,
这些无人照管的孤儿,这些可怜的人,
这些部落的首领,
他们这是丢自己的脸,
我要是他,就把这些海獭给首领们、客人们,
给那些部落的首领。
我要是他,就把独木舟送给首领们、宾客们"❹。

而随后的一些人类学研究,集中从再分配形式方面探讨了夸富宴。如哈里斯认为:"在一个缺乏统治阶级的社会中,夸富宴的存在确保了物品的生产和分配的持续"❺,也就是说,夸富宴是一种经济交换,其实质却是一种物质再分配。首领只是暂时集中了很多人的生产成果,然后以不同的数量对不同的人

---

❶ [美]C·恩伯 M·恩伯:《文化的变异》,杜杉杉译,沈阳:辽宁人民出版社,1988年,第210页。
❷ [法]马塞尔·莫斯:《礼物》,汲喆译,上海:上海人民出版社,2002年,第8~9页。
❸ [法]马塞尔·莫斯:《礼物》,汲喆译,上海:上海人民出版社,2002年,第67页。
❹ [美]露丝·本尼迪克特:《文化模式》,王炜等译,北京:三联书店,1988年,第179页。
❺ 转引自赵旭东:《文化的表达:人类学的视野》,北京:中国人民大学出版社,2009年,第159页。

进行再分配。比如"在一次夸富宴上，首领准备有干鱼 250 磅，甘薯椰子饼 3000 个，甘薯布丁 10 大碗和 8 口猪，后来礼品又有所增加，鱼达到了 300 磅，饼子增加到了 5000 个，布丁达 19 碗，猪 13 口"❶。

三、社会交换理论的延伸领域

对于人类学经济研究的实质主义而言，最重要的概念是互惠、再分配、交换和礼物等，因而经济人类学有时被人们等同于"原始生产和交换方式"的研究。其实社会交换理论的解释力启发了后世学者对现代和当代社会的研究思维。

列维 - 斯特劳斯从互惠交换原则考察了社会结构，在《亲属关系的基本结构》（1969）中把互惠理论运用到个人群体之间的交换关系中，他的结构分析将社会区分为两种不同的交换体系，即限制的交换和一般交换。它们在发挥带动日常用品交易的经济功能的同时，亦在增强和保护着已出现的阶级结构，发挥着巩固阶层等级制的功能。

在布迪厄看来，馈赠和回赠的时间间隔具有决定性的作用，时间在礼物流动中的作用是形成了一种象征秩序，这种秩序状态受"象征权力"支配。而象征权力则是在关于礼物交换的仪式中再产生出来的。礼物交换不仅仅只是物与物之间的流通，在任何社会里面，它都具有形式，某种信任关系和认同关系得以产生，这便是象征作用，礼物交换本身就是一种象征交换。通过礼物交换的形式，某种信任关系和认同关系得以产生，这便是"象征资本"❷。

萨林斯在《石器时代的经济学》中依据亲属关系距离的远近分出"概化互惠""平衡互惠"和"负性互惠"的细化，展现了这一交换模式在不同社会结构中可能的存在与互惠原则的可计算性，为礼物交换的原则提供了新的分析工具。

田汝康的《芒市边民的摆》（1946）中的做"摆"是对消费与信仰关系的研究，傣族的做摆是信徒对佛的义务，也是摆夷生活愉快和社会安全的保障，

---

❶ ［美］马文·哈里斯：《夸富宴：原始部落的一种生活方式》，李侠祯译，《世界民族》，1986 年第 6 期。

❷ ［法］皮埃尔 布迪厄：《实践感》，蒋梓骅译，南京：译林出版社，2003 年，第 154~176 页。

因为要做一次摆的消耗是巨大的,"十万元的消耗足以维持 40 家人一年的生活,或是全寨两个月的生活"❶。其实做摆也可理解为是一种再分配模式下的经济交换方式,也就是说,在做"摆"背后的追求,是要获得每个人在天上对应的宝座,在死后方能实现个体的价值。在这种价值观引导下,有效弥合了现实等级和贫富差距的巨大差异,使对财富的热情追求内化为一种道德限制,因为个人生活上的奢侈不一定就能获得社会的推崇尊重,而把"财富在摆中消耗,才能获得受人尊敬的地位"❷。

关系、人情和面子是中国文化的重要组成部分。胡先缙(Hsien－Chin Hu)等人的《面子——中国人的权力游戏》(1988)、费正清(John Fairbank)和金耀基都对中国的面子观作过系统的分析。此外,阎云翔的《礼物的流动:一个中国村庄的互惠原则与社会网络》(1996)和杨美惠的《礼物、关系学与国家:中国人际关系与主体性建构》(1994)都对作为中国社会的关系、礼物和人情进行了剖析。如阎云翔用下岬村的例子证明,礼物的工具性常常使得送礼变成今天市场经济行为的一部分,在一定程度上消解了国家所推行的市场经济,也消解了国家政治改革的理念。而《礼物、关系学与国家》一书则是把关系学的伦理和逻辑系统放在当代中国更广的历史和社会经济的背景和联系之中进行观察,它所讨论的重要议题之一,就是关系学如何在与当代权力模式打交道时成为中国文化的力量和韧性的源泉。也就是说,关系学成为人们维持日常生存,穿透官僚机构的非人及强有力的社会控制,用个人关系抵消国家机构的官僚性政治性关系的唯一途径,因此,关系学是特定的社会主义制度条件下的产物,可以松动国家对社会各方面那种滴水不漏的控制。

---

❶ 田汝康:《芒市边民的摆》,昆明:云南人民出版社,2008 年,第 74 页。
❷ 田汝康:《芒市边民的摆》,昆明:云南人民出版社,2008 年,第 82 页。

第五章

婚姻与家庭

进入 20 世纪中叶以来，人类学家的田野调查足迹覆盖了地球的绝大部分地区。在已知的各个族群中，不论技术和经济发展程度如何，婚姻和家庭现象都普遍存在。也可以说，这都是围绕性的制度性设置。发情期的消失加剧了性接触权的竞争，乱伦禁忌有助于确立外婚制，维护婚姻关系存续的弹性做法因文化而异。作为一种社会化场所，家庭发挥着抚养青少年、对其进行性规范与性教育的职能。

第一节　婚姻是制度化的性

婚姻是一个男人（男人们）与一个女人（女人们）之间性与经济的联结，赋予配偶互相专有的性权利和经济权利，赋予由婚姻而生的孩子以社会成分。乱伦禁忌促成外婚制的建立，设立各种弹性做法来维持婚姻关系的存续，离婚在所有社会中都是可能的，尽管离婚的理由及其频率在不同社会各不相同。

一、性的生物与社会属性

性反应是人类激情中最强烈的一种，超过任何其他生理活动所带来的情绪感受。在任何已知的群体中性总是社会性事务，没有约束的性在任何社会中都是不存在的,"从社会极端约束的方式——如沙特阿拉伯人或北美门诺派严谨派(传统上他们禁止婚外性生活)——直到巴西的卡内拉印第安人中的做法(即保证在特定村庄的每个人迟早与几乎每个异性都有性关系)各不相同,不管后一种情况是多么放纵,至于系统如何运行还是有严格规则的"[1]。

(一) 人类发情期的消失

绝大多数哺乳动物包括灵长类在内都存在发情期。雌性哺乳动物的阴部、臀部及乳房会肿大和泛红,雌性会在这个时期主动将阴部朝向雄性,从而刺激雄性体内的雄性激素分泌大增,而与之交配。很多哺乳动物的雄性,为了适应雌性这种季节性、周期性的发情,在雌性进入发情期时,它们也会增加精子的制造量,而在雌性脱离发情期后,它们也跟着停止精子的制造,进入不应期。也就是说,哺乳动物的性活动只在雌性排卵期有可能受孕时才进行,通常为一年中的某一个时期,如春季或秋季,而其他的大多数时间里则属于性不活跃期。

多数学者均认为,人类既然身为哺乳动物家族的一员,那人类的祖先应该也具有发情期。只是在漫长的进化过程中,因为某个原因或某几个原因而使发情期消失,终于使得性脱离了原来单一的生殖目的,即男女两性任何时候产生性欲就可以进行性交,而不需要经过周期性的间隔。这样一来,随着女性受孕机会的相对提高,人类的繁衍能力和数量都会远远超过其他动物。(当然,这只是基于生物学假设,人口数量是严格受到自然生态控制的,相关内容参见第四章第二节论述)

毫无疑问,人类发情期的消失经历了一个漫长的演化过程。那么,它是如何消失的呢?以下是三种有代表性的假说。

第一,进化策略说。达尔文(Charles Darwin)在《人类的由来》(1871)发展了他在《物种起源》(1859)提出的自然选择说,即物种在自然选择中把有利的变异保存下来,把不利的变异淘汰掉,从而使自己能适应不同的环境并生存下来。其实这也是性选择长期的结果。人类脱离动物界的第一步就是完全

---

[1] [美] 威廉·A. 哈维兰:《当代人类学》第十版,瞿铁鹏等译,上海:上海社会科学院出版社,2006年,第54页。

的直立行走，这一伟大的进化，使人类在性行为姿势方面发生了变化。当人类进化成用两足直立行走后，男性难以再看到女性的会阴部，靠着会阴部性肿胀和泛红来吸引异性就会失去它的效用。而性的可及性和性本身的享乐目的，为男女两性的稳定结合提供了生物学上的可能，或者说，男女有别、家庭、性交、性爱就在某种程度上获得了生物学的支持。

第二，生存策略说。以《裸猿》的作者莫里斯（Desmond Morris）为代表的一批学者认为，人类祖先在约一百万年前即开始基于生存需要的一夫一妻制，这种永久性的配偶关系使得女性失去发情期。也就是说，她们需要发展出一种能在任何时刻都有接纳其配偶性需求的能力，这样才能使她的配偶每天带着食物回到她的身边，并帮忙养育其下一代。西蒙（D. Symons）在《人类性行为的进化》中也认为，在人类祖先仍实行杂交的时代，能随时满足男人性欲的女性，可优先获得男人带回来的食物，而具有这种行为特质的基因获得了延续，那些只有在发情期才能接纳男性的女性则遭到了淘汰。

第三，生殖策略说。以亚历山大（R. Alexander）和罗纳（C. Noona）等人为代表的一些学者认为，人类祖先与很多灵长类一样是杂交的，较强壮的男性，在女性进入发情期时，经过竞争之后会垄断她们的交配权；而一般男性则只能平日跟女性厮混，帮忙照顾小孩，并在支配性强的男性离开后，才有机会接近这些女性。随后，女性发现这些终日随侍在侧的男性才是可靠的对象，因此隐藏起她们的发情迹象，以免受到攻击性强的男性入侵，这种以女性为主导的生殖策略最终使女性失去了发情期。

（二）性的社会约束

"性对于南太平洋的岛民来说，绝非像性对我们那样仅仅是生理的事务；它意味着爱与被爱；它变得像婚姻与家庭等神圣庄严的制度的核心……而不仅仅是两个个体之间的肉体关系"[1]。正因为以快乐为目的的性行为很有可能摧毁文明，迫使文化动员一切可能的力量与它相抗衡，于是对性生活的约束就顺理成章了。其中对性进行道德约束是最常见的做法。在托名唐代吕洞宾的

---

[1] ［英］菲奥纳·鲍伊：《宗教人类学导论》，金泽等译，北京：中国人民大学出版社，2006年，第128~129页。

第五章
婚姻与家庭

《十戒功过格》和《警世功过格》中，就有许多对性的规范。如"遇美色流连顾盼，一过。无故作淫邪想，五过。家藏春工册页一页，十过。对妇女作调笑语若有意者，二十过。嫖妓及男淫一次，五十过。堕胎，三百过。图谋娶寡妇尼姑为妻妾，五百过。造淫书艳曲淫画及刊刻印刷，一千过"。在7世纪欧洲坎特伯雷主教圣狄奥多尔的《苦行赎罪手册》中，也将"奸淫处女、兽奸、自淫、乱伦、口交"等数十种恶行和犯戒之举，分别与少则数日，长至15年的苦修时间——对应起来。

在传统社会中，性是与生殖紧密地联系在一起的。绝大多数社会认可的性目的就是生殖，而且这种生育性活动是被纳入一夫一妻制的婚姻当中的。马林诺夫斯基在《文化论》中说："生殖作用在人类社会中已成为一种文化体系。种族的需要绵续并不是靠单纯的生理行动及生理作用而满足的，而是一套传统的规则和一套相关的物质文化的设备活动的结果。这种生殖作用的文化体系是由各种制度组成的，如标准化的求偶活动、婚姻、亲子关系及亲属及氏族组织。"❶也就是说，性活动已经浓缩了若干关键性的问题，如家庭生活的规范、男人和女人的关系、成人和儿童的关系，以及正常行为和异常行为的性质等。

每一社会都有使性稀缺的规则，"正是婚姻强加了妇女发生性关系的真正制约才造成女性的缺乏"❷。通过制定关于性的道德规范，社会对性欲进行控制。那些遵循这些规范和其他一系列规范的人，得到妻子、丈夫或其他性满足方面的奖励。但是每一种文化在塑造性行为时，它必须在社会需要与个人的充分满足之间保持平衡，以免失望情绪不断增长达到破坏社会本身的进步。如《周礼·地官·媒氏》云："中春之月，令会男女，于是时也，奔者不禁，若无故而不用令者，罚之。司男女之无夫家者而会之"；按照澳洲土著部落的习俗，在某些（特定的）社会场合和节日庆典期间，"男人对其女人平日排他性的婚姻独占权利是允许他人染指的"❸。

---

❶ [英]马林诺夫斯基：《文化论》，费孝通等译，北京：中国民间文艺出版社，1987年，第27～28页。
❷ [美]罗伯特·墨菲：《文化与社会人类学引论》，王卓君等译，北京：商务印书馆，1991年，第80页。
❸ [奥]西格蒙德·弗洛伊德：《图腾与禁忌》，赵立玮译，上海：上海世纪出版集团，2005年，第12页。

二、乱伦禁忌促使外婚制产生

任何社会都有控制性接触的规则，禁止血亲之间发生性关系的乱伦禁忌是一种普遍现象。在某些社会里，出于继承人血统的考虑，乱伦成为古埃及、古印加王族和夏威夷贵族的一项特权。而对当地的一般人来说，则要遵守严格的乱伦禁忌，这是因为"谋杀和乱伦，或者说对血缘的神圣律法的触犯，是原始社会中仅有的为共同体所认可的罪行"[1]。列维－斯特劳斯认为从自然向文化的伟大转变是通过禁止乱伦而产生的，外族通婚一旦成为规则，男人就必须从自己所属的社会群体（家庭）之外寻找妻子，"惟有在外族通婚法的基础上，每一个个体获得这个群体里的女人……所有男人平等地争夺女人的自由才能成为风俗"[2]。

巴布亚新几内亚的比明－库斯库斯明人（Bimin－Kuskusmin）相信[3]，经血是与父系亲属的血液混合在一起的，经血的流出因而就包括父系亲属血液的排放，它们必须不惜任何代价避开祖先的土地，以免激怒祖先。妇女不可以在她们的氏族土地上行经，父系亲属的男性也不可以在氏族土地上争斗。因此，父系亲属中的女性必须要嫁到外边去，而非父系亲属的女性则可以嫁进来。这就是在世界范围内普遍存在的强制到近亲集团之外去联姻的外婚制。因为禁止将自己的女儿或姐妹作为性对象来使用，这就迫使人通过婚姻将女儿或姐妹许给另外一个男子，而同时，这禁止又给另一个男子创造出对于这个女儿或姐妹的一种权利。一个新几内亚人说："怎么？你想娶你的姐妹？你什么毛病？你不愿意有大舅子，小舅子？你难道不明白，如果你娶了另外一个男子的姐妹，又有另外一个男子娶了你自己的姐妹，这样你至少有了两个大小舅子，而你如果娶你自己的姐妹，你就一个大小舅子也没有？那你跟谁去打猎呢？跟谁去经营种植园呢？上谁家去串门呢？"[4] 一句话，乱伦禁忌开辟了给自己找亲戚的

---

[1] [奥] 西格蒙德·弗洛伊德：《图腾与禁忌》，赵立玮译，上海：上海世纪出版集团，2005年，第172页。

[2] [美] 卡罗尔·帕特曼：《性契约》，李朝晖译，北京：社会科学文献出版社，2004年，第117页。

[3] [美] P. R. 桑迪：《神圣的饥饿——作为文化系统的食人俗》，郑元者译，北京：中央编译出版社，2004，第140页。

[4] [法] 安德列·比尔基埃等：《家庭史》，袁树仁等译，北京：三联书店，1998，第41页。

可能性。

　　禁止乱伦为外婚制开辟了道路，也意味着带来了交换与互惠，因为伴之以数量或大或小的，物质的或象征性的财物或劳役，就是为了将每一桩婚姻具体地落实下来。在特罗布里恩德群岛，每户都有一个甘薯园，每户都吃甘薯，但每户种的甘薯和吃的甘薯是不同的，在收获季节，男人把收起来的甘薯送到他姐妹家，他住的这户人家的甘薯则由他妻子的兄弟供应。阿拉佩什人（Arapesh）是这样表述自己对外婚制的理解："你自己的母亲，你自己的姐妹，你自己的猪，你自己积聚起来的番薯，你切不可有非分之想。别人的母亲，别人的姐妹，别人的猪，别人积聚起来的番薯，你都可以尽情享用"❶，从如何处置自己的番薯和猪，引申出如何自己对待母亲和姐妹的态度。

　　其实对乱伦的禁忌导致了建立一个广泛关系网络的可能性，一群人相互维系的一种亲属关系结构。在蒙都哥莫（Mundugumor）社会里，女婴比男婴更有机会活下来，因为女婴对她的父亲和她的兄弟们有利，也对整个家族的两个系统有好处，即使家庭中的人不拿她作交换，也会因为为了某个堂兄表弟娶妻而把她陪嫁出去的。

三、维系婚姻关系存续的弹性做法

　　"生殖的目的把性引入婚姻，但是性作为一种能量，并非就如此消停了，即使是对那些在婚姻中的性来说也是如此，（色情，从一开始，就基本上是'颠覆婚姻'的丑闻）"❷。人类历史上，一直都存在着对人的这种动物性渴求的某种认可，存在着顺应这种需求的各种办法。也就是说，如果必须保持婚姻关系的存续，但是又都不得不面对这样一个难题，是干脆彻底禁绝一切非婚性活动，还是接受并调节这种活动，使它对婚姻的危害缩小到最低限度。

　　大多数文化都赞成和极力维护婚姻内的性，而严厉谴责其他的性行为（包括婚外性行为、手淫、梦遗等），古代墨西哥人严厉制裁除了夫妻之间生儿育女为目的之外的一切性行为，"堕胎、通奸、同性恋和强奸常常要处以死

---

❶ ［美］M. 米德：《性别与气质》，宋正纯等译，北京：光明日报出版社，1989，第88～89页。
❷ ［法］乔治·巴塔耶：《色情史》，刘辉译，北京：商务印书馆，2003年，第77页。

刑"❶。当然，并不能因此说，所有的社会都试图把性只局限在婚姻之内。事实上，只有很少几个社会——大约只有5%的社会——"禁止所有婚外性活动"❷，因为作为婚姻补充形式的性放纵和通奸等性活动，从来就没有销声匿迹过。在绝大多数婚姻中，女人被要求保持贞操及纯洁，"在大多数社会里，责令妇女谨守贞操、忠诚、谦卑和节制，并希望她们能阻止男人的越轨"❸，而对男人的要求就宽松许多。也就是说，法律对通奸的女人比通奸的男人的处罚要苛刻得多。金赛（Alfred Kinsey）在他的报告中也曾指出，所有已婚男性的一半，都在一生中的某个时候有过婚外性交。婚外性交的后果，更多地取决于配偶的态度，以及他们所属社会群体的态度，较少地取决于事情的影响和与什么人发生，"各个阶层的妻子们常常更能宽容丈夫的婚外性交，而丈夫们却截然相反"❹。

虽然马达加斯加群岛的巴拉人（Bara）认为通奸是很严重的罪过，但是在何种情况下可以通奸往往又因事而异，如果配偶长期不在家而与人通奸则是被允许的；如果通奸没有导致怀孕，也不是很了不得的事；而且对通奸者的性别而言，通奸的后果也是另当别论的，如女性可以用离婚来为通奸辩护，而男性则不能。所以，"男性的婚外性活动只占10%，而女性的则要高得多"❺。

第二节 作为社会化机构的家庭

性促成了婚姻中的伴侣关系，长久生活的愿望与依恋促成共同生活的家庭的产生。家庭这种社会设置包含了家庭群体、家庭角色及身份等特定的社会结

---

❶ [法]安德列·比尔基埃等：《家庭史》，袁树仁等译，北京：三联书店，1998年，第233页。
❷ [美]威廉·A. 哈维兰：《当代人类学》第十版，瞿铁鹏等译，上海：上海社会科学院出版社，2006年，第233页。
❸ [美]罗伯特·墨菲：《文化与社会人类学引论》，王卓君等译，北京：商务印书馆，1991年，第81页。
❹ [美]阿尔弗雷德·C. 金赛：《性学报告》，潘绥铭译，海口：海南出版社，2007年，第166~167页。
❺ [美]Z. 拉里亚、M. D. 罗斯：《人类性心理》，张丛元等译，北京：光明日报出版社，1989年，第19~20页。

构,如性行为应发生在夫妻之间;在绝大多数社会中,这对配偶还应承担起抚养后代的责任;他们还被期待着教育他们的孩子以一种为社会接纳的方式去行事,包括学习生产生活技能和遵守性道德等。

一、人类的幼态持续需要一个抚育单位

从人类要比其他灵长类动物更频繁的——并且看起来也许是浪费的——性交来看,这是因为"人类的婴儿要比其他灵长类后代更容易受伤害的后果"❶。人类生育是遵循K型生育法则(K-Strategy)的,一胎少产,产后照看幼仔。人类学已有的资料显示,在四分之三以上的社会里,妇女大多从事碾米、担水、做饭、储存食物、做衣服、缝补衣服、织布、编席子、编筐、采集食物(如采摘坚果、草莓、根茎等)和制作陶器等工作,"所有这类工作都可在离家很近的地方去做,并可使孩子不离左右"❷。

这是基于人类的幼态持续状态形成的适应性做法。绝大多数哺乳动物一生下来,很快就能站立。一岁左右就能学会自我抚育的技能,如自己啃吃或捕食,两三岁就性成熟,开始繁衍后代。而人类的性成熟时间是其他动物的十倍乃至二十倍。人类的婴孩期很长,刚生下来的孩子,非常弱小,无法站立,平均要十四个月才会走路,到十岁时还是少年。出生后的人类婴儿,要达到可以自食其力的状态,文明程度越高的社会,这个年龄越被无限地延长。如在农业社会中,儿童能够参加简单劳动的平均年龄是7~8岁,男孩参加除草、耙田、播种、打猎、放牛等活动,女孩则学习纺线、织布、缝衣、做饭等家务劳动和拔秧、除草、收割、采茶、摘野菜、砍柴等田间劳动。女孩到了十岁左右,便已掌握了基本的生产劳动技能;到了十二三岁,她们便能够与成年女性一起参加生产劳动和家务劳动,成为家庭中的劳动力之一。在云南宁蒗的摩梭人社会中,俗话说"女亲娘大",指的就是女孩从小就会模仿自己的母亲进行纺织、炊馔、喂养家禽、汲水、砍柴,甚至有的母亲还会让自己的女儿背上一个布娃

---

❶ [美]理查德·A.波斯纳:《性与理性》,苏力译,北京:中国政法大学出版社,2002年,第127页。
❷ [美]W·古德:《家庭》,魏章玲译,北京:社会科学文献出版社,1986年,第103~104页。

娃,"学习如何喂养孩子、如何与孩子玩耍等"❶。

二、日常生活中的性教育

弗洛伊德认为,人类的性欲望并非顺其自然地被引导到繁衍生息,或是所谓的异性性交行为上。若想使肉体和肉体欲望转变成有用的、能够繁衍后代以维持种族生存的男女两性关系,文明需要作出极大的努力。具体地说,就是要将"婴儿期形成的,无序的性能量转化为成年时期有组织的、有条理的性生活的过程"❷。这个欲望受到约束和引导的过程,就是青少年迈向婚姻的性社会化过程。

(一) 家庭生活中的乱伦禁忌

在美拉尼西亚社会里的部落里,"乱伦禁忌是被严格遵守的"❸。具体地说,就是一个男孩和他的母亲、姊妹间的交往,有着种种限制。例如男孩到达某一年龄后便不可再住在家中,而必须迁入营地内吃和住。当然,他有权回到父亲的家中寻求食物,但如果他的姊妹们在家里,他便难免要空手而归了;若无姊妹在家,他可坐在门口吃食。假如在野外兄妹不期而遇时,她必须跑开或躲起来;男孩若在路上认出他姊妹的足印,他便不再顺那条路走,女孩亦然。事实上,他不但不可以说出她的名字,甚至在言语中避讳着它。此种回避始自成年仪式,而后持续终生。儿子和母亲间的冷漠也随年岁而增加,通常母亲方面的态度变化得更为明显。一个母亲要送食物给他的儿子时,她只把东西放在地上,等他来拿;和他谈话时她不再表现所谓的母子亲情,而使用对待外人的礼节。

在新不列颠的土著部落里,女人婚后再也不和她的兄弟谈话,她再也不提他的名字,迫不得已时也只使用转弯抹角的话来表达。在新麦克林堡群岛堂兄妹间也遭受严格的限制,彼此间互相不能接近,不可握手,不可互送礼物;不

---

❶ 杨筑慧:《中国西南民族生育文化研究》,北京:中央民族大学出版社,2006年,第238页。

❷ [美] 托马斯·拉科尔:《孤独的性:手淫文化史》,杨俊峰等译,上海:上海人民出版社,2007年,第65页。

❸ [英] 马林诺夫斯基:《两性社会学》,李安宅译,北京:中国民间文艺出版社,1986年,第57页。

过尚被许可站在远处交谈，而且与姊妹乱伦则必须处以吊刑。在特罗布里恩德群岛，当年轻女孩子开始穿上干草的短裙，同母的兄弟姐妹即须离开，遵守严格的禁忌，不准在兄弟姐妹之间有亲密的关系，即在更小的时候，他们刚能动作行走的时候，就要分群玩耍不在一起，以后更永远不能自由交接，且比什么都要紧，永远不能涉及些微的嫌疑。

其中乱伦禁忌其实更多是血亲之间的禁忌，但并不妨碍姻亲之间的性接触，尽管后者在有些文化中也属于乱伦禁忌。比如史禄国提到的民国时期的满族人，就是不禁止年轻男子与年长男子的妻子说话、爱慕她甚至追求她。在这方面，并没有禁令制约年轻的男子与年长男子的妻子的关系和行为。并且，前者可以睡在后者的旁边，如果两厢情愿，年轻男子可以与她们有爱的关系，特别是当年轻男子尚未结婚的话。实际上，如前所述，年轻的未婚弟弟的铺位与哥哥的铺位相当近，结果他们和嫂嫂的铺位也就相当近。如果彼此之间的婚姻或性关系遭禁止的人的铺位总是相互被分开的，插在其中的是他们自己的孩子或与他们相隔二三辈的人。按辈分体系，诸位嫂子在"我"选择妻子的范围之内（当她们成为寡妇时）（收继婚）。因此，与其发生性关系则不被禁止。正因为如此，所有上辈的妇女以及所有"我"这一辈比"我"年长的男子的妻子，"我"都不直呼其名。因为，"我"有与她们发生性关系的可能。但是，所有比"我"年轻的男子的妻子，"我"都直呼其名，并且，她们被严格禁止与"我"接近……防止年轻妇女怀上年长男子的孩子，但是不妨碍年长妇女怀上年轻男子的孩子❶……这种颇为奇特的乱伦禁忌，从中可见乱伦禁忌的弹性也是蛮大的。

（二）儿童期的性教育

在儿童性社会化的初期阶段，有些文化中的成年人常常用恐吓的话语对儿童进行性道德的灌输，儿童被明确告知"可以做什么"和"不可以做什么"，这样，大多数儿童早在幼年时期就产生了一种与性问题有关的深切的犯罪感和恐怖感，孩子们所得到的信息就是："他们是由鹳鸟带来或是从醋栗树下挖出

---

❶ ［俄］史禄国：《满族的社会组织——满族氏族组织研究》，高丙中译，北京：商务印书馆，1997年，第114~117页。

来的"。不过，他们迟早会从其他孩子那里了解到这些事情，而这些事情往往是以一种歪曲的形式表达的。那些孩子总是悄悄地讲给他们听，因为由于父母的训导，他们认为这类事情是肮脏的、见不得人和难以启齿的。因此，他们对于父母、婚姻和异性的态度将无可挽回地受到损害，危害程度视其在社会化的其他阶段能否得到相关校正及校正程度而定。

在《两性社会学》《神圣的性生活——来自土著部落的报告》和《萨摩亚人的青春期》《性别与气质》等民族志中，马林诺夫斯基和米德向我们展现了原始民族的儿童们是如何去除性的神秘化，也就是说他们经历了什么样的性社会化过程。特罗布里恩德群岛儿童的性社会化主要包括以下三个方面。

第一，通过裸露身体去除神秘感。在特罗布里恩德群岛上，没有被性的犯罪感和恐怖感蒙蔽的儿童都赤裸着身体各处去跑，他们的排泄机能都公开而自然地展示着，身体各部分或全部都处于赤裸状态……在结队出去打鱼的时节，女童们总是跟了父母同去，一到水滨，男子大都把胯下掩盖阴部的叶子解除，所以，"男体的形态对于这一民族的女童或少女，决不会成为一件神秘不测的东西"❶。

第二，儿童有机会观察成年人的性生活。儿童们能常常听到或目睹他们长辈的性生活，特别是大点的孩子可以听到那种不加掩饰的关于性的交谈，而他们对听到的东西也完全能够明白。此外，孩子们对年长者的性生活早已耳濡目染，他们获得有关性行为实际知识的机会很多。特别是孩子的父母在家中也没有隐蔽的场所，没有什么特别的措施防止孩子目睹父母过性生活，父母被发现后，至多不过对孩子叮嘱两句，然后再把底席从头蒙起。

即便是保守的萨摩亚人（Samoans），对于儿童成群偷窥青年恋人之间的性行为也并不加以禁止。青年恋人们习惯在棕榈丛中幽会，这也就不可避免地使孩子们能够经常目睹到性交，而且是许多不同的人之间的性交。"在村里的棕榈丛中，搜索情侣则成为十来岁的小孩子们公认的一种娱乐方式。"❷

第三，模仿性交和家庭生活。特罗布里恩群岛的孩子们享有充分的自由和

---

❶ ［英］H. 霭理士：《性心理学》，潘光旦译，北京：三联书店，1988年，第119页。
❷ ［美］M. 米德：《萨摩亚人的成年》，周晓虹译，杭州：浙江人民出版社，1988年，第108~118页。

独立，在儿童游戏中就包括模仿成人性行为的活动。不论是男孩还是女孩，从他们的伙伴那里接受性爱指导的机会都很多。从很小的时候起，儿童们就开始以一种直截了当的实际方式彼此把对方引入性生活的神秘之中，在他们真正有能力进行性行为之前，一种早熟的色情生活在他们之中就已开始了。在父母们的心目中，这种游戏本身无伤大雅而加以放任，只要儿童们有相当的小心就够了，那就是"不在家里举行他们的恋爱游戏而要走到丛莽的某处"❶。

对于萨摩亚人来说，小打小闹的性活动，暗示性的舞蹈，富有刺激性而又淫秽的谈话，猥亵性的歌曲以及出于明确动机的扭斗，这一切都是可以接受而且颇为诱人的娱乐活动，"这些活动只是游戏而已，人们对此既不会皱眉蹙额也不会产生过多的疑虑"❷。

库克群岛上的曼盖亚人（Mangaia）男孩和女孩在三四岁即分开生活，在一群同性孩子中间，裸体、开心的玩笑、手淫等都是允许的。虽然从公开的层面来看，年轻异性间要守很多规矩，如不宜开玩笑、互送礼物和握手等，但私下里则完全不是这么回事。曼该亚的男孩和女孩在七岁至十岁之间开始手淫，在大约十四岁时开始性交，几乎每个人在婚前就有了相当丰富的性经验，表面分居的少男少女暗地里频繁地发生性关系，而大人们则充耳不闻，佯作不知。另外，这些孩子们还在树林的隐蔽处用木棍和树枝建造房屋模仿成年人过起家庭生活。

三、青少年的性社会化

在大多数文化中，人们认为性的思想会导致性的不端行为。因此，实现道德的最好方法，就是要让青少年的身心绝对脱离与性有关的一切事物。也就是说，一定不能对他们谈论任何有关性的事情，尽可能地阻止他们彼此谈论这些问题，而且成年人必须装作世界上根本就没有这类话题存在一样。因此，青少年的性社会化就是教育他们在任何场合都不应该谈论性的问题，即使在结婚之

---

❶ ［英］马林诺夫斯基：《两性社会学》，李安宅译，北京：中国民间文艺出版社，1986 年，第 56 页。
❷ ［美］M. 米德：《萨摩亚人的成年》，周晓虹等译，杭州：浙江人民出版社，1988 年版，第 108～118 页。

后也不应该。而特罗布里恩群岛青少年的性社会化则展示了另一幅画卷。随着男孩和女孩进入青春期,其性行为不再仅仅是儿童间的游戏,男女青年各自的爱情开始趋于专一和持久。当然,在土著民族中,鼓励或禁止青少年的性活动也是不能一概而论的。也就是说,没有任何一种文化是听任青少年不加约束地进行性活动的,即使是相当宽松的社会中也是如此,更何况在有的文化里推崇处女的价值,那么严格的"深闺"制度就不可避免。

(一) 特罗布里恩德群岛的求偶活动

在特罗布里恩德群岛的村庄有大量的活动,是专为男女青少年准备的。村庄活动大都在每年的 5~9 月间举行。也就是说,每个村社在收获季节必须派去一群的少男少女,带上做成礼品的食物,在社区间不断地互访。是时中央广场经常挤满了这些携带丰收果实的人,这样的庆祝访问活动,其目的在于结交新人,显示个人的魅力,也为不同社区成员之间的性行为提供机会,因为所有丰收习俗都盛行情欲追求——这是到其他村社做客的额外自由,如"'卡里伯姆'(慢节奏行走)总是在没有月色的漆黑夜晚举行,它导致性欲亲近的机会甚至比通常的游戏要多,比定期举行的舞蹈也要多得多"[1]。

此外,当地还有一种活动就是专门安排姑娘们去另一个村,公开让人参观,然后让她们跟当地男孩共度良宵,这风俗名叫 Katuyausi;而作为对等待遇,若是外村的男孩子到访,本地的姑娘也会拿出食物款待,并满足他们的性要求。特别是遇到大的葬礼活动时,人们围着死者的遗体守灵,邻村的人会成群结队地前来吊唁。这时,按照惯例来吊唁的姑娘有责任安慰死者村落里的男孩,而"她们慰藉的方式会令她们的正式爱人感到苦恼"[2]。

当然,在特罗布里恩德最公开的调情活动叫"卡雅萨"(Kasali),意为情欲抓搔,它象征一种情欲表达方式。即当男孩和女孩彼此热恋时,女方可以抓搔、击打甚或用利器击伤自己的情人,使他身受皮肉之苦,但是不管他挨了多么重的打,他总是心甘情愿的,"把这种待遇作为爱的标志和心上人脾性的表

---

[1] [英] 马林诺夫斯基:《神圣的性生活——来自土著部落的报告》,何勇译,北京:知识出版社,1998年,第174页。

[2] [英] 马林诺夫斯基:《西太平洋的航海者》,梁永佳等译,北京:华夏出版社,2002年,第49页。

示"。此外，身着节日礼服的男孩围绕中央广场行走时，女孩会迎头而上，彼此开玩笑，她们从开玩笑过渡到抓搔，用贝壳和竹刀攻击男孩……如果男孩对攻击者不感兴趣的话，他可以逃跑。当然，如果一个男孩迷恋上一个女孩后，他是不会逃跑的，只是把她的攻击当成了邀请。"一个女子的最大心愿是尽可能多砍一些男人，一个男人的最大心愿则是在能忍受的情况下尽可能多地受伤，并希望能得到期望中的回报"❶。

（二）鼓励婚前性活动

青春期是从孩子们实行性爱游戏到结婚之前，进行实质性、持续性性交往的过渡时期。这时，男女青年开始考虑结婚的问题，以使自己的生活内容之一的性生活固定下来。通常在他们结婚之前，男女双方或多或少都要先进行性生活。

米德（Margaret Mead）考察了萨摩亚岛后，在《萨摩亚人的成年》中也描绘了青春期少女大体相同的性社会化过程。在姑娘们中间，婚前可以自由的性交往，这是她们典型的消遣方式。为此，姑娘们推迟结婚，尽可能地延长自由谈情说爱的岁月。萨摩亚的姑娘们进入青春期后的第一个情人，多数情况下是年龄比较大的男人，比如鳏夫或离婚的男人。年龄较大的男子在谈情说爱方面不再显得羞涩和胆怯，况且找不到一位合适的人来传递信息也是一件麻烦事，比如托一位年轻人，他可能会把秘密泄露；托一位上了年纪的人，他或许不会把多少有些不正当的关系当回事……因此，萨摩亚社会基本上默许年龄较大的男人在本村姑娘们中的寻花问柳行为。当然，一位年轻的男子首次与一位年龄较大的妇女发生类似的性行为也同样是可以的。

在萨摩亚社会中，未婚男女间的性关系主要有三种形式：第一种是"相会在棕榈树下"的暗地里交往，第二种是公开的私奔即"阿瓦加"，第三种是仪式隆重的求婚。出身低微的人采取的性活动方式是"在棕榈树下的相会"；那些出身高贵的姑娘，主要是部落酋长的女儿则主要用私奔来满足自己的性欲，因为她们的贞操受到父母的严格保护，并且她们注定要嫁到另外一个村子

---

❶ ［英］马林诺夫斯基：《神圣的性生活——来自土著部落的报告》，何勇译，北京：知识出版社，1998年，第178页。

去，因而对性的渴望使她们采取私奔这种获得美好爱情的唯一的方式。私奔在萨摩亚人那里具有较高的口碑。除了上述的情况之外，还有一种被称之为"莫托托洛"（moetotolo）的奇怪偷奸少女的方式。一些无法获得姑娘青睐的年轻人，趁着姑娘们熟睡之际，悄悄潜入室内而获得姑娘的芳心。当然，"莫托托洛"得手的前提是姑娘正期待着这位情郎到访，或者是她正准备接受任何一位求欢者时，如果这位姑娘不信任或是讨厌这个潜入者，她可以大声地叫喊，这时全家人就会起身去追逐他。

（三）禁止青春期的性活动

有些文化极为看重女性的婚前贞洁。因此，女性青春期性社会化就是对性贞洁的道德说教和实施实际的身体控制，如"许多阿拉伯和非洲回教国家的'深闺'制度的政策，将女人（无论未婚和已婚）孤立于男人和陌生人之外……当女人待在户外时，则从头到脚都穿着长幅、深色的布衣和头巾走动，以免被别人看到她们的身体，甚至包括眼睛也不例外，女人经常只在她们的丈夫或婆婆的陪伴下才会出门"❶。

由于巴厘（Bali）文化对于婚姻的重视，求偶阶段就是女人的青春期和未婚时期，在文化上被认为是最不稳定和具有潜在危险的阶段。如果她顺利度过这个阶段，她就能赢得一个配偶，为她以后的日子获得了物质需要和社会生活的保障；如果"丧失了贞洁的名声，不管她们是否真的失去了贞操，她们也就丧失了所有，她们给父亲带来耻辱，更为糟糕的是，这将大大降低她们赢取一桩理想婚姻的机会"❷，在这样的文化氛围中，强调女性贞洁，禁止婚前性行为自然就成为女性青少年性社会化的主要内容。

当然，还有一些族群防范少女的性交往，则是出于其他方面的考虑。在阿拉佩什人看来，生长发育和性生活是互相对立的。假如一个小女孩在她小小的乳房刚刚隆起时就违背禁忌发生了性关系，那么她的生长发育就会受到阻碍，她会长得纤细而瘦弱。最为糟糕的是，她的乳房会变得又小又硬，令人感到不

---

❶ [美] P. 史华兹等：《性之性别》，陈素秋译，台北：韦伯文化国际出版有限公司，2004年，第88页。

❷ Megan Jennaway. Displacing Desire: Sex and Sickness in North Bali. Culture, Health & Sexuality. 2003. Vol. 5，No. 3.

可爱。因为在阿拉佩什人看来,"丰满、硕大而下垂的乳房才最能体现女性的魅力"。如果破了血脉,这是阿拉佩什人对处女膜的俗称,即在发育成熟之前就发生了性关系的话,那么,"女孩子的乳房也不会再发育得丰满了"❶。

在一般情况下,社会文化对青春期的性控制是采用双重标准的,即严格控制未婚女性的性行为,而纵容男性的性行为。当然,也有例外情况,比如阿拉佩服什人根据占卜仪式去获知哪些男孩子已有了性方面的经历,了解他们是否做过违禁和有碍健康生长的事。

蒙都哥莫人则否认婚前性关系的存在,也就是说,一般情况下情人们来往完全处于秘密之中。一个年长的男子会劝告一个男孩说:"你要是与女孩子在丛林中相遇,发生了性关系,事后应该赶紧返回村子,为解释你的失踪作好准备,说是你的弓弦断了,说是灌木挂断;要是箭折了,向别人解释说你绊倒了,是树枝把它们钩了;要是缠腰布撕破了,或者脸抓破了,头皮弄乱了,也要作好解释的准备,说你摔倒了,绊倒了,在游戏中追逐弄的,否则回去时人们会公开笑话你。"女孩也会得到同样的劝告:"要是你的耳环从你的耳朵上脱落下来,项圈的线断了,草裙撕坏了,或者弄脏了,脸和手臂抓破流血了,就说你受了惊吓,听见林子里有一种声音,跑摔了弄的,否则人们会奚落你遇上了情人"。❷

---

❶ [美] 玛格丽特·米德:《性别与气质》,宋正纯等译,北京:光明日报出版社,1989 年,第 97 页。
❷ [美] 玛格丽特·米德:《性别与气质》,宋正纯等译,北京:光明日报出版社,1989 年,第 215 页。

第六章

权威与秩序

20世纪40年代以来，人类学对队群、部落、酋邦等非国家类型的政治形态进行了广泛探讨，在丰富的民族志基础上展示了非西方社会无政府有秩序的社会运行状况，解释了这些社会中政治权威与社会秩序的建构样态，并用有秩序的无政府状态、剧场国家等等概念来反思西方民族—国家的政治形态和法律体制。

第一节 人类学中的政治/法律研究

在柏拉图等西方政治哲学家的观念里，政治和法律是文明的产物，而无政府状态就意味着野蛮、愚昧、混乱和无秩序。20世纪40年代以来，人类学家通过对非洲政治形式以及通过这些形式组织起来的社会秩序之间的相互关系的认识和理解，描述了非西方社会中权威是如何建立的，权威与秩序是什么关系，阐释了为什么那些没有统治者的部落社会里也会出现秩序状态。

一、职业律师对古代社会的推演

虽然人类学中系统的政治和法律研究始于《非洲政治制度》（1940）和《原始社会中的犯罪与习俗》（1926）两书的出版，但对政治和法律的探讨几

第六章 权威与秩序

乎在人类学这门学科诞生伊始就开始了。最初由职业律师,随后才是专职人类学家展开了对这一领域的研究。

早期的人类学家如梅因(Henery Maine)、摩尔根(Henery Morgan)、麦克伦南(John Mclennan)和巴霍芬(Johann Bachofee)等人,正式职业均为律师。如摩尔根作为塞纳卡印第安人部落的辩护律师,曾经向企图侵占塞纳卡人居住地的白人地产公司提起诉讼,使塞纳卡人的权益得到保障。作为兼职的人类学家,他们主要是从法律问题的角度,通过婚姻、家庭、亲属制度、私有财产、继承以及国家发展等诸方面来推演人类社会的发展进程,以下是他们的代表性著作:梅因的《古代法》(1861)、《东西方村落共同体》(1871)、《惯例的早期历史演进》(1874)、《早期制度史》(1875)、《早期法律与习惯》(1883);巴霍芬的《母权论:根据古代世界的宗教和法权本质对古代世界的妇女统治的研究》(1861);麦克伦南的《原始婚姻》(1865),以及摩尔根的《人类家族的血缘制度和亲属制度》(1871)和《古代社会》(1877)等。

在《古代社会》一书中,摩尔根把政治形态划分为两种基本方式,"按时间顺序来说,先出现的第一种方式以人身、以纯人身关系为基础,我们可以名之为社会,这种组织的基本单位是氏族。在古代,构成民族的有氏族、胞族、部落以及部落联盟,它们是顺序相承的几个阶段。第二种方式以地域和财产为基础,我们可以名之为国家。这种组织的基础或基本单位是用界碑划定范围的乡或区及其所辖的财产,政治社会即由此而产生。"❶ 这一看法支持了梅因等人提出的亲属制度是人类早期基本政治结构的观点。也就是说,社会是由血缘上的家庭组织革命性地转变为基于地缘之上的国家组织的。

到19世纪末期,人类学界已就古代社会/原始社会的构成达成以下共识❷:第一,大多数原始社会都基于亲属关系来营造社会的秩序;第二,亲属的组织依赖的是继嗣群;第三,继嗣群属于外婚制并与一系列的婚姻交换规则相联系;第四,与灭绝的物种一样,这些原始制度在那些能够重现早已死亡的实践,如仪式和亲属称谓等化石形式中得到保存;第五,随着私有财产的发

---

❶ [美]亨利·摩尔根:《古代社会》上册,杨东莼等译,北京:商务印书馆,1995年,第61页。
❷ Adam Kuper. The Invention of Primitive Society: Transform Actions of an Illusion. London: Routledge. 1988. p. 5.

123

展，继嗣群让位于以地缘纽带为组织基石的国家，而国家的兴起标志着古代社会的文明化转变。如果说这一阶段人类学对古代社会/原始社会的构想还处于臆想当中的话，那么，下一阶段的田野工作不是证实，而是改写了梅因和摩尔根等人所奠定的有关社会政治发展是由血缘到地缘的经典论述。

二、人类学对非西方社会的政治研究

1940年以埃文思-普里查德的《努尔人——对尼罗河畔一个人群的生活方式和政治制度的描述》、福特斯（Myre Fortes）和埃文思-普里查德编撰的《非洲政治制度》的出版作为标志，人类学开始对非西方社会的政治开展研究。这些研究主要集中在描述亲属关系如何维持社会秩序，不同政治制度的类型划分和非洲政治制度的演化等方面。

（一）《努尔人——对尼罗河畔一个人群的生活方式和政治制度的描述》

从1933年起，埃文思-普里查德开始在苏丹南部的努尔人社会从事田野工作。1940年，埃文思-普里查德出版了《努尔人》一书，这是他研究苏丹人群三部曲中的第一部，主要是对没有政府也没有法律的大型社会中的社会秩序是如何维持的问题作了回答。

"如果不把环境因素和生活方式考虑进来，就不能理解这种政治制度"❶。《努尔人》一书可以大体划分为两个主要部分：努尔人的生活方式和政治制度。努尔人大约有20万人，他们生活在东非的沼泽地和热带大草原上，从事游牧、捕鱼以及园艺等活动。努尔地区地势平坦，有黏性土壤，稀疏和纤细的丛林。在雨季里，该地区布满高高的杂草，横穿着一些一年一发洪水的大河流。随着雨季和旱季的季节变化，努尔人在高山与草地之间往返迁移，人群出现集中与分散的变化。

努尔人的政治关系，实质上是部落及其分支之间的地缘关系。部落是努尔人最大的政治群体，部落裂变为一级、二级、三级分支，三级分支实为由数个

---

❶ ［英］埃文思-普里查德：《努尔人——对尼罗河畔一个人群的生活方式与政治制度的描述》，褚建芳等译，北京：华夏出版社，2002年，第3页。

村落构成的共同体，这些村落是努尔地区最小的政治单位，由家庭性的群体构成。每一个部落都有一个具支配地位的氏族，而这个氏族可分为较小的父系单位——世系群。世系群下还有大大小小的分支。一个氏族被分为一些最大的世系群，最大的世系群分为较大世系群，较大世系群又分为较小世系群，较小世系群又分为最小世系群。分支世系群是努尔社会中特有的一种社会组织，各种不同的最小世系群分支成员之间发生严重争端时，所有其他分支成员都站在与之关系最紧密的竞争者那一方，于是这一事件又牵涉当事方上层世系群，它有可能导致广泛的世仇。通过世系及其分支连横合纵的体制发挥作用，努尔人组成了一个无政府有秩序的社会。

（二）《非洲政治制度》

《努尔人》的写作实际上为《非洲政治制度》一书进行简单社会的政治制度分类提供了依据。福特斯和埃文思-普里查德以三个标准对不同类型的政治体制进行分类，即"权力集中化的程度、政治运作的专业化程度和政治权威配置的方式"[1]。也就是说，非洲政治体制可以分为两类：一类是集权化的制度，如有政府政体的国家；另一类是非集权的制度。通过对非集权制度中政治类型的划分，人类学家重新思考了早期西方政治学的秩序观念。他们看到，在一个没有强大国家机器的社会中，照样有控制社会行为的机制，通过亲属关系就能组织起一个有序的社会。在非集权社会中，没有一个是由行政制度确定的地域单元，这种地域单元的界限实际上是与其独特的宗族纽带以及相互合作的游群的范围相对应的。在这里，宗族的原则取代了政治上的忠诚，地域性的裂变分支之间的相互联系是直接与宗族的裂变分支之间的相互联系相一致的。或者说，地缘关系和血缘关系是密切地关联在一起的。

《非洲政治制度》一书的问世，使研究人类社会政治组织的多样性和发展演变成为学术的热点。在不同的社会里，政治实践可以隐含在社会的日常生活里，治理的理念涉及亲属关系、仪式和巫术等要素，并通过这些要素的实践而得以实现。也就是说，政治活动的功能就在于保证社会内部的合作和稳定，并

---

[1] John Beattie. Other Cultures: Aims, Methods and Achievements in Social Anthropology, London: Routledge & Kegan Paul Ltd. 1966, pp. 143~145.

防止外部的侵略和破坏。

当然,《非洲政治制度》一书也是对当时英国社会上激烈辩论的间接统治问题作出的回应。非洲社会是一个自治的系统,它并不需要外力的干预。所有社会都具备产生决策和使得纷争得以解决的习俗或过程——建立和保持社会秩序和对付社会动乱的方法和途径。也就是说,非洲社会也有他们自己的法律,或者至少有能力发展出有权威效力的社会规范。

(三)《缅甸高地诸政治体系——对克钦社会结构的一项研究》

20世纪50年代中期以后,利奇的《缅甸高地诸政治体系》(1954),格拉克曼(Max Glukman)的《非洲的民俗与冲突》(1956),《非洲部落的社会秩序和反抗》(1963)和《部落社会的政治、法律与仪式》(1965),特纳(Victor Turner)的《一个非洲社会的分裂和延续》(1957)等显示,单纯运用结构功能理论已经不能很好地解释政治制度的运动与变迁。也就是说,冲突已经被视为政治演化的机制,最著名的是利奇提出的缅甸高地贡老(Gumlao)—贡萨(Gumsa)政治制度的钟摆模式(Oscillation Mode)。

在《缅甸高地诸政治体系》一书中,利奇指出,在克钦人(Kachins)居住的上缅甸克钦山地,山官职位由幼子继承和姆尤—达玛(Mayu-dama)(单方面姑表舅优先婚)制度使得缅甸高地的政治制度呈现钟摆式运动。首先贡萨制并不是一项稳定的政治制度。山官或多或少是象征性的,他有权独家祭祀最大的天神,他的屋宇和坟墓最为宏大,他向属下收取一条兽腿作为贡赋。但是,他的属下是他的亲属,为了笼络住他们,他必须把自己的女儿嫁给他们作为交换,慷慨地招待属地的客人,而且他也亲自参加劳动,和他们吃同样的食物。所以,山官总是希望使自己变成一个占有绝对政治权力和经济利益的真正的"领袖",也就是说他厌倦了和属下的亲属关系——这种亲属关系使得属下对他的义务很轻,而他对属下的义务却相对较重,他们之间其实只是一种互惠关系。于是,山官倾向于否定这种亲属关系,努力把这种关系改变成国王和百姓的关系。这种努力必然遭致其他非山官的贵族的反抗,这些贵族在贡萨社会中已经吃亏了,他们不能容忍自己再次被降低为更低级的平头百姓或奴隶,于是他们发动叛乱,推翻山官,建立了直接否定贡萨的贡老制社会(平权和无政府主义),但是幼子继承制和姆尤—达玛婚制使得贡老制不可能成功,就回摆到贡萨制度。"姆尤-达姆这类的婚姻规定必不见于稳定类型的贡老组织。如果在某些地方，姆尤-达姆规定与贡老组织同时存在，则此组织可视为一种过渡状态"❶。

三、人类学的法律研究

对非西方的法律研究究竟采用何种术语为宜，一度曾是20世纪60年代学术界的热门话题，主要表现为格拉克曼—博汉南（Paul Bohannan）之争。前者主张用加解释的普通法术语来描述原始法，后者认为要尽量使用当地术语，依照其音节拼成专有名词，并详细解释其含义。其实在术语之争的背后，就是如何理解与解释原始法的问题。大致可以把人类学的法律研究分为两个派别，法学家派主要套用西方法律概念来理解原始社会的法律现象，非法学家派主要是借用当地人的观念来阐释其社会秩序观念。

（一）法学家派对简单社会的法律研究

从实证的角度来讨论法律主体的传统可以上溯到早期的法学家，如梅因、巴霍芬、摩尔根、恩格斯和哈特兰（Sidney Hartland），此后这一领域的代表人物还有波斯特（Albert Post）、伯恩霍夫特（Franz Bernhft）、波西比西尔（Leopold Pospisil）、科勒（Joseph Kohler）、霍贝尔（Edward Hoebel）和格拉克曼等人。他们大多都关注作为社会控制的法律以及强制性制裁，并将法律的程序看成是履行社会规则的手段。很明显，这种研究取向是把注意力集中在法律行为制度化的形式方面，并将法律案件的处理结果看成是由应用成文法典所导致的。在他们看来，原始社会的法律与文明社会的法律相比，在本质上并无不同，它们都是以现实强制力为后盾的社会控制体系，都是为了维持人类社会的生存秩序而产生和存在的。

霍贝尔说："我们视为法的这种事物，当在前文字社会的民族文化中被发现时，我们称之为原始法；当它在一跨入文明门槛的古代社会的文化中被发现

---

❶ ［英］埃德蒙·利奇：《缅甸高地诸政治体系——对克钦社会结构的一项研究》，杨春宇等译，北京：商务印书馆，2010年，第233页。

时，我们称之为古代法。"❶ 他以爱斯基摩人为例，"违犯禁忌的行为是一种受超自然制裁的罪孽；多次故意地违犯就成了一种应由法律给予惩罚的犯罪，其刑罚就是被放逐到极地去。"❷ 在某些情况下，杀人是允许的，"一位一次杀死数人的杀人凶手会因此提高而不是损害他在该地区的声望。但杀人惯犯却与此相反，他是在任何情况下都有可能杀害他人的社会安全的威胁者。作为一个社会普遍安全的威胁者，他成了公众的敌人；而作为公众的敌人，他就成了公诉的对象，这种公诉就是法律的强制执行，即行刑人享有处死该杀人惯犯的特许权。一次杀人的行为是一种私法上的过错，由被害人亲属予以补救；多次犯有杀人行为的人，则被视为危害公共利益的罪犯，由该社区的代理人将其处死"❸。

（二）非法学家派用当地人观点来理解法律现象

与法学家派相反，以马林诺夫斯基为代表的非法学家派认为法律本身的概念和含义都过于含糊甚至混乱，"法律不曾只是个风俗的反映，相反的，法律常常跨出社会的范围之外"❹，法官、酋长的命令、村民的习惯以及巫术等都可以作为维持秩序的手段。他们要关注的是社会控制是如何通过社会制度之间的相互联系而得以维持的，原始部落秩序维持与冲突调解的机制是什么，有哪些有效规范维持秩序和解决冲突。至于这些规范是法律、宗教或者习惯本身并不重要。"当然，这种社会有自己的习俗，而且毋庸置疑其成员均感受到了它们的拘束力，但是，如果我们所称的法律是指独立于亲属和友情的人际纽带的权威强制实际的规则的总体，这样一种制度就无法与他们的社会组织相容了。"❺

除了马林诺夫斯基外，非法学家派的代表人物还有博安南（Paul Bohannan）、

---

❶ [美] E. A. 霍贝尔：《初民的法律》，周勇译，北京：中国社会科学出版社，1993 年，第 5 页。
❷ [美] E. A. 霍贝尔：《初民的法律》，周勇译，北京：中国社会科学出版社，1993 年，第 79 页。
❸ [美] E. A. 霍贝尔：《初民的法律》，周勇译，北京：中国社会科学出版社，1993 年，第 95～96 页。
❹ 转引自马林诺夫斯基：《原始社会的犯罪与习俗》，原江译，昆明：云南人民出版社，2002 年，第 113 页。
❺ 转引自马林诺夫斯基：《原始社会的犯罪与习俗》，原江译，昆明：云南人民出版社，2002 年，第 5 页。

第六章
权威与秩序

罗伯茨（Roberts）和格利弗（Philip Gulliver）等人。1957年，博安南出版的《提伍人的正义与审判》就是一本有关尼日利亚的民族志。他引用提伍人（Tiv）的语言和表达来研究当地人的法律观念，而不是像"法学派人类学家那样直接引用西方的法律观念"[1]。比如在提伍人社会中有一个叫"塔"（Tar）的字，在当地人的眼中意味着是与亲属们在一起居住的土地，是神圣不可侵犯的；而破坏了"塔"就意味着因为纠纷争执而破坏了土地的和谐，要由部族中的年长者来倾听争执发生的始末，然后通过仲裁来宣告纠纷的解决。也就说是，"塔"的意义只有放在提伍人的日常生活和文化脉络中才能够得到正确的理解。

自从格利弗的《一个非洲社会中的社会控制》（1963）出版以来，对实际的审判和政治事件发生过程的描述成为非法学派关注的热点问题，他们强调权力是所有纠纷过程的形式，包括判决的中心、规范在争论中的作用、语言在条件转变中的作用等，也正是这样的过程才使得有权威效力的决策得以产生。非法学派人类学家对于法律的构成内容采取了比较宽泛的视角，并从当地人的文化语境去了解他们的法律行为，也就是"不是再去问社会是如何平静地解决纠纷的，大多数的时候是要问，在特定的时间和地点，个体和群体是如何利用法律资源来达到他们的目的的。"[2]

第二节　非集权制社会中的政治权威

人类学的政治领域研究继续得到深化，塞维斯（Elman Service）在《原始社会组织：一种进化论的透视法》（1962）和《国家与文明起源：文化进化的过程》（1975）中将人类社会中的政治制度分为四种类型，如非集权制中的队群（Band）、部落（Tribe）和酋邦（Chiefdom），以及集权制中的国家（State）。也就是说，为了解决社会内部以及社会之间的失序问题，任何社会

---

[1] Paul Bohannan. Justice and Judgment Among the Tiv. Oxford University Press. 1957. p. 4.
[2] June Starr & Jane F. Collier. History and Power in the Study of Law. Ithaca and London: Cornell University Press. 1989. p. 2.

都需要对内维持秩序、对外管理与其他社会相关事务的权力工具,而权威就是具体的人格化代表。

一、队群中非正式的头人

在狩猎采集社会的队群中,虽然社会规模小,也不乏公共事务,如营地何时搬迁,如何组织狩猎,以及各种纠纷需要调解,有时需经全体成员一致同意来决定,而有时则由非正式和非制度化的头人——他要么是优秀的猎人,要么是在礼仪上最有经验的老人——来作出决定。有时候特殊的环境也会造就这种非正式的领导人。"阿罗的大部分力量不仅得之于其个性力量,其根据长子继承权所继承的巫术,而且还得之于他的母亲和外祖母都多子多女。他是这个最老家族的长子,他的同胞兄弟姐妹占了这个村子的大多数,强烈的个性与那种因能掌握巫术而在一家人中受人敬畏的巫术继承权的结合,强烈的个性与众多子孙后代的结合,都毫无掩饰地显露出了多布的合法性所依的这种罕见的环境。"❶

在队群中,"这种首领只是平等的众人中间的领头人,他之所以有个人权威是因为他有能力"❷,只要群体成员相信他领导得不错而且决策正确,他的个人权威就会一直延续下去。换句话说,权威产生于受人钦慕的影响力和他服众的能力。首领之所以为他人所追随,并不是因为他有强制力,而是因为他在过去表现出良好的观察判断力、技术和成就;当他不能很好地领导人们,不能作出正确决定时,成员们则会追随他人。

爱斯基摩人的头人也不是靠出身而被任命的,靠的是他个人的才能。他一般是一个老人,是个好猎人或好猎人的父亲;一个富人,通常拥有船只;或是一个巫师,他的权力不太大:他的作用就是接待外人、分配食物与份额。人们也请求他调解各种内部的纷争,但是,"他对其同伴的权力是相当有限的"❸。

---

❶ [美] 露丝·本尼迪克特:《文化模式》,王炜等译,北京:三联书店,1988年,第161~162页。
❷ Lorna Marshall. The Kung Bushmen Bands. in Ronold Cohen, John Middleton, eds. Comparative Political Systems. Gardon City and New York: Natural History Press. 1967. p. 41.
❸ [法] 马塞尔·毛斯:《社会学与人类学》,佘碧平译,上海:上海译文出版社,2003年,第378页。

也就是说，头人对纠纷解决和公共事务处理所提供的仅仅是参考意见和忠告，没有实权强制人们遵守社会习俗或规则。如果个别成员不遵从习俗或规则，他将会成为冷嘲热讽蔑视和闲言碎语的对象，遭到孤立甚至于被驱逐。

二、部落中的首领

部落是由若干独立的队群或其他社会单位组成的，由一群长者或男女头人管理其成员内内部的各种事物，并在与其他族群打交道时充当本群体的代表。就像在队群中一样，部落的首领也是非正式的，他并没有维护社会秩序的强制手段。引导其成员遵守群体规范的机制包括退出合作、闲言碎语、批评及认为反社会的行动会导致疾病的信念，等等。

在努尔人社会中，豹皮首领无疑是有权威的，村民间发生纠纷往往是杀人等重大纠纷时，立即会求助于豹皮首领，杀人者会待在豹皮首领的家中，因为人们都把这里视为避难所。随后，首领就试图对双方当事人进行调解。当然，豹皮首领并非正式的裁判者，并没有责任对凶杀的案件进行是非曲直的判断，也无法强迫人们接受调解结果，更不能擅自裁决和执行。对努尔人来说，永远不会发生任何需要裁决的情况。因此，豹皮首领无法迫使人们偿付或接受恤牛。他只不过是特定社会情境中的一个调停人，而且只有在双方都承认有社区上的联系，并且他们都希望避免激化到更深层次的敌对，至少在当时如此时，"他的调解才能成功"❶。

在有的部落社会中，头人的产生也与他们的财富积累有关。在新几内亚岛的卡保库人（Kapauku）当中，头人被称为"托诺维"❷，即富有的人。要获得这一地位，一个人必须是具有慷慨和雄辩的个人禀赋的男性，而且还要有勇气以及在处理超自然事务上也具有娴熟的本领。"托诺维"通过提供贷款而获得政治权力，其他村民之所以听从他的要求，是因为他们欠他的债，并且也不想还债。在"托诺维"的支持者中，还包括他带进家来培训的学徒，为他们提

---

❶ ［英］埃文思-普里查德：《努尔人——对尼罗河畔一个人群的生活方式与政治制度的描述》，褚建芳等译，北京：华夏出版社，2002 年，第 200 ~ 201 页。
❷ ［美］威廉·A. 哈维兰：《文化人类学》第十版，瞿铁鹏等译，上海：上海社会科学院出版社，2006 年，第 354 ~ 355 页。

供食宿，给他们学习商业才智的机会，并且在他们离开时给他们一笔贷款娶妻，而作为回报，他们将做他的信使和保镖。

"托诺维"的多种职能不只局限于政治和法律领域。他在经济和社会事务中也同样具有影响力：如决定举行猪宴和猪市的恰当日期，游说特定的个人做宴会的协同赞助者，赞助去其他村庄的集体舞蹈之旅，以及发起一些大型工程。诸如扩大排灌沟渠，建设主要的栅栏或桥梁，完成这些工程通常需要整个社区的集体努力和合作。

巴坦人（Pathans）的首领要在他的男子之家款待他的追随者，后者在食物方面依赖于他，如果不是他提供很多免费的饭菜，很多常到男子之家的人就不会来了，"如果人们不再来我的男子之家了，我的土地会丢失得更快，只有不断表现自己的实力才能把这些贪心的人留在港湾里。"❶ 因此，他得给自己树立一个慷慨的名声，表现出他有能力管理好自己的财产并从中赚钱，是一个能干的领导，这样追随的人才会来到他的男子之家里，他的政治势力才能得到扩大，包括更多的土地、财富、追随者和更大的影响力。

三、酋邦中的酋长

在酋邦中的酋长则完全是另一番情形了，他管理着人们的经济、军事甚至宗教事务。与队群和世系群的头人不同，酋长一般是一个实权人物，他的权力表现在一切事务中，在任何时候都足以把他的共同体团结在一起。也就是说，酋长的权力来自于继承、血缘或正式的制度，职务往往是世袭的，具有更高的地位和特权。特别是，酋邦中的人们必须服从酋长对于纠纷的裁决，不遵守者将要被迫承担由此带来的种种不利后果（包括人为的惩罚）。

在队群和部落之中大多以互惠和再分配来作为产品分配和使用的手段。随着经济的发展，生产力提高使得劳动成果增加，出现了剩余产品。因此，酋邦制中这些剩余产品就由酋长来分配，有时酋长控制共同体中的劳动力。因而，酋长会向民众征收一定限额的农产品，进行再分配；同样地，他也可以

---

❶ [美] 弗雷德里克·巴特：《斯瓦特巴坦人的政治过程——一个社会人类学研究的范例》，黄建生译，上海：上海人民出版社，2005年，第116~117页。

第六章
权威与秩序

征募劳役来建设灌溉工程、宫殿和庙宇，有时这些投入会带来更巨大的经济收益。正因为酋长掌握着极为重要的社会资源，一方面他可能会利用这种再分配为自己谋取利益，巩固自己的特权地位；另一方面这种分配权导致酋长可以决定更多的公共性事务，而不仅仅只限于经济领域内，从而扩大其影响力。

在多瓦悠（Dowayo）社会中，酋长并非精确称谓。多瓦悠社会并没有一般定义中那种握有权力和威权的酋长，是法国殖民政府创造了所谓的酋长，即充当基层的领导人统治辖区内的子民并为政府收取税款。在多瓦悠社会里，酋长被称为瓦力（Waari），他只是一个有钱人，拥有许多牛，因此他有能力主办各种宗教祭仪（这是宗教生活的重心），"穷人借着与酋长攀亲带故，可以完成自己无力举行的祭典，因此酋长是非常重要的人"❶。

在西非利比里亚的克佩勒人（Kpelle）中可以找到这种形式的政治组织，如有一个由最高酋长组成的阶级，其中每个酋长统治一个克佩勒酋邦。最高酋长的传统任务是：审理争端、维持秩序、负责道路维护以及保存药物。此外，他们还是利比里亚政府中拿薪水的官员，负责协调政府与人民之间的关系。一个最高酋长得到的其他报酬包括：从他自己酋邦的税收中抽取一笔佣金，为橡胶种植园提供劳动力而获取的一笔佣金，收取的司法费用的一部分，以及从每户收取定额稻米以及收取求他办事和说情人的礼物。最高酋长为了终生维持其尊贵地位而有一批穿制服的信使、文职人员，以及一些财富的象征："多个妻子，镶花边的长袍，不从事体力劳动"❷。

在克钦社会中，传统的山官在法律事务、军事事务、经济事务、日常行政决策、宗教事务当中都要扮演一个角色，但是通常作用都不大。一个村寨或者一片领地中的裁判团是由一些仲裁者组成的，这样的裁判团几乎没什么权力来强调执行它的决定，而一旦作出一项裁决，从对手那里尽力索取到议定物是胜诉方的事情。山官能成为其中的成员是因为他是作为自己世系群的首领的资

---

❶ [英]奈杰尔·巴利：《天真的人类学家：小泥屋笔记》，何颖怡译，上海：上海人民出版社，2003年，第45页。
❷ [美]威廉·A.哈维兰：《文化人类学》第十版，瞿铁鹏等译，上海：上海社会科学院出版社，2006年，第358页。

格。因此，利奇指出："山官的角色与其说是政治性的不如说是仪式性的"❶。英国人治下把克钦山官作为收税官，负责社区的法律和秩序，以及裁判地方法律事务和习俗等，殊不知这些职能对于一个传统山官来说是相当陌生的，而且被殖民政府当作山官的那个人"根本得不到社区内任何人群的承认"❷。

摩尔（Sally Moore）列举了长期生活在乞力马扎罗山脚下的查加人（Chagga）的个案，即酋长特权如何在民主国家中得以继续延续。在1946年坦桑尼亚独立后，政府实行了一系列措施，旨在削弱不平等的酋长制，特别是1963年以后推行废除酋长制的立法，就是为了有效地将一切正式的地方官僚权力赋予从平民中选拔出来精英，并根据其加入执政党的年限长短和资格高低来任命官职。那么，政府确立的新募官员的标准，重组和重新分配某些官职的做法是否达到了预期的目标了呢？事实证明，这样的做法并不能够完全消减酋长及其家庭所享有的优越地位。因为他们比其它部落成员要富足得多，有能力支付其子女的教育费用，而且他们的近亲密友也会从中受益。最后，废黜的的确是酋长本身，但是他们受过教育的亲戚、故旧和子女在非洲的行政管理中是极为稀缺和急需的，因此，他们与新贵一道仍然占据着数量众多的实权职位，对于这些人来说，他们的上位"既符合传统的遴选标准，也满足新的招收标准"❸。

第三节　非集权制社会中的社会秩序

在非集权制社会的队群、部落、酋邦，以及殖民地的国家里，社会秩序是如何维持的？民族志展示了巫术和国家剧场等形式，说明了非西方社会中的社会秩序和社会秩序建构的特点。

---

❶ ［英］埃德蒙·利奇：《缅甸高地诸政治体系——对克钦社会结构的一项研究》，杨春宇等译，北京：商务印书馆，2010年，第195~197页。
❷ ［英］埃德蒙·利奇：《缅甸高地诸政治体系——对克钦社会结构的一项研究》，杨春宇等译，北京：商务印书馆，2010年，第176页。
❸ S·F·Moore. Law and Process. Routledge & Kegan Paul. 1978. p.75.

第六章
权威与秩序

一、简单社会中的社会控制

"原始人远非卢梭想象中的那样，是自由自在而无拘无束的生灵。相反，他的一切都处于其所在群体的习俗的禁锢之中，这不仅反映在社会关系上，也包括在其宗教、巫术、劳作、工艺行为中，总之，他生活的方方面面都被束缚在历史悠久的古老传统的锁链上。"[1] 但是人类学的田野调查发现土著居民并非那么自觉——对习俗始终严格遵守，成为"习惯的奴隶"，更不会出于自觉而遵守。人们违反习惯、社会规范的行为小到诽谤和侮辱，大到偷妻、通奸、乱伦、杀人等，都屡见不鲜。

在特罗布里恩德群岛上，村民和渔民之间长期形成了一种用自己的蔬菜和鱼与对方交换的习俗，双方在礼尚往来时慷慨大方，从不斤斤计较。但是，在交换活动中始终充满着障碍，存在着抱怨和互相责备，极少有人对他的伙伴完全满意。虽然互惠是基于双方生存的必需的习俗，但是土著居民很大程度上还是为了将来更大的回报，以及炫耀的欲望、显示慷慨大度的抱负，对财富和食物积累的极度尊重等。只要不损害声誉，不会损失预期的话，无论何时，人们都设法逃避责任。

尤罗克人（Yurok）以采集和狩猎为生[2]，他们居住在加利福尼亚北部的一些小村落里，他们没有政治组织，没有处理冒犯社会行为的正规程序，个人之间的伤害和侵犯是通过由习俗规定的赔偿来了断；对于权利和财产的任何侵犯都必须加以赔偿，如果杀了人，就必须向死者近亲支付赔偿金或偿命金，一旦接受了赔偿，受损者就不应该再有怨恨。

当然，在不同的社会中各种社会控制发挥的效力不同，有的社会充分调动舆论力量以保证人们遵守规则，有的社会依赖赔偿和惩罚规则，但是如果以上做法都不起作用时，那么，对于这些违规行为就得采取更强硬的制约手段，否则社区秩序将难以维系。

---

[1] 转引自马林诺夫斯基：《原始社会的犯罪与习俗》，原江译，昆明：云南人民出版社，2002年，第4页。
[2] ［英］拉德克利夫-布朗：《原始社会的结构与功能》，潘蛟等译，北京：中央民族大学出版社，1999年，第241页。

二、以巫术作为社会控制手段

在非集权制的社会里，巫术是一种有效的社会控制手段。在有些社会中，超自然力性质的制裁对约束人们的行为更为有用。因为"宗教与政治是不可分离的，要想将它们分开是徒劳无益的"❶。换言之，在世俗的道德、政治和法律等无法触及的地带，宗教中的信仰和巫术扮演着社会控制的重要手段，因此"要在准法律的巫术和准犯罪的巫术之间划一条界线是多么的困难"❷。

东非班图人（Bantu）以饲养牛羊和锄耕农业为生，他们没有酋长，所有成员被划分成界限分明的年龄等级，祭祀和裁决等职责是由老年人构成的等级来担任的。如果有人认为别人侵犯了他的权益，并发生了争执，那么，争执双方就会请来当地的或各自所居住地区的若干长老，组成一个仲裁委员会来审理此案，它根据当地有关正义的习俗和原则来裁决纠纷。这种正常的程序是以"老年们的仪式权威为基础的，他们可以诅咒那些拒绝服从判决的人，人们都害怕这种诅咒，认为它必然会招致上苍的惩罚。"❸

巫术指的是人们为了达到某种目的，幻想借助于超自然的力量对客体施加影响控制而产生的一系列行为，在一个人人相信巫术的社会中，巫术控制的功能是有效的。在非洲的卡古鲁人（Kaguru）中，巫术就是重要的社会控制力量，"他们相信大部分不幸事件，从死亡、疾病到作物歉收，丢失东西，打不到猎物等，都是由巫术造成的……对多数卡古鲁人来说，巫术的指控和威胁使得大家不循规蹈矩，这个结果是通过犯禁者怕被指控和怕被其他人的巫术所处罚来实现。"❹

人类学中对巫术研究最早的是弗雷泽的《金枝》，而莫斯与于贝尔（Henri

---

❶ 转引自［英］菲奥纳·鲍伊：《宗教人类学导论》，金泽等译，北京：中国人民大学出版社，2006 年，第 21 页。

❷ ［英］马林诺夫斯基：《原始社会的犯罪与习俗》，原江译，昆明：云南人民出版社，2002 年，第 61 页。

❸ ［英］拉德克利夫－布朗：《原始社会的结构与功能》，潘蛟等译，北京：中央民族大学出版社，1999 年，第 242～243 页。

❹ ［美］R. M. 基辛：《文化 社会 个人》，甘华鸣等译，沈阳：辽宁人民出版社，1988 年，第 379～380 页。

Hubert）合著的《一般巫术理论概要》（1902—1903）被誉为人类学史上的巫术类经典之作，莫斯和于贝尔关注的中心问题是巫术的神圣性与社会性，对巫师权力的获取、权力基础、权力传递以及权威与巫师神话的关系也有所涉及。莫斯和于贝尔认为，巫师权力的获取与其身体特征、职业和特殊身份有关。中魔者、有梦魇的女人、身体状况特别的人、特殊职业、特殊人群、社会中的权威人物因其身体特征、特殊职业被社会赋予他们一种凌驾于众人之上的巫术权威。他们通过法定习俗的权威，迫使人们去遵守各种巫术表现及其背后的逻辑。

马林诺夫斯基的《文化论》对巫术与权势、巫术神话与权威之间的关系作了理论论述。对个人而言，巫术可以促成人格的完整；对社会而言，巫术是一种组织的力量。巫师靠秘传的知识，控制着团体的社会生活，举凡耕种、海外经商远征、大规模的渔猎、疾病都能看到巫师在其中发挥作用。拉德克利夫－布朗认为制裁是社会或它的大部分成员对某种行为作出的反应。他把制裁分为泛化的和有组织的两类，再分为伦理的和道德的制裁，进而到报复的、赔偿的和惩罚的制裁，以及宗教的制裁。弗思在布朗分类的基础上，指出非西方社会里最重要的制裁方法有舆论、自食其果、迷信、巫术和武力。

埃文思－普里查德在非洲中部苏丹和扎伊尔的一个民族阿赞德人（Azande）中发现当地人相信巫术的存在，而且有些人被其他社会成员认为是巫术的施行者。当一个阿赞德人死去，通常被认为是巫术所致，死者的亲属有权使用一种复仇巫术为死者报仇，但是在他们使用复仇巫术之前，他们首先必须得到当地酋长的许可。每一次提出这样的请求，酋长的权威就得到了加强。如果村民们不再相信这种巫术，酋长的权威就会被削弱，因为村民们就不会再去酋长那里请求获得复仇的许可了。因此，巫术和魔法的存在有助于维持酋长的政治权威进而维持村子的政治组织。

不同部落之间的巫术斗争，往往是取代部落之间政治斗争的方式，这种巫术斗争缓和了部落之间的敌对。"男的得喝割礼刀浸过的啤酒，如果有罪，他的肚子就会胀起来，流血至死。女的得喝掺了旦戈有毒汁液的啤酒。如果她们不吐，就会死亡，证实有罪，如果她们呕吐，呕吐物白色代表无罪，红色则有

罪。判定有罪者会被铁匠吊死。"❶

关注通奸的民族志，是由马林诺夫斯基在揭示一个特罗布里恩德岛男人被巫术杀害的原因时无意提供的，即通过分析被挖掘出的尸体上的某些标志或症状来证实其致死的原因是通奸造成的。"在葬礼完成的 12 至 24 小时后，随着第一个日落，墓穴被打开了，尸体在清洗后，涂上油并被认真查验……尸体上存在着的某些无可争议的标志（kala wabu），都明确地表明了死者的习性、嗜好或特征，正是这些激起了某人的敌意，而指使巫师杀死了这个受害者。如果尸体上显示出抓痕，特别是在肩头上显示出与 Kimali（即在性嬉戏时留下的性爱抓痕印记）相似的抓痕，就意味着死者曾犯有通奸罪或在女人方面很成功，而使首领、权势人物或巫师恼羞成怒。常见的死因还有来自其他方面的症状：掘出的尸体被发现双腿是分开的，或嘴巴撅起，似乎要发出呼唤思念的人来秘密幽会的咂嘴声。再或者，尸体上被发现爬满了虱子，因为互相捉虱子是情人们最中意的相互拥有的方法。有时，某些症状在死前即已显现：一天一个垂死的人被见到来回地挥动手臂，作出召唤人的手势，并叫做瞧啊！之后在他被掘出的尸体的肩上就留有 Kimali 的标志。在另一个具体的案例中，人们听到垂死的人发出咂嘴声，随后发现他被掘出的尸体上爬满了虱子，此人因曾让 Numakala——Kiriwine 地区的前任最高首领之一——的妻子们当众为他捉虱子而臭名远扬，显然他受到了来自高层的惩罚。"❷

一位尼亚库萨人的丈夫说："如果我吃饭之后开始腹泻，他们就会说：是因为女人的缘故，他们一定通奸了！如果我的妻子断然否认，我们就去做占卜，（一定）找出一个人来；如果她同意，坏人就被锁定；如果她不承认，在过去我们就会动用毒药神判。女人自己喝下药我不用喝。如果她吐了，那就证明我错了，女人是好女人，但是如果她没吐，那她父亲得给我一头牛作为补偿。"❸

---

❶ 奈杰尔·巴利：《天真的人类学——小泥屋笔记》，何颖怡译，上海：上海人民出版社，2003 年，第 104 页。

❷ ［英］马林诺夫斯基：《原始社会的犯罪与习俗》，原江译，昆明：云南人民出版社，2002 年，第 57~58 页。

❸ ［英］玛丽·道格拉斯：《洁净与危险》，黄剑波等译，北京：民族出版社，2008 年，第 166 页。

三、通过表演来建构秩序

在格尔兹看来，非西方政治中长期存在一种不同于西方文化的，对于作为政治最高形式的国家的不同理解，从而发现它与表面上正在为非西方国家模仿的国家理念之间的差异。也就是说，与西方民族国家的集权主义统治形成反差的一个替代性模式，如印度尼西亚巴厘岛的"宗教仪式就是国家的目的，就是国家本身"❶。

格尔兹的《尼加拉：十九世纪巴厘剧场国家》（1980）所说的巴厘剧场国家指的是建立在非集权政治体制基础上的、以角色和社会裂变单位之间交往为核心内容的政治舞台。其中包括与国家有关的观念，如示范中心教条、地位下降和政治的表现。所有这些观念综合起来使巴厘人相信，国家治理不是一种行政管理手段，而是聚会和表演建构起来的戏剧艺术。巴厘国家无力促使专制权力走向全面集权化，相反，它走向了一种排场，走向了庆典，走向了主宰着巴厘文化迷狂精神的公共戏剧化：社会不平等与地位炫耀。君主们不遗余力地通过举行宏大的庆典戏剧场面来建立一个典范中心，一个真实的尼加拉。国王越是完美，中心就越是典范，中心越是典范，国家就越是真实。作为典范中心的尼加拉被想象为超自然秩序的微观宇宙，"国家"通过仪式在想象与真实之间进行展示和表演。

巴厘传统生活分为两极：作为典范国家政体的尼加拉和作为组织完备的村落政体的德萨。尼加拉的全部内容就是王室的仪式生活，它不仅是社会秩序的范例，也反映了超自然的秩序，被视为神圣空间的中心。尼加拉的存在就是一种仪式上的表演，在这样的表演中国家才得以存在和彰显，"权力服务于夸示，而非夸示服务于权力"❷。尼加拉布置着一个个表象，如宫殿设置、火葬仪式以及各种各样的国家庆典，这些庆典异常奢侈和豪华。庆典以国王为焦点，"人们所能想象之物和随想象而来的人们所能成为之物这两者之间的真正

---

❶ ［美］克利福德·格尔茨：《尼加拉：十九世纪巴黎剧场国家》，赵丙祥译，上海：上海人民出版社，1999年，第12页。

❷ ［美］克利福德·格尔兹：《尼加拉：十九世纪巴黎剧场国家》，赵丙祥译，上海：上海人民出版社，1999年，第12页。

联合就交叉到国王本人身上。作为典范中心的典范中心,偶像国王把他内向地刻画给自身之物又外向地刻画给他的臣民,即神性的平和范例。"❶

德萨是一个乡村公共生活的共同体,这个共同体有着自己的地方生活秩序,水利灌溉设施以及民间仪式组织。相应的就有三个独立的机构来执行这些任务:村庄、灌溉会社和庙会。在巴厘,国家和村庄是同步成长的,它们彼此形塑了对方。剧场国家的权力搬演和地方运作模式是一个微妙的、复杂的相互调适过程。"巴厘社会摇摆于文化理想范型和现实格局之间,文化理想范型被想象为呈现为由上而下逐级降落的趋势,而现实格局则被想象为呈现由下往上逐渐升级的趋势。"❷

19世纪的巴厘政治处于国家仪式的向心力和国家结构的离心力的双重压力之下。巴厘的殖民控制使受到限制的王权土崩瓦解,宫廷不得已转向象征的政治学,由此而表现出一种怀旧的情绪。对于巴厘人来说,这种没落是历史的偶然事件所致,而不是它非要这样发生不可。因而,人们的努力,尤其是他们的精神领导人和政治领导人的努力,既不应当被引向逆转它,也不应当被引向颂扬它,而是应当被引向消除它,立即尽最大的力量,生动地直接再现格勒格勒和马贾帕希特的人们在他们那个时代曾用来指导生活的文化范式。

---

❶ [美]克利福德·格尔兹:《尼加拉:十九世纪巴黎剧场国家》,赵丙祥译,上海:上海人民出版社,1999年,第158页。
❷ [美]克利福德·格尔兹:《尼加拉:十九世纪巴黎剧场国家》,赵丙祥译,上海:上海人民出版社,1999年,第154页。

第七章
信仰与仪式

作为社会事实的构成要素之一，信仰和仪式构成了宗教的基本特质。信仰不仅为生活于其中的人们提供了关于个人生存的意义系统和世界观基础，还为社会组织的形成和维系提供了超自然的解释和合法性来源，其中仪式的表演性既有教育和娱乐性，也有保存社区记忆的功能。

第一节 人类学中的宗教研究

人类学从诞生之日起就致力于对宗教现象的研究和解释，至今已有百余年历史了。史宗在《20世纪西方宗教人类学文选》一书的绪论部分对人类学的宗教研究进行了三个阶段的划分："宗教人类学的研究一开始关注宗教的起源，随后又致力于阐明宗教的社会学功能和心理学功能，最后转向探究宗教信仰和宗教思想的构造方式和表达方式。"具体说来，第一阶段的理论基础是进化论，第二阶段是结构—功能论，而第三阶段是象征—解释论，与人类学理论发展的走向是一致的。

一、宗教的进化论研究

自19世纪中期以来，以缪勒（Max Muller）、斯宾塞（Herbert Spencer）、

泰勒（Edward Taylor）、弗雷泽及马雷特（Robert Marrett）等为代表的学者都很关心各种形式的宗教在人类历史中的起源问题，认为宗教将会沿着从简单到复杂、从低级到高级的方向直线进化，并将西方的一神论宗教置于最高的发展阶段。

泰勒在《原始文化——关于神话、哲学、宗教、艺术和风俗的发展研究》（1871）一书中用"万物有灵论"（Animism）来解释宗教。他认为在史前文化中，动物、植物和无生物常常都有"灵魂"，随后这种信仰发展成了精神存在物的思想，众多神的力量被归于一个单独的神，这样多神论终于转变成了一神论，由此提出著名的"万物有灵论—多神教——神教"的三阶段说。

在《金枝》（1890）中，弗雷泽在探讨了原始民族的灵魂信仰、土地崇拜、树木崇拜、禁忌习俗、洁净仪式、人祭和巫术后，也对宗教起源进行了探讨。弗雷泽说："我所说的宗教指的是，相信自然与人类生命的过程乃为一超人的力量所指导与控制，并且这种超人的力量是可以被邀宠与抚慰的。这样说来，宗教包含了理论与实践两大部分，即对超人力量的信仰，以及讨其欢心、使其息怒的种种企图。"[1] 因此，巫术的出现早于宗教的产生，人类相信通过祈祷、献祭等温和谄媚手段来哄诱安抚顽固暴躁、变幻莫测的神灵，在此之前，曾试图凭借符咒魔法的力量来使自然界符合人的愿望；后来把超自然的能力归于精灵和神；最后认为主宰世界的既不是巫术，也不是神灵，而是自然规律。弗雷泽认为任何地方的人类智力迟早都要经历"巫术—宗教—科学"这三个发展阶段。

马雷特认为宗教的起源与"玛纳"（Mana）这种神秘的力量有关，并由此提出了在原始人的"万物有灵论"之前，有一个"前万物有灵论"阶段。在此阶段中人们虽然还不知道灵魂为何物，但却感知到世界上有一种普遍存在的神秘之力。马雷特认为原始人对这种神秘的"玛纳"十分敬畏，而令人敬畏的体验又会产生强烈的情绪反应和行为规则，并自发地表之于外，形成舞蹈，进而形成仪式等宗教行为。

总之，在人类学宗教研究的第一阶段，人类学家认为，宗教上的各种观

---

[1] ［英］J. 弗雷泽：《金枝》，徐育新等译，北京：中国民间文化出版社，1987年，第77页。

第七章
信仰与仪式

念,如神、灵魂、精灵、鬼、妖怪、巫婆以及他们所做的事,都是拟人化的,宗教将人们的各种希望、恐惧、紧张、不安、好恶、能力等都反映到超自然的现象中去。对于人类学家来说:"宗教是人类的一种普遍属性,因为它的历史—科学目的要求它在追寻起源的过程中自由行动,(要)一直追溯到有关人类历史的第一手证据没有了为止。"❶

二、宗教的结构—功能研究

人类学家在美洲、大洋洲和非洲等地的原始部落中进行田野调查,掌握了大量关于土著人群的宗教资料,他们的成果修正了进化论者给原始宗教贴上的"愚昧""疯狂""落后"等标签性认识,引导人们从宗教体系内部及其独特背景来理解原始宗教。拉德克利夫-布朗说:"原始社会的每一项习俗和信仰都在社群的社会生活中担负起决定性的部分,就如同身体中的每个器官都在身体的生活中担任某部分的工作。"❷

涂尔干的《宗教生活的基本形式》(1915)就依托澳大利亚土著部落的图腾崇拜资料,探讨了宗教产生于道德秩序这种社会需要之中。宗教是集体生活的隐蔽形式,社会的个体成员,通过仪式,产生强大的激情并且建立起认同感;仪式的重要性超过信仰,仪式是社会团结的真正资源,它们揭示了宗教的真正含义。

马林诺夫斯基在特罗布里恩德岛系列民族志中,多处提及土著居民种类繁多的巫术和仪式活动,认为它们都能帮助人们在面对生活的不确定性时减缓焦虑情绪。在《巫术、宗教与文化》和《文化论》两书中,马林诺夫斯基对土著居民的宗教作了如下总结:"只有在人类遇到不可逾越的鸿沟,在人们的知识与实际控制能力无可奈何,而人们又锲而不舍地仍要有所作为之际,巫术就出现了。"❸也就是说,宗教是为对付危险和不确定以及直接为生计服务的,其最基本的功能是为个人提供积极的人生态度以面对生活和死亡的考验。

---

❶ [英] R. 马雷特:《心理学与民俗学》,张颖凡等译,济南:山东人民出版社,1988年,第152页。

❷ A. R. Radcliffe-Brown. The Andaman Islanders. Glencoe: Free Press. 1964. p.299.

❸ [英] 马林诺夫斯基:《文化论》,费孝通译,北京:中国民间文艺出版社,1987年,第66页。

个人、社会与转变：社会文化人类学视野

拉德克利夫-布朗在《安达曼岛人》（1922）中，主要描述了孟加拉湾的安达曼岛人的宗教信仰和庆典仪式。他认为安达曼岛人的主要的超自然信仰是与天空、森林及海洋有关的死者的精灵和自然精灵（它们被认为是自然现象的人格化）。他还将安达曼岛人的宇宙观划分为三个部分——海洋/水、森林/陆地和天空/树木，他们的精神代理人、饮食限制、仪式庆典、生存活动、动植物区分，全都对应于这三个范畴。拉德克利夫-布朗通过安达曼岛的田野材料，旨在说明信仰、仪式、巫术如何维持一个社会的安稳与正常运行。也就是说，拉德克利夫-布朗认为，宗教不但包含了满足个体心理的功能，而且上升为维护集体利益的需要，是社会制度的一部分。

埃文思-普里查德说："作为人类学家……他唯一关注的是诸信仰彼此之间的关系和信仰与其他事实之间的关系"❶。他在《阿赞德人的妖术、神谕和巫术》（1937）一书中，考察了苏丹南部阿赞德人（Azande）关于巫术、神谕和魔法的信仰体系，并把三者置于整个社会生活场景中加以理解，例如"死亡令人想起巫术的概念，请教神谕可以决定复仇的进展，实施魔法可以达到复仇的目的，神谕决定魔法什么时候完成复仇，而魔法任务一结束，魔药就要被销毁"❷。这些规则很有默契地配合在一起，维系着一个社会的稳定。

三、宗教的象征/阐释研究

20世纪60年代以后，人类学的宗教研究转入了意义阐释阶段。虽然这一阶段的人类学家也肯定宗教在人类社会中的功能意义，但并不执着于只对宗教进行功能性解释，而是把宗教中的形体动作、场所、偶像、法器等视为一个庞大的象征系统进行分析，从而探究宗教信仰和宗教思想的构造方式和表达方式。

在《爪哇宗教》（1960）一书中，格尔兹全面生动地描述了爪哇的信仰、象征、仪式和风俗，用大量的细节展现了爪哇社会中伊斯兰教、印度教和当地的泛灵论传统共生共存的现实。格尔兹最有代表性的宗教理论是收录在《文

---

❶ [英]埃文斯-普里查德：《原始宗教理论》，孙尚扬译，北京：商务印书馆，2001年，第20页。
❷ [英]埃文思-普里查德：《阿赞德人的巫术、神谕和魔法》，覃俐俐译，北京：商务印书馆，2006年，第555页。

化的解释》中的《作为文化体系的宗教》（1966）。在这篇文章中，格尔兹提出了"宗教是一种文化系统"的观点，并且从以下五个方面对宗教进行了界定："宗教是一种象征的体系；其目的是确立人类强有力的、普遍的、恒久的情绪与动机；其建立方式是系统阐述关于一般存在秩序的观念；给这些观念披上实在性的外衣；使得这些情绪和动机仿佛具有独特的真实性"[1]。格尔兹分别解释了这五点，他认为宗教使人感受事物，也使人想去做什么，而这种情绪和动机之所以有力量，是因为宗教提供了世界的终极意义——一个宏大有序的目的论。这也就意味着宗教标识出了一个有特殊地位的生活领域，而宗教区别于其他文化系统的地方就在于它的种种象征可以让人们与实实在在的东西，那些对人类而言是最重要的东西相联系。比如仪式不仅表述社会结构，更为关键的是它针对的是现实生活中所出现的意义问题，如邪恶、磨难和死亡等。

1909年，盖内普（Arnold Van Gennep）在《通过仪式》一书中提出许多人在其一生中都要经历一些重要的关口，而且常常与降生、成年、婚姻、死亡的人类文化相统一，并举行仪式，他洞察其中共性的"分离—过渡或通过—统合"的三段结构。这一思想启发了特纳关注仪式边缘或阈限的思路，他进一步发展出阈限、融合和反结构等重要概念。在《仪式过程》（1969）一书中，特纳关注恩丹布人（Ndembu）的"伊瑟玛"（生育仪式），解析仪式象征所包含的语义结构，并从观察和解释的数据中为这种语义结构进行建模。恩丹布人以母系一方来确定自己的血统归属，而女性婚后实行从夫居。女性及其孩子忠于自己的母系祖先，女性在夫方家庭度过自己的生育周期，为了把这两者的矛盾加以化解，就需要举行富有象征与内涵的仪式，"使对母系氏族的忠诚与婚姻合宜关系得到恢复，使妻子与丈夫的婚姻关系得到恢复"[2]。恩丹布女孩的成年礼仪中用的牛奶树（milk tree），与恩丹布女孩的胸部发育和日后的婴儿抚育的象征有关，但同时也与该社会中强调的母系继嗣规范有关联。

玛丽-道格拉斯在刚果来勒人（Lele）中从事田野调查后出版的《开塞地

---

[1] [美]克利福德·格尔兹：《文化的解释》，纳日碧力戈等译，上海：上海人民出版社，1999年，第105页。
[2] [美]维克多·特纳：《仪式过程：结构与反结构》，黄剑波等译，北京：中国人民大学出版社，2006年，第18页。

区的来勒人》（1963）一书，构成了她后来关于分类系统与畸形论述的民族志基础。在《洁净与危险：对污染与禁忌等观念的分析》（1966）一书中，她不仅从语义学的角度追溯了在不同文化脉络下，用来指称污染的词汇与意义，还引用丁卡人（Dinka）、恩丹布人等运用仪式创造和控制经验的例证，对污染与禁忌和仪式的关联进行了分析，如"丁卡人自己知道什么时候雨季将要到来……这一点对于正确理解丁卡人定期举行的典礼中的精髓是很重要的。在这些仪式中，人类的象征行为和着周围世界的节拍运动，用道德的术语重造这种节拍，而不是仅仅强迫周围的自然顺从人类的欲望。"❶

第二节 人类学的宗教研究主题

莱曼（Arthur Lehmann）和迈尔斯（James Myers）把宗教界定为："精神存在和超人存在之外，使之能够包括异常的、神秘的和不可解释的，这可以使人们对世界各民族的宗教行为有一种更全面的观点，也可以使人类学家考察无文字社会和有文字社会所具有的现象，诸如巫术、魔法、诅咒及其他实践。"❷ 也就是说，经过人类学宗教研究的百年发展，研究主题已经历了原始思维、结构、神话、巫术、魔法和仪式等变化。涂尔干在《宗教生活的基本形式》一书中认为，宗教可以分解为两个基本范畴，即信仰和仪式。信仰属于主张和见解，而仪式则属于信仰的物质形式和行为模式。以下将着重探讨作为观念形态的神话与行业模式的仪式两大主题。

一、作为观念形态的神话研究

神话是与语言、话语和文字分不开的，它最主要的特征就在于它的神圣性，它不是在讨论什么，而是以一种不容置疑的权威，直截了当地叙述。"神秘的话语最终以相当天真的方式宣扬的东西，创立的仪式以更潜在的，但无疑

---

❶ ［英］玛丽·道格拉斯：《洁净与危险》，黄剑波等译，北京：民族出版社，2008年，第85页。
❷ 转引自［英］菲奥纳·鲍伊：《宗教人类学导论》，金泽等译，北京：中国人民大学出版社，2006年，第26页。

第七章 信仰与仪式

在象征意义上更有效的方式加以完善了。"❶ 因此，神话的目的在于表现信仰、加强信仰，并使信仰成为典章，以而保证仪式指导人类生活的实际效用。

在墨西哥南部查穆拉人的信仰中，把太阳称为"我们的父亲"。也就是说，从观念上说，太阳包含了直线的循环和世代的绝大多数时间单位，同时也决定着空间的界限。因此，人们就创造出关于太阳的神话，认为绝大多数的神灵和所有的人类，都和作为创造者的太阳有着血缘的或精神的联系。也就是说："白天和黑夜，一年一度的农业周期和宗教周期、季节的交替、日期的划分、大多数植物和动物、天上的星星，全都是这位创造者以其自身的生命力创造的。"❷

再比如印度教中的"瓦尔那"（Caste）（种姓）制度，最早就来自于神话的创造。《梨俱吠陀》（10：90：12）云："原人之口，生婆罗门；彼之双臂，长刹帝利；彼之双腿，产生吠舍；彼之双足，出首陀罗"。从原人之口中诞生的婆罗门成为世袭祭司，手中生出刹帝利，股中生出吠舍，足中生出首陀罗。晚出的婆罗门教典籍则说，种姓出自创造神大梵天，或说来自毗湿奴（通常是黑天化身）的身体各部分，偶尔也说出自湿婆。

这种来自神话的种姓起源说，从吠陀教—婆罗门教—印度教一直沿用这一说法，导致了印度社会的分裂，"凡此四姓，清浊殊流，婚娶通亲，飞伏异路，内外宗枝，姻媾不杂"❸。那么，根据古印度神话而来的种姓划分，与现实中的种姓制度关系如何呢？以杜蒙（Louis Dumont）为代表的学者们认为，"瓦尔那"是一个权力关系的架构，使婆罗门与刹帝利在不违背洁净与不洁的原则之下彼此合作，同时维系婆罗门的优越地位，"同一种姓之间的不同等级主要是建立在宗教起源的纯正与不纯正的对比之上的，这就决定了等级的各种对立关系。"❹ 也就是说，"瓦尔那"阶级事实上提供了蓝图，供各种姓想象理想的社会应该如何运作。

---

❶ ［法］皮埃尔·布迪厄：《男性统治》，刘晖译，深圳：海天出版社，2002年，第31页。
❷ ［德］G. H. 戈森：《查穆拉人宗教象征中的时空等价关系》，史宗主编：《20世纪西方宗教人类学文选》，金泽等译，上海：三联书店，1995年，第259~260页。
❸ （唐）玄奘撰：《大唐西域记》章巽校点，上海：上海人民出版社，1977年，页三八。
❹ 转引自［法］让·卡泽纳弗：《社会学十大概念》，杨捷译，上海：上海人民出版社，2003年，第152页。

147

"人不只有各种不同的概念，他还有价值观。接纳一项价值也就不免引进阶序，而社会生活免不了需要在价值上有一定的共识"❶，这种建立在洁净与不洁原则上的共识，也是阶序的存在基础。

神话本身除了可以进行功能主义的解析外，还可以在更大范围内进行神话本身的结构与意义的解析，就如同列维－斯特劳斯所做的那样。从一开始开展对印第安人原始文化的研究起，列维－施特劳斯便将其神话之创作、内容、形式、转化及运作之逻辑，看作是解开原始人从自然到文化过渡的奥秘的关键。因此，他在整个人类学研究过程中，始终都没有停止过对于神话的探讨。他花费十年左右所撰写的《神话学》四大卷中就搜集了美洲印第安各部落的 813 部神话。他试图通过神话展示的共同的故事情节，分析和理解人类解释世界的方式。对宗教和神话（主要是神话）的结构主义分析表明，神话虽然貌似随机的、混乱的，是任何事情都可以发生的，但从实际情况来看，全世界的神话都有惊人的相似，这是因为它们被相似的结构主宰着。而这种结构的背后反映了人类对于事物的分类系统，对于生命和自然的基本观念。也就是说，他试图建立普遍的文化"语法"。他认为文化与文化之间可能有相当大的差异，但在任何地方，引起这些不同的人类思维结构则是相同的。

二、行为模式的仪式研究

仪式研究从一开始就是与神话紧密联系的，仪式被认为是对神话的表演。博厄斯认为："仪式本身是神话原始刺激的产物"❷。就拿婆罗门教徒来说，除了一生中的关键时刻和各种重要活动要举行祭祀仪式外，"每天早晨，婆罗门都以单腿站立向太阳致敬。面向东方，他广张两臂，好像抱着什么东西，并重复下列的祝祷：'光线通过奇迹般升起的庄严火红的太阳，以便照明世界……它升起来了，诸神力量的中心点，它用自己那光辉灿烂的网布满上空、大地和远天，它是所有不动的和动的东西的灵魂'"❸。其实这一系列仪式就是为了证明婆罗门

---

❶ ［法］路易·杜蒙（Louis Domount）著：《阶序人：卡斯特体系及其衍生现象》，王志明译，台北：远流出版事业公司，1992 年，第 76 页。
❷ F. Boas. General Anthropology. Boston & New York. D. C Herth. 1938. p. 617.
❸ ［英］E. 泰勒：《原始文化》，连树声等译，上海：上海文艺出版社，1992 年，第 732 页。

具有垄断祭祀的特权，这又与原人神话中的婆罗门洁净说是相一致的。

涂尔干认为，仪式具有强化社会成员身份认同并感受到团体的集体意识。这一点也为马林诺斯基、拉德克利夫－布朗等继承。从逻辑上说，仪式行为是建立在一种信仰之上的，仪式对一个社会中的神话提供了戏剧性的表达方式；从内容和形式上来说，仪式往往展示了社会结构的正规化。

经过人类学象征阐释的研究，特别是经过盖内普、特纳、道格拉斯等人的研究，仪式研究的分类越来越细化，如贝尔（Catherine Bell）就提出了仪式的六种类型说❶，如过渡仪式（Rites of Passage）、历法仪式（Calendrical Rites）、交换和共享的仪式（Rites of Exchange and Communion）、磨难的仪式（Rites of Affliction）、宴会、禁食与节日的仪式（Feasting, Fasting and Festivals）和政治仪式（Political Rites）。

民族志中可以发现有关仪式研究的大量描述，下面涉及以上提到的仪式的三种类型。一是过渡仪式。在新南威尔士一些部落中举行的"布拉"（Bora，男孩的成年仪式）典礼❷，据说就是巴亚马在世界初始之日创立的。这一天，巴亚马杀死了自己的儿子达拉姆伦（Daramulun），并在第三天使其复生。在举行此典礼过程中，所有参加者都要死去，在第三天则又全部生还。在举行这个成年礼的神圣典礼场地，常能见到一尊巴亚马的泥塑像。在塑像旁，参与者要经历神圣的仪式，并聆听关于巴亚马的神话传说。

二是磨难仪式。在东非的丁卡人中，为了强化乱伦禁忌要举行相应的仪式。"在仪式上，一个男人与他父亲的年轻妻子睡在一块儿，这对罪人和他们的亲属被扔进一个水塘里，祈祷者被移交给他们，然后他们集体进入池塘，一只公羊也被带进来，它最后将会作为牺牲供奉。当所有的人都洗净了这对罪人之后，人们才走上岸来，这只公羊被带到不远处，纵向剖分成两半……这是一种抵销乱伦关系恶果的反操作：那对有罪的人的不正当性关系被割断了"。❸

三是政治仪式。仪式作为一种文化体系，不仅为个体生存提供意义支撑，

---

❶ ［英］菲奥纳·鲍伊：《宗教人类学导论》，金泽等译，北京：中国人民大学出版社，2006年，第179页。

❷ ［英］拉德克利夫－布朗：《原始社会的结构与功能》，潘蛟等译，北京：中央民族大学出版社，1999年，第192页。

❸ ［美］罗伯特·莱顿：《艺术人类学》，靳大成等译，北京：文化艺术艺术出版社，1992，第48页。

也为社会提供一种政治资源。特纳的民族志《一个非洲社会的分裂与延续》研究的就是生活在一个非集权制社会中的恩丹布人是如何维持政治稳定的。尽管存在形形色色的冲突与分裂，但是构成恩丹布人整个社会基础结构是完整的。举行仪式时，许多村落的人都来参加，超越了单个村落内部的界限，这样可以表达其社会价值观念，也就是社会内部的冲突是通过定期的仪式得到遏制的。也就是说，仪式作为一种调整手段，使社会内部的冲突和矛盾定期找到宣泄口，从而社会实现了平衡和稳定。

第三节 宗教研究的当代转向

20世纪80年代以来的全球性的现代化浪潮，使得人类学的宗教研究在对象、范围、方法上都发生了实质性的变化，使其研究领域出现不断扩张的发展趋势，这一点在对宗教变迁（复兴）和世界性宗教的研究方面表现得最为突出。

一、土著部落的"千禧年运动"

原始部落的宗教在与现代社会日益频繁的接触中发生了哪些变化？出现了什么样的走势？在恩伯夫妇合著的《文化的变异》一书中有一节"宗教变迁"❶，论述"西方社会影响的日益增大导致了世界很多地区的宗教变迁"，作者还称"我们对蒂科皮亚岛民改信基督教的过程进行考察"❷。其实当代人类学宗教研究关注的重点还包括宗教复兴、变迁动力以及新兴宗教现象等内容。

在宗教复兴运动中，千禧年运动是个重要概念。千禧年主义或者千福年主义（Millennialism 或 chiliasm）的概念来自于"千年"，即是指长度为一千年的时间循环。千禧年主义是某些基督教教派正式的或民间的信仰，这种信仰相信

---

❶ ［美］伊曼纽尔·沃勒斯坦：《现代世界体系》，尤来寅等译，北京：高等教育出版社，1998年，第12页。

❷ ［美］伊曼纽尔·沃勒斯坦：《现代世界体系》，尤来寅等译，北京：高等教育出版社，1998年，第12页。

第七章
信仰与仪式

将来会有一个黄金时代：全球和平来临，地球将变为天堂，人类将繁荣，大一统的时代来临以及"基督统治世界"。某些基督教徒认为在基督再次降临之前或者紧随其后，将要出现 1000 年的圣徒统治时期。这种信念通常以《启示录》第 20 章 1~7 节为依据，从基督教初期就有许多信徒宣讲它。

在 19 世纪的启示论，特别是 20 世纪后半叶的千禧年运动中，千禧年主义一词也为社会科学家所采用，如霍布斯鲍姆（Eric Hobsbawm）的《早期的造反者》对老式千禧年运动与现代革命运动的性质进行了比较，在伯瑞克（Caynham Bricky）的《新天堂、新世界：新千禧年运动的研究》（1969）中，这种本为欧洲基督教内部的千禧年运动，至此含义也有所延伸，成为期待世界及早突然发生变化的任何宗教群体。这类派别往往兴起于重大社会变动或社会危机之时，其目标往往是推进某种受取缔的社会群体，如美拉尼西亚群岛的货物崇拜等。

按照沃勒斯坦的"世界体系"理论，这种全球互为影响、相互依赖的世界图景，并非 20 世纪的产物，早在 16 世纪初，它就初露端倪，并逐渐发展成为一个现代世界体系❶。如从 19 世纪开始的美国印第安人的"鬼舞运动"（弥赛亚狂热）开始，这种因文化接触带来的变迁就已经出现。而从 1935 年开始，南太平洋群岛土著人中兴起了千禧年运动和船货运动（流行于新几亚内和美拉尼西亚，相信千禧年将因死者之灵携带大量的船载货物开始，货物将分配给参加此运动的所有人及附和者）。华莱士（Anthony Wallace）的《复兴运动》（1956）研究的就是此类宗教变迁，他将本土主义运动、船货运动、千禧年运动等形式都概括为宗教复兴运动，并找出这类运动的共同特征。他认为，大部分宗教现象的历史起源都隐含于这些运动之中，"宗教复兴是社会成员通过深思熟虑的、有意识的、有组织的，旨在创造一个更为满意的文化的努力"❷。比如印第安人的仙人掌教，这是一种混合了不同信仰成分的宗教信仰，它既有古代印第安人的信仰，也有现代基督教的成分，实际是一个教会印第安人和解

---

❶ ［美］伊曼纽尔·沃勒斯坦：《现代世界体系》，尤来寅等译，北京：高等教育出版社，1998年，第 12 页。
❷ ［美］安东尼·华莱士：《复兴运动》，史宗主编：《20 世纪西方宗教人类学文选》，金泽等译，上海：三联书店，1995 年，第 930 页。

个人、社会与转变：社会文化人类学视野

的计划，使印第安人在促使自己适应占主要地位的白人文化时，尊重自己原来的文化。印第安人对于野牛重新回来和防弹服已不感兴趣，他们追求自知、个人的道德力量和身体健康。

1987年，乔健访问了湖南西部江永县瑶族人传说中的发源地"千家峒"，在研究中国瑶族寻找返回千家峒祖居地的运动以后，提出了这一运动属于世界的宗教复振运动的范例，并写下了《漂泊中的永恒》（1999）一书。宫哲兵❶研究中国瑶族寻找、返回千家峒祖居地的运动，认为也属于世界性的宗教复兴运动。

二、世界性宗教研究

特别是最近二十年，人类学的宗教研究开始由"单纯的原始宗教研究转向文明宗教以及世界性宗教的研究"❷，跨地域宗教或世界性宗教的人类学作品大量出现，如对美国宗教、欧洲基督教、新教运动、拉美灵恩运动、南非福音派、韩国基督教、伊斯兰教、穆斯林政治、斯里兰卡佛教、基督教和伊斯兰教的比较研究，等等。

宗教世界在不断被世俗化的同时，又不断产生出新的宗教，随着新兴宗教的蓬勃发展，学者们越来越多地关注世界性宗教的动态发展和变迁。如斯塔克（Rodney Stark）、班布里奇（Sinns Bainbridge）、贝格尔（Peter Berger）、威尔逊（Bryon Wilson）等人对于新兴宗教及宗教的世俗化等问题进行了深入的研究。此外，华莱士的《塞尼加族的死亡和再生》（1970）、莱昂（Mark Leon）等人的《当代美国宗教运动》（1974）和戴纳（Francine Dana）的《克里希那的美国儿女：国际克里希那运动的研究》（1976），也对世界范围内的新兴宗教运动进行了相关的探讨❸。

从20世纪60年代开始，格尔兹以摩洛哥和印度尼西亚所观察到的伊斯兰教为例，考察了这一世界宗教如何在不同的背景中用不同的方式产生不同的影响以及如何自我实现，1968年出版的《观察中的伊斯兰教》一书，揭示了不

---

❶ 宫哲兵：《千家峒运动与瑶族发祥地》，武汉：武汉大学出版社，2001年。
❷ 黄剑波：《宗教人类学的发展历程及学科转向》，《广西民族研究》2005年第2期。
❸ 宫哲兵：《宗教人类学的现代转变》，《中国宗教》，2009年第3期。

管是在摩洛哥和印度尼西亚范围之内还是之外，不管是伊斯兰范围之内还是之外的其他"世界宗教"，都从它们形成的地域、民族和社会构成中剥离出来，开始变成一个全新的东西并且具有不断扩展的趋势。

现在的世界性宗教活动规模更大且更多样，特别是伴随着临时的、半永久的和永久的移民和各种日常的信徒，在全球形成具有宗教标记的海外散居社区早已不是什么新鲜现象——纽约的犹太人、西非的马龙派基督徒、东南亚的哈德拉毛人、好望角的印度古吉拉特邦人，因此，"从宗教性（Religiousness）到不同种类和不同程度的宗教意识（Religious Mindedness）的转变"❶将会是这一领域以后的研究重点。

---

❶ Clifford Geertz. Religion as a Cultural System. In Anthropological Approaches to the Study of Religion, edited by M. Banton. New York: Praeger. 1966. pp. 1~46

第三部分
转　　变

　　整个 20 世纪的社会变迁程度超过了以往的总和，人类学的研究对象和研究内容也发生了巨大改变，成为推动学科发展新的挑战与契机。特别是对复杂社会中的农民研究，有助于理解现当代社会中的人口流动与社会适应等命题，从发展与参与关注非西方社会的发展问题，都已成为人类学新的关注与探讨焦点与关注重心。

第八章

复杂社会[*]

20世纪中期以前,大多数人类学家青睐的是爱斯基摩人的婚姻与家庭,非洲的继嗣群组织与政治制度,美拉尼西亚青少年的青春期和库拉交易圈,印第安人的图腾、交换与亲属制度等。同期,也有一些人类学家在从事复杂社会的研究。"二战"以后,对复杂社会的研究开始成为人类学的新热点。这是因为绝大多数简单社会都卷入了国家政权、税收和市场经济的联系之中,再加上原有的复杂社会所处的地理范围较大,文化的同质性弱,表现出职业多元、社会分层与人口流动、内外关系联系增强等特点。当然对复杂社会中的以村落为研究单位的做法,也引发了人类学界内外的质疑,当代的村落研究已对此作出回应,呈现出多元化走向。

第一节 复杂社会研究

20世纪30年代,马林诺夫斯基倡导人类学应该关注人数众多、有较先进文化的民族,如1939年,马林诺夫斯基在为费孝通《江村经济》一书作序时,提出人类学"必须首先离开对所谓未开化状态的研究,而且应该进入对

---

[*] 这是与人类学主流简单社会研究相对的一个概念。与原始社会/文明社会相比,这一概念更加贴近现实情况。

世界上为数众多的、在经济和政治上占重要地位的民族的较先进文化的研究……对印度人、中国农民、西印度群岛黑人、脱离部落的哈勒姆非洲人（要）同样关注。"❶ 在 20 世纪 50 年代以后，随着区域研究的发展，对于诸如中国、墨西哥、印度、中东、波兰和俄罗斯等复杂社会的研究进一步得到重视。在对这些复杂社会的研究中，社会学、政治学、经济学和历史学等都尝试用不同方法来解释被研究对象的复杂性，从而创造不同的知识体系和阐释形式。

一、人类学中的复杂社会研究

其实人类学对复杂社会的兴趣并非只源于马林诺夫斯基的倡导，当大多数人类学家把注意力集中在简单社会上时，已经有一部分人类学家开始对非西方的复杂社会进行研究，主要是乡村社会研究与区域性的国民性格研究。

（一）乡村社会研究

1926 年雷德菲尔德（Robert Redfield）在墨西哥梯波兹特兰做田野，1930 年出版了《梯波兹特兰：一个墨西哥村庄》一书，认为该地区充满宗教精神与家族伦理，相互间具有良好的协调和合作关系。在 20 世纪 30 年代，雷德菲尔德一直在墨西哥南部的尤卡坦从事田野工作，代表作有《尤卡坦的民间文化》（1941）、《小社区》（1955）和《农民社会和文化》（1956）等。雷德菲尔德认为，人类学的基本方法是在研究社会分化较小的部落文化中发展起来的。在简单社会中发展出来的分析方法如被直接移植到复杂社会的研究中，必然出现一些问题。为了避免这些问题的出现，研究复杂社会的人类学者应该注意到复杂社会中农村与城市，"小传统"与"大传统"的区别和联系。为此，他选择四个规模不一的社区进行比较研究，提出文化可以划分为以城市为中心的上层"大传统"和散布在城市之外乡间的"小传统"，大小传统共同组成了文明的连续统一体，"小传统"具有向"大传统"变迁的趋势。

从 1928—1929 年，高尔（Charlotte Gower）在意大利西西里岛进行田野调查，1935 年完成了她的民族志作品《米洛科：一个西西里的乡村》。该书是对

---

❶ 费孝通：《江村经济——中国农民的生活·序》，南京：江苏人民出版社，1986 年。

意大利南部农业村落和农民生活方式的描述，直到1971年该书稿才得以正式出版。

1932年阿伦伯格（Conrad Arensberg）和肯波（Solon Kimball）选择爱尔兰西南部乡村做田野调查，1936年出版的《爱尔兰农民：一项人类学研究》一书，就是关于爱尔兰农民的生计、习俗、信仰和生活方式、文化与价值系统方面的民族志。

1935—1936年，艾布瑞（John Embree）在日本南部的Kumamoto地区的一个村落（Suye Mura）进行调查，1939年出版了以该村为名的民族志作品《Suye Mura：一个日本农村村庄》。

1936年7月，米勒（Horace Miner）也对加拿大一个法裔教区做过调查，并出版了他的民族志作品《圣丹尼：一个加拿大的法裔教区》（1939）。

人类学在简单社会研究中的关注点和提炼出的相关理论，一直是构建这门学科理论体系的基础，而那些关于中国、中东、埃及、印尼和日本等复杂社会的研究，也往往是对以上理论的移植和检验（有关中国的研究，将在第二节中提及），这恰好说明了人类学对简单社会的偏爱，并未爱屋及乌，以至于当有些人类学家声称自己研究的是西方社会中的某个村落时，往往被认为是不具理论价值的，也就是人类学理论被区域化了。

（二）国民性格研究

国民性格是群体人格的一部分，即把国民性格归属于各种各样不同国家的公民，这种研究试图发现各种现代国家绝大多数国民的基本人格特征，特别是这些研究还强调儿童养育习俗和教育从理论上说是造成这些特征的因素。

1927年，里弗斯（William Rivers）出版了第一部国民性著作《文化冲突和种族接触》，标志着国民性格研究的开始。这一研究在"二战"期间达到高潮，米德（Margaret Mead）、本尼迪克特（Ruth Benidict）和戈尔（Geoffrey Gorer）等都是其中的代表人物。当时，美国正与轴心国交战，迫切需要了解德国、日本等国的风俗习惯和行为方式，目的旨在分析敌国的军心士气，为战后官方制定占领区的治理政策提供建议和对策等。由于无法在轴心国进行田野工作，于是人类学家通过分析报刊、书籍、照片和访谈敌国侨民来进行相关的资料收集工作，特别是通过访谈者的儿时回忆和文化态度，并用图表对重复出

现的主题进行分类处理，试图具体描绘出国民性格特征。其中最著名的是本尼迪克特对罗马尼亚、荷兰、德国、泰国等国民性格的研究，而以其对日本的研究成果《菊与刀》（1946）一书的影响力最大。"二战"结束后，她还对包括法国、德国、波兰、俄罗斯、中国和东欧犹太小镇的当代文化研究进行了比较研究。

由于国民性格研究使用的信息样本数量小，用有限的资料概括一个复杂社会的各种品质，会导致与这一概括不吻合的无数个体信息的遗漏。如戈尔描述了日本人的如厕训练和大便控制对国民性格的重要性，指出"从不充分的证据概括出结论的危险性，以及运用简单的个人心理去说明复杂社会现象的危险性"[1]。再加上战时的敌意会削弱研究结论的说服力，如把德意志民族的性格刻画为具有侵犯性的偏执人格。

"二战"结束之后，国民性研究部分地整合进随后兴起的地区研究之中。如格尔兹对印度尼西亚巴厘岛和爪哇岛人农业文明的研究，著有《文化的解释》（1973）和《地方性知识》（1983）；杜蒙出版的《等级人》（1966）就是对印度种姓制度的研究；弗里德曼（Maurice Freedman）对中国东南地区宗族组织的研究，著有《中国东南的宗族组织》（1957）；施坚雅（William G. Skinner）对中国农村集镇的《中国农村的市场和社会结构》（1965）；布洛克（Maurice Bloch）研究了非洲马达加斯加岛马利纳的农业社会；而萨林斯的田野点除了斐济、巴布亚新几内亚外，还包括土耳其和夏威夷等地。

二、农民学中的农民研究

20世纪20年代，俄国恰亚诺夫（Chayanov）倡导认识农民和农民社会，并加以改造的主张，有《俄国农业经济学的最近动向》（1922）、《小农经济原理》（1923）、《农民经济组织》（1923）、《社会农学的基本思想与工作方法》（1924）、《非资本主义经济制度理论》（1924）、《家庭经济在国民经济整体结构中的意义问题》（1925）等研究成果。

随着20世纪60年代西方世界对恰亚诺夫的重新发现，农民学（Peasantology）

---

[1] ［美］威廉·A.哈维兰：《文化人类学》第十版，瞿铁鹏等译，上海：上海社会科学院出版社，2006年，第149页。

成为对非西方复杂社会研究的一大热点学科，各种有关农民社会的研究著述蔚为大观。著名的有沃尔夫（Eric Wolf）的《农民》（1966）和《20世纪的农民战争》（1969）；孟德拉斯的（Henri Mendras）的《农民的终结》（1967）；沙宁（Teodor Shanin）的《农民与农民社会》（1971）和《尴尬的阶级：发展中社会的农民政治社会学：苏联1910—1925》（1972）；米格代尔（Joel Migdal）的《农民、政治与革命——第三世界政治与社会变革的压力》（1974）；斯科特（James Scott）的《农民的道义经济学：东南亚的反叛与生存》（1976）和波普金（Samuel Popkin）的《理性的农民——越南农村社会的政治经济学》（1979）等[1]。农民学领域的研究，推动了对复杂社会特别是农民社会相关命题的深入探讨，主要包括以下两个方面。

（一）小农经济的道德属性与理性属性

在《农民经济组织》一书中，恰亚诺夫以革命前的俄国小农为研究对象，指出资本主义的计算利润方法不适用于小农的家庭农场，小农的产品是为了满足家庭自身的消费，在生产上只靠农家自己已有的劳力，而不是依赖雇佣劳动力。全年的劳作是在满足全体家庭成员的平衡需要的驱使下进行的，而不是为了在市场上追求最大的利润。因此，小农的经济活动和经济组织均以此作为基本前提。恰亚诺夫认为，家庭结构决定了家庭经济规模的大小，其上限是由家庭劳动力的最大可利用数量决定，下限则由维持家庭生存的最低物质水准决定，所以农民贫富分化不是由商品化引起，而是由家庭周期性变动的人口结构，即劳动者与消费者比率的变化决定的。在全球化和商品化时代，处于糊口水平的小农经济依然能够延续下来，"不死的小农经济"也是传统农业社会长期停滞的原因之一。由于恰亚诺夫把农民研究限定在"非资本主义的家庭农场"范围中，与人类学对复杂社会农民研究专题刚好合拍，因此，人类学家要关注农民社会就绕不开恰亚诺夫的理论，尽管不同地域的小农经济类型并不尽相同。

在20世纪70年代，围绕恰亚诺夫小农经济的命题，还形成了斯科特—波普

---

[1] Samuel Popkin. The Rational Peasant: The Political Economy of Rural Society in Vietnam. University of California Press. 1979.

金论题，即道义经济（The Moral Economy）和理性小农（The Rational Peasant）之争。斯科特在其《道义经济》❶ 中，不厌其烦地强调生存伦理的道德含义，强调剥削与反抗的问题不仅是一个卡路里和收入的问题，而是农民关于社会正义、权利与义务及互惠概念的问题。针对斯科特的"农民道义经济说"，波普金提出了农民作为"理性的问题解决者"的观点，即他们一方面是其自身的利益，另一方面是他需要与其他人讨价还价以达到相互可接受的结果。波普金希望读者既不是去怜悯农民，也不要企图重新找回假设的天真与简单，而是尊重农民在实践中解决资源分配、权威、冲突等复杂问题的智力，而这些问题是所有社会包括前资本主义农业社会都会出现的。

那么，小农经济是具有道义属性还是理性属性呢？主要是由以下两个方面的理解差异造成的。

第一，小农经营单位的性质。斯科特采纳了恰亚诺夫关于家庭农场与经营性农场相区别的观点，认为具有生存取向的农民家庭的特殊经济行为是基于这样一个事实：它既是一个消费单位又是一个生产单位，以可靠和稳定的方式来满足家庭生存的最低需求是农民作出选择的关键因素。而在波普金眼中，小农的农场完全可以用资本主义的公司来描述；而小农无论在市场活动还是在政治活动中，都是一个理性的投资者，他们追求的是利益的最大化。

第二，村庄与个人、家庭之间的张力问题。道义经济认为，乡村是具有高度集体认同感的内聚型的共同体，全体村民的安危高于个人利益，它要求的并非所有人完全平等，而是人人都有生存的权利。它可以通过再分配体制来达到群体生存的目的，而且在危机来临时，它亦可以通过互惠发挥非正式保障的作用。而在理性小农的逻辑中，村庄被视为是一个松散的开放体，各个农户之间相互竞争、各行其事来增加收入并获得最大收益。由于村庄中存在的不信任、忌妒、摩擦、竞争和冲突，使村庄不可能像道义经济学家们假设的那样运作良好。冲突与合作、权力斗争和普遍利益是村庄分配模式和集体行动中固有的特性。

---

❶ [美] 詹姆斯·斯科特：《农民的道义经济学：东南亚的反叛与生存》，程立显等译，南京：译林出版社，2001年。

（二）弱者的反抗

灾荒、饥荒、繁重的赋税和徭役往往是农民起义的导火线，而道义经济和理性经济对此也有自己不同的解读。

斯科特从 20 世纪 30 年代越南和缅甸的农民起义中，去理解和分析农民所感受到的剥削和剥削的程度。在斯科特的分析中，农民的反抗行动与他们关于剥削的定义和对社会公正的理解密切相关。根据生存伦理的标准，农民由忿恨而反抗不仅因为其生存需求未能满足，而且因为生存权利受到侵犯。对农民而言，最大的剥削是使其生存面临危机的索取。地主、放债者或国家对于农民的索取经常违背了从文化意义上确定的最低生存水准。斯科特注重探讨农民对这些索取的感觉，什么是可以忍受的和什么是不能忍受的，而且他将农民反抗的本质视为消费者而非生产者的反抗，即旨在恢复原有生存位置和公平理想的防御性反应，而非希望藉此提升自己在社会分层中的地位。

在《农民的道义经济学》《弱者的武器》（1985）和《统治与抵抗的技艺》（1990）等三部相关著作中，斯科特从考察马来西亚一个名叫沙地卡（Sedaka）村落里农民的反抗权力的方式扩展到所有的受压制群体，包括"一切不敢以自己的名义说话的人们，包括极权社会中的知识分子"[1]的研究。斯科特关注的是这些受压制群体的日常抵抗行为，如不合作、耍赖、阳奉阴违、小偷小摸、纵火、装疯卖傻、流言蜚语等等，这些既出现在农民喜怒笑骂的民间谚语之中，也包括在农民基于生存经验的公共道德中。斯科特把这些非暴力的抵抗称作"弱者的武器"，以此来分析其背后所隐含的反抗、阶级斗争和意识形态统治等一系列重大问题。当然，从某种程度上说，这些反抗只是一些雕虫小技，不足以使社会发生结构性的变迁，给弱势群体带来真正的权利，但是它们可以或多或少地改变受压制者的社会处境。

在波普金视角下，理性的农民会视参加造反等集体行动为一种投资行为，因为参加产生集体利益的共同行动，个体都会计算如果他们不做贡献的好处，只要他们相信不参与行动也能得到利益和保障，就会存在潜在的搭便车者。也就是说，农民参与造反的集体行动本身就是一种投资行为，因而农民需要计算

---

[1] James Scott. Domination and the Arts of Resistance . Yale University Press. 1990. p. 19.

反抗的可能代价与收益，理性的农民是否为一次集体行动贡献力量，取决于个体而不是群体的利益，集体行动的资源只有在解决了搭便车问题后才是最有效的。基于这种假设，波普金不同意斯科特关于农民反抗是基于恢复生存底线的斗争，是反抗过程中的道德家的说法。他认为，无地的贫穷农民事实上对变化是最有热情的，而这一群体可能成为政治上最活跃的阶级，在集体行动中的农民也可以被视为是政治企业家和理性的投资者。

第二节 中国农民社会研究

作为复杂社会的代表之一，包括传教士、旅行者和记者在内，特别是学术界对中国农民社会的研究从来就没有停止过。那么，人类学对中国农民社会研究分为几个阶段，主要关注一些什么问题呢？

一、中国农民社会研究的四个阶段

19世纪中晚期以来，随着西方列强打开中国大门，大批的西方传教士和旅行者进入中国，一些有关中国乡村和农民社会的见闻录和游记开始出现；近代以后西方和中国学者也开始了对中国农民社会的研究。总体说来，这一研究大致可以分为以下四个阶段。

（一）19世纪晚期以来的中国农民社会研究

西方社会对中国乡村和农民的兴趣，主要来自传教士和旅行者的观察和记述。1872年，美国传教士明恩博（Arthur Henderson Smith）来到中国，先后在天津、山东等地居住50年，撰写了《中国人的素质》（1894）、《中国乡村生活》（1899）等著作。明恩博认为乡村是中国的缩影，在《中国乡村生活》一书中，他对中国乡村、乡村结构、乡村名称、乡村道路、乡村渡口、乡村水井、乡村商店、乡村戏剧、乡村学堂和游方书生、中国科举制度及教育改革、乡村庙宇和宗教团体、宗教仪式的协作、市场及集会的协作、协作的贷款团体、看护农作物的团体、乡村和城市的求雨、乡村狩猎、乡村婚礼和葬礼、乡村新年、乡村地痞、乡村头面人物、乡村男孩和成年男子、乡村女孩和成年妇女、乡村生活的单调和缺乏、中国家庭不牢靠的平衡、家庭的不稳定性、基督教能为中国做些什么等 27 个方面进行了比较详细的观察和描述。

在游记类著述中值得一提的是莫里逊（Gorger Morrison）的《一位在中国的澳大利亚人》(1895)，是鸦片战争后作者从上海经汉口穿过四川、云南到缅甸的风土记录，涉及汉口、万县、长江三峡、重庆、水富、昭通、东川、昆明、大理、腾越、八莫、曼德勒、仰光和加尔各答等多个城市，穿插着他对中国西南地理、风俗以及种种人际关系的看法和评价，游记生动描述了清末民初中国社会的场景，中国海关、中国旅店、中国内地教会和在华传教士、中国搬运工人、邮政制度和钱庄、贫穷、弃婴（杀婴）、买卖女孩作为奴隶和疼痛麻木的现状、中国医生、云南省的黄金、钱庄和电报、广东人特点和中国移民等。

（二）1949 年之前的中国农民社会研究

20 世纪 20 年代以后，国外学者和国外留学归来的中国学者开始运用社会科学方法来研究中国的乡村和农民问题。

1. 国外学者的中国乡村和农民研究

1919—1920 年，美国的库尔普（Daniel Kulp）指导学生对广东省潮州凤凰村进行了社会学调查，出版《华南的乡村生活——家族主义的社会学》(1925)。1922—1924 年，美国卜凯（John Buck）指导学生在华北和华东中部 7 省的 7 个县调查了 2866 个农场；1929—1933 年，他又指导学生进行了覆盖 22 个省的 16786 个农场的调查，相继出版了《中国农家经济》(1930)、《中国土地利用》(1937)、《中国土地利用：统计资料》(1937)、《中国农业的几个基本问题》(1947) 等著作。

1908—1945 年，日本的南满洲铁道株式会社（简称"满铁"）对中国乡村进行了大规模的农民习俗和经济状况调查，以 1940—1944 年在华北农村进行的调查影响最大，其目的在于掌握中国农民实际生活中的社会习俗，了解活生生的中国农村社会的真实面貌。这次调查后来由仁井田升编辑出版了《中国农村惯行调查》(1~6 卷，1952—1958)。满铁资料本身疏于理论提炼，长于资料收集和描述，且注重村落本身的结构考察，是了解山东、河北大半个世纪的社会文化变迁的宝贵材料。黄宗智、杜赞奇（Prasenjit Duara）和马若孟（Ramon

H. Myers）等人都借助满铁资料发表了自己的中国农民社会研究成果。

2. 国内学者的中国农民社会研究

在这一时期，从国外进行过学术训练的中国学者也开始进行中国农民社会研究。1923年，陈达指导学生在北京西甸成府村调查。1927年，杨开道组织农村社会学调查，出版《清河镇社会调查》（1930）。1923—1934年，陈翰笙组织数十位研究者对无锡、保定和广东进行了三次大规模的调查，重点研究了农村经济和土地问题，出版有《现今中国的土地问题》（1933）、《广东农村生产关系与生产力》（1934）、《中国的地主和农民》（1936）、《工业资本与中国农民》（1939）等著作。

1936年，费孝通对江苏省吴江县开弦弓村进行调查，1938年以《开弦弓，一个中国农村的经济生活》为题获得博士学位，后以《中国农民的生活》（1939）为题出版。其他涉及中国农民研究的重要作品还有林耀华的《义序的宗族研究》（1935）、《金翼》（1948），杨懋春的《一个中国村庄：山东省台头村》（1945），许烺光的《祖荫下：中国的文化和人格》（1948）和田汝康的《芒市边民的摆》（1946）等。

（三）1949—1979年的中国农民社会研究

在这长达30年的时间内，国内学者对中国农民研究一直处于空白状态。一些获准进入中国内地调查的国外学者或旅居国外的中国学者，则继续出版了有关中国乡村和农民研究的著作。如英国克鲁克夫妇（David Crook & Isabelle Crook）的《十里店——中国一个村庄的革命》（1959）和《十里店——中国一个村庄的继续革命》（1979），美国韩丁（William Hinton）的《翻身——中国一个村庄的革命纪实》（1966）和《翻身——中国一个村庄的继续革命》（1983），这些著作生动地描绘了中国革命给农民的精神风貌和农村社会带来的巨大变迁。

对于那些不能进入大陆进行研究的学者，他们有的整理了自己从前的田野资料，或者依据已出版的文献资料进行了再研究，如弗里德曼出版了《中国东南的宗族组织》（1957）和《中国的宗族和社会：福建和广东》（1966），杨庆堃出版了《中国共产主义社会：家庭和村庄》（1959），萧公权著有《中国乡村：19世纪帝国政权对人民的控制》（1960），1965年施坚雅出版了《中国农村的市场和社会结构》，1988年杜赞奇出版了《文化、权力与国家：1900—1942年的华北农村》等。

对于那些对中国农民社会也感兴趣的学者来说，他们既不能进入大陆做田野，也没有前期在华的田野工作经验，就采取了迂回的策略，研究美国的唐人街，新加坡、东南亚的华人社区，或者选择以香港和台湾的村庄作为田野点。如1964—1969年间，帕斯特（Burton Pasternak）对台湾南部两个村庄进行调查，出版了《中国两个村庄的血缘和社区》（1972），1974年陈佩华（Ania Chan）、安戈（Jonathan Unger）和赵文词（Richard Madsen）对从大陆一个村庄流入香港的26位知青和村民进行了223次深入访谈，合作出版了《陈村：毛泽东时代一个农民社区的现代史》（1984）。几年后，当他们进一步考察了该村后，又写作了《历经沧桑的当代中国农民：毛邓体制下的陈村》（1992）等。

（四）1979年以后的中国农民社会研究

从20世纪30年代起，中国农民社会研究已经积累一些经典田野调查点（如江村、台头村、凤凰村、南景村和喜洲镇等），有利于进行人类学的重访研究。1978年以后，这些人类学田野点迎来了中外访问者，首先进入的是国外学者，如戴瑙玛（Norma Diamond）、横山广子和宝森（Bossen Laurel）等人，也有学者本人及后学者等。如费孝通曾27次回到江村了解当地的新发展，对花篮瑶、云南三村等也有多次的重访；20世纪70年代初，林耀华也重上凉山；1980年杨庆堃本人也重返了南景。此外，还有冯姝娣（Judith Farquhar）和任柯安（Andrew Kipnis）对山东邹平的研究，戴瑙玛对攀枝花地区的调查等。在这一时期，黄树民、周永明、杨美惠、杜杉杉等学者也进入中国田野点从事研究。

20世纪80年代后期，大陆前往欧、美、日等国家留学或进修人类学理论与方法的人数不断增多，他们均选择国内的田野点进行较长时间的田野工作，如庄孔韶的黄村、阎云翔的下岬村、景军的大川村、王铭铭的溪村、刘新的赵家河村、罗红光的黑龙潭、朱晓阳的小村等。除了汉族村庄外，王筑生对景颇族、蔡华对纳人、翁乃群对纳日、施传纲对摩梭人、谭乐山对傣族、杜杉杉对拉祜等的村寨也进行了相应的田野工作，并且依托其博士学位论文写作均有相应的民族志出版，如阎云翔对黑龙江下岬村展开了长达12年的田野工作，民族志作品包括《礼物的流动：一个中国村庄中的互惠原则与社会网络》（1996）和《私人生活的变革：一个中国村庄里的爱情、家庭与亲密关系（1949—1999）》（2006）。

二、中国农民社会的研究主题

从以上不同阶段的研究成果梳理中可以看出，有关中国农民社会研究的内容十分广泛，举凡民俗、经济、社会、人口、宗教等都有提及，但是最具持续性或焦点效应的莫过于以下两个主题。

（一）宗族

始创于里弗斯，继之以拉德克利夫-布朗、埃文思-普里查德、福特斯、弗里德曼等人的世系群研究，被称为世系群研究学派，其中的弗里德曼就以研究中国宗族组织而出名。这里需要提及的是林耀华的《义序的宗族组织》和《金翼》对宗族组织的族产、族田和祭祀方面的分析，特别是职能多元的"宗族组织说"成为弗里德曼宗族理论的根据之一。

弗里德曼认为，在东南部中国的福建和广东，地处边陲，地方社会的农人从事水田稻作，开垦、灌溉、自卫、协作等容易形成亲属团体，生产盈余促进财产的积累，也促进了宗族的形成。此后这一领域形成若干印证性和批评性的研究。如帕斯特通过台湾两个村落的田野工作表明，有时水利灌溉系统并没有促进宗族的发展，反而促成非亲族的团结；而宗族财产的积累也是有条件的；边疆环境并非促进宗族高度发展的原因，而宗族的形成主要是社会经济等方面发展的结果，而不是由于边境的刺激。庄英章的结论表明，台湾开拓初期是以地缘为基础，而不是以血缘关系为基础，宗族的产生并非因边境环境的刺激，而是移民开发第二阶段的结果。黄树民和陈其南都从语意和历史两个方面质疑了弗里德曼的宗族理论。

此外，对汉族的宗族研究成果还间接地拓展了家庭类型研究，也就是说，在汉族社会中存在着的老年父母在诸子家轮流吃或住的轮值（"轮伙头"）类家庭。林耀华的《金翼》较早介绍了当地轮吃住的轮值家庭习俗，轮值家庭保持了中国家族文化的主要原则，如赡养与孝道、慈爱与养育、宗祧与房份，但减少了联合家庭共同生活中的矛盾因素。葛伯纳（Bernard Gallin）也注意到台湾汉族社会的"轮伙头"制度，随后的谢继昌和李亦园等人对此都有研究。其中诸多著作❶对这种轮值家族的概念也进行了各自的界定，提出"反哺家族""联邦家族"和"中国式准组合家族"等不一而足的名称。

华生（James Watson）等人的《族人与外人：一个中国宗族的收养》选择中国香港新界一个单姓村进行田野工作，对宗族生活中的收养问题进行了专门探讨，认为"宗族内部的分支争斗是导致收养外人这一异常形式存在的根本原因"❷。武雅士（Arthur Wolf）在其关于祖先崇拜的研究中认为，剔除功能主义视野下对财产传递的关注，尊亲之情是构成祖先崇拜的重要因素，质疑了弗里德曼从福特斯那里借来的家庭循环模式，认为中国家庭本身就有发展为大家庭的理念，只要条件允许，随时都有可能出现。

（二）民间宗教

民间宗教指的是流行在中国一般民众尤其是农民中间的神、祖先、鬼的信仰，庙祭、年度祭祀和生命仪式，血缘性的家族和地域性宗教的仪式组织，世界观和宇宙观的象征体系。它一向被认为是最能代表中国农民社会的元素，是西方人类学家长期关注的领域之一，在田野工作基础上的著述也最为丰富。

1974 年，在武雅士主编的《中国社会中的宗教与仪式》一书中，就集中了西方人类学家关于中国民间宗教研究的主要成果。武雅士认为，"中国民间神、祖先、鬼的崇拜的社会根源在于中国农民的社会经历。在农民的生活世界中，存在三种人：第一，常来向他们收税和规范他们行为的官员；第二，他们自己的家庭或宗族成员；第三，村落外部的外人和危险的陌生人等"❸。神、祖先和鬼是农民对与他们生活世界息息相关的超自然世界的分类。

1981 年，马丁（Emily Martin Ahern）所著的《中国仪式与政治》一书出版，该书旨在论证中国民间仪式的基本特征和社会—政治含义。她把中国民间仪式视为一种意识形态交流的手段，具有自己的系统化符号与程序。如在祭拜

---

❶ 李亦园：《近代中国家庭的变迁》，载《中央研究院民族学研究所集刊》，1984 年第 54 期。庄孔韶：《银翅——中国的地方社会与文化变迁（1920—1990）》，北京：三联书店，2000 年，第 330 ~ 336 页。

❷ 华生：《族人与外人：一个中国宗族的收养》，《广西民族学院学报》，2004 年第 1 期。

❸ Arthur Wolf. Introduction：Religion and Ritual in Chinese Society. Arthur Wolf ed. Stanford. 1974. pp. 1 ~ 18.

活动中，神即是官，祭拜者即是百姓或下级办事人员。仪式过程中的人神交流就像是百姓在向官府衙门汇报案件。因此，中国民间社会中的仪式就是上下等级的构成以及等级间信息交流的演练，反映的是政治对宗教仪式的深刻影响，以及民间对政治交流模式的模仿与再创造。

1987年，威勒（Robert Weller）在《中国汉人宗教的一致性与多样性》一书中，主张把社会阶层分析纳入对中国民间宗教的解读中，即理解不同社会阶层的宗教观，进而把握中国汉人宗教的同一性与多样性。他认为，虽然中国民间宗教的基本结构与程式是一致的，但由于社会分层的存在，如民众、道士和士绅对于同一种文化体系就有不同的解释。

1987年，桑格瑞（Steven Sangren）出版《一个汉人社区的历史与巫术力量》一书，认为中国民间宗教包含的阴阳说作为一种认知结构，本是历史积淀的产物。但是，在仪式实践中，这一认知结构与社会生活糅合在一起，成为一种具有社会—文化意义的实践活动。

1992年，王斯福（Stephan Feuchtwang）的《帝国隐喻：中国民间宗教》一书出版。他认为汉人的民间宗教，虽然在仪式上具有地域性特征，但是隐含着历史上帝王统治的影子，与中华帝国的政治空间模式有关。

此外，还有一类研究是在族群性或族群认同的民族宗教框架中进行的，如郝瑞（Stevan Harrell）对彝族的研究，以及沙因（Louisa Schein）对苗族、乔健对瑶族从事的研究等。

第三节 复杂社会的研究单位

中国农民社会研究大多选择单一村落作为研究单位，这是从早期简单社会研究中得来的便捷方法。然而，在复杂社会中这一研究单位的解释力受到质疑与挑战。如何利用村落研究优势，进行一些拓展性的思考与研究呢？

一、村落研究的传统

人类学对中国农民社会的研究大多落脚于村落。也就是说，是关于村落的研究。20世纪30年代，吴文藻在结合英国功能主义人类学和美国芝加哥学派社会学理论的基础上，主张以"社区"为基本的研究单位来了解社会。他说："'社区'是和'社会'相对称的。我所要提出的新观点，即是从社区着眼，来观察社会，了解社会……社会是描写集合生活的抽象概念，是一切复杂的社会关系全部体系之总称。而社区乃是一地人民实际生活的具体表词，它有物质的基础，是可以观察的。"❶ 而如何进行"社区"研究，当时则被界定为就是一个具体"村落"，于是中国的村落便具有了独立的文化单元和社会单元的性质。

费孝通在《乡土中国》一书中，指出中国乡土社区的单位是村落，"从三家村起可以到几千户的大村"❷。20世纪30年代，费孝通依据江苏吴江县开弦弓村调查写出了《江村经济——中国农民的生活》，因为村落就是"在一定时空坐落中去描述出一地方人民所赖以生活的社会结构"❸，正是村庄的这种独立性与封闭性，成为中国农民社会研究的逻辑基础。正是在这个层面上，把江村作为一个基本单位进行分析是完整的，"江村经济既描绘出了一个各部分复合的经济体系，可以说满足了整体观点的要求"❹。林耀华的《义序的宗族研究》和《金翼——中国家族制度的社会学研究》、杨庆堃的《华北一个集市的经济》和杨懋春的《中国的一个乡村：山东台头》等都是依据村落田野点写作的民族志作品。

也就是说，村落研究本身在中国复杂社会研究中的价值不容忽视，特别是20世纪60年代以后进入香港和台湾进行田野工作的人类学者，如裴达礼（Hugh Baker）、沃德（Barbara Ward）、王斯福、马丁、帕斯特、葛伯拉、武雅士等人在对香港、台湾等地进行汉族宗族组织研究时，无一例外地选择了以一个村落作为调查单位。如沃德在香港渔村的调查中指出："从一个单个的村落，可以探知汉人的传统社会认同是通过模仿上层的士绅意识形态、与邻村的

---

❶ 吴文藻：《现代社区实地研究的意义和功用》，《社会研究》，1935年，第66页。
❷ 费孝通：《乡土中国 生育制度》，北京：北京大学出版社，1998年，第9页。
❸ 费孝通：《乡土中国 生育制度》，北京：北京大学出版社，1998年，第91~92页。
❹ 周星等主编：《社会文化人类学讲演集》上下集，天津：天津人民出版社，1997年，第36页。

交往、社区自我的定位而创设的"❶；武雅士通过考察台湾村落中汉人的民间信仰，旨在说明中国社会的上层象征与民间象征在社区层面是如何运作和实践的。

至于国内学者的村落民族志研究传统则从未中断过，如庄孔韶的《银翅》、王铭铭的《村落视野中的文化与权力——闽台三村五论》、刘新的《在个人的阴影下》、景军的《神堂记忆》、阎云翔的《礼物的流动》和《亲密关系的变革》等均是以村落为单元的民族志著作，只不过受到反思人类学与实验民族志的影响，这些村落民族志已超越了单纯的结构—功能主义分析框架，侧重从社区史来定位村落研究，而且特别强调从社会和国家的关系来展示一个社区的生活实践。

二、备受质疑的村落研究

自从费孝通的《江村经济》、林耀华的《金翼》、杨懋春的《一个中国村庄：山东台头》和许烺光的《祖荫下：中国文化与人格》（1948）问世以来，对于中国农民社会的村落民族志一直面临诸多争议和责难❷。如弗里德曼认为功能主义者从其他非西方社会中提炼出的"社区研究法不足以概括中国社会事实"❸，因为社区不是社会的缩影，对于中国这样的复杂社会研究还得借助于文献，从更广阔的时间跨度和空间跨度中进行分析，才能符合中国社会的文明发展程度。弗里德曼在研究中国东南地区的宗族制度时，就感到不了解中国历史就不能理解中国的宗族组织。

从 20 世纪 60 年代以后对复杂社会的诸多研究中，人类学家已经开始有意识地把社区视为一个复杂历史运作的空间场所，使之成为解释中国社会复杂现象的分析场域。如杜赞奇提出了"权力的文化网络"概念，就是由乡村社会中多种组织体系以及塑造权力运作的各种原则构成的，包括亲属、市场等方面

---

❶ Barbara Ward. Varieties of the Conscious Model, in Michael Banton ed. The Relevance of Models for Social Anthropology. Tavistock. 1965.

❷ E. R. Leach. Rethinking Anthropology. in E. R. Leach, Rethinking Anthropology. London：Arhlone, 1961. pp. 1 ~ 27.

❸ Maurice Freedman. A Chinese Phase in Social Anthropology. British Journal of Sociology. 1963：I：1 ~ 19.

形成的层级组织和巢状组织类型。这些组织既有以地域为基础的具有强制义务的团体（如某些庙会），又有自愿组成的联合体（如水会和商会）。权力的文化网络还包括非正式的人际关系网，如姻亲、庇护人和被庇护人、传教士与信徒等关系。而一个具体的华北村落的社会生活就是诸如国家权力、士绅阶层、宗族组织、民间宗教等多种因素叠加的结果。

在施坚雅看来，这种把注意力几乎全部集中在村落层面上而忽略农村社会结构的状况需要纠正。他说："如果可以说农民是生活在一个自给自足的生活之中，那么这个社会不是村庄而是基层市场社区。我要讨论的是，农民的实际社会区域的边界不是由他所住的狭窄的范围决定，而是由他的基层市场区域的边界决定的。"[1] 因为农民实际活动范围并不是一个狭隘的村落，而是一个基层集市所及的整个地区。受施坚雅对于农村集市研究的影响，庄英章在其《林圯埔：一个台湾市镇的社会经济发展史》（2000）一书中，也通过对林圯埔这一集市区域中生态环境与历史背景、经济发展、社会发展的深入分析，探讨了在一个长时段内的生态、经济及社会文化的因素以及相互影响关系。

日本福武直的《中国农村社会的构造》（1946）重点考察了华中地区自然村落与城镇之间、村落与村落之间的政治、经济基础和宗教关系，也指出村落并不是封闭化的也不是孤立的，而是处于与外界社会有机的联系之中的。

三、村落研究的新思路

在上世纪 30 年代，拉德克利夫－布朗给中国乡村研究提出的建议是十分中肯的，他说："一个完整的乡村社区研究，包含三种分别而又关联的研究，共时性研究，即指定期间内某社区的内部结构和生活；外部关系研究，即该社区与其他种种社区的上部关系，及本部区与较大社区的外部关系，而本社区即比较大社区的一部分；历时性研究，即内部结构与外部关系中发生及正在发生的变迁。"[2] 即使放在当代的实践论、过程论和行动论中来看，这段话也已经

---

[1] G. William Skinner. Marketing and Social Structure in Rural China. The Journal of Asian Studies, 24: (1), 1964.

[2] ［英］拉德克利夫－布朗：《对于中国乡村生活社会学调查的建议》，载《社区与功能——派克、布朗社会学文集及学记》，北京：北京大学出版社，2002 年。

包括了村落民族志可能的发展方向和具体路径。抛开人类学家们惯用的共时性研究,如村落内部的结构、社会控制及其他不谈,下面将着重剖析村落的外部关系和历时性研究这两方面的研究思路。

(一) 村落是国家—社会分析范式的投影

人类学家研究复杂社会时,不是不可以选择村落作为具体田野点,而是不应该把村落视为一个孤立和封闭的单位,要视其为更广阔社会背景的一部分,也就是说,要呈现村落在国家—社会分析中的复杂性,比如重视对宏观政治经济系统的分析,关注村落之间的关系,并把它置于地区、国家以及世界体系的联动过程中。

正因为受到国家—社会分析范式的影响,人类学家在田野工作中发现,随着整个民族国家目标的逐步实现,各类村落之中都能透射出国家权力向乡村不断渗透的过程,在一个小村落里同样可以感受到国家的权力运作。也就是说,不仅具体的个人为了自身的地位与利益而努力,同时在个人行动的过程中又与村落内外发生联系,从而推动着具体的村落与其他社会生活场所发生关联。也就是说,从农民与国家、乡村与社会的关系上,也就是在具体的社会场域中涵盖国家与社会的关系。如波特夫妇(Sulamith Porter & Jack Porter)的《中国农民:一场革命的人类学研究》(1990)一书,分析了1949年革命前后政权更迭后中国农村的变化,意在说明新制度建立的合理性,然而在改革开放后经济上出现两极分化的可能性越来越大,也就是说,现行政策带来了巨大繁荣,然而,矛盾依然存在,产生了新的贫困,经济繁荣和社会公正的目的,依然没有达到。萧凤霞(Helen Siu)在《华南的代理人和受害者:乡村革命的胁从》(1989)一书,提出了政府权力和政府意识开始下渗到乡村社会,社会网络及宗族组织的地位和空间开始松动,甚至部分被替代,村落日益成为关联性不强的"细胞"。虽然中国村落的确离中央权力机构的行政控制中心较远,并具有较大的自主性,但是,国家通过培养一批地方精英分子,以意识形态和象征的等级制,把这些精英阶层吸收到国家的势力范围之内,利用他们的网络控制民间社会和社区生活,造成了村落内部的国家化倾向。如王铭铭的《社区的历程》(1997)就是通过对溪村宗族的历史变迁的叙述,展示了现代国家权力不断向乡村社会渗透,指出现代国家政权把社区人民从传统宗族中解放出来,而又安装了新的国家规范（国家与地方社会人民之间的连接点是"村委会和党支部"），也就是乡土传统的持续性，并不像经典民族—国家等现代化理论所预设的那样会被很快地铲除掉。

（二）精细的过程与动态分析

一个村落的过程与动态分析，意味着把一个村落纳入到一个历史背景中加以展示，也就是说，是在一个相当长的时间维度中的过程分析，正如以下的民族志所呈现的。

阿伦伯格等人的《爱尔兰农民：一项人类学研究》（1936）就是通过婚姻分析来串起整个爱尔兰农民的生活过程，因为"婚姻是农村的依附运行的关键，它是结构的中心"[1]。由于一个家族的田地狭小，当一个将要得到农地的儿子结婚后，新娘将带进来大致等于田地价值的嫁妆，由于田地并不是分给所有的子女，其他人就必须到城镇谋生，这样才能在田地上维系家庭、血缘与土地持续的密切结合，于是在婚姻、继承、社会控制、迁移和移民等问题如何成了小农式社会体系的一部分。不仅如此，在地方市镇里，农人的小儿子只能到市镇当学徒，女儿嫁到市镇为人妻，而商人则依赖乡村的顾客（亲戚）为生，因此市镇老板或店员的儿子接手酒店或商店，娶乡村女孩为妻，后者不仅带来嫁妆，而且带来她出生乡村的顾客。因此，通过经济与亲属关系就一同把市镇与乡村结合起来。再进一步说，债务也是城镇人和乡村的亲戚们联系的办法，债务关系如同嫁妆一样，父子传代，成为城乡社会关系的一个组成部分，它变成了支持社会关系网的能力与希望的一个标志，这样，债务的新意义在于成为维系社会体系的一种机制。

韦尔克（Richard Wilk）对伯利兹南部托莱多区（Toledo）的凯克奇（Kekchi）玛雅农民的调查[2]，显示出该地人口的快速增长和农业的集约化是怎样引起家庭的劳动和财产组织的变化，又反过来影响家庭的构成和居住的模式。在20世纪殖民历史档案中，伯利兹南部并不是从生计经济逐渐过渡到货

---

[1] 转引自［英］伊凡-普里查：《社会人类学》，陈奇禄等译，台北：唐山出版社，1997年，第93页。

[2] ［美］理查德·韦尔克：《经济、生态人类学与消费文化研究》，黄娟译，《广西民族学院学报》，2005年第6期。

币经济，而是有许多资本主义发展的繁荣和萧条交替循环。如 1914 年当咖啡和可可种植园倒闭的时候，人们又回到生计农业，但是后来兴起了一阵香蕉热，凯克奇人为标准水果公司（Standard Fruit company）生产了上千吨的香蕉，当这个行业不行了以后又兴起了伐木搬运业的热潮。在"二战"期间，凯克奇农民把大量的玉米和豆子卖给殖民当局，再由他们出口到加勒比的其他殖民地。也就是说，只要给凯克奇人机会和市场，他们就会反复地投入到货币经济当中，购买消费品和原材料，削减生计生产，而在在经济不景气和市场物价暴跌的时候，他们又回到自给自足的状态。正是这种长时段的研究，有力地批驳了某些人类学家关于"凯克奇人是第一次进入文明的原始印第安人"的相关认识。所有对玛雅农业的传统研究只关注家庭消费的玉米和庄稼，对于用于交易和销售的庄稼和动物的重要性则忽略或最小化，更别提为市场交换进行的狩猎和采集活动了。也就是说，他们想抽象出在被西班牙征服前玛雅的生计模式，但是其结果是把玛雅人置于现在之外的永恒的静止中。

从 20 世纪 20 年代到 90 年代，台湾东埔布农人由小米、水稻、番茄到茶的转变，具体呈现出不同时代的社会性质。❶ 小米呈现出日本占领时期传统布农人社会的独立自主性，几乎所有的生活所需都可由家及聚落来满足。在 1975 年以后，番茄等蔬菜类经济作物完全取代了水稻，使该社会纳入了更大社会的经济体系中而产生其依赖与被剥削的关系，使得资本主义市场经济的机制得以在当地更顺利地运作，使得原有的社会内部产生分化。就当地经济性质问题而言，由小米到水稻、番茄、茶等主要作物的演变，是布农人由自足的生计经济到资本主义市场经济的发展过程，东埔社布农人由原先种小米时能够自主控制其经济活动，到种茶时只能决定是否投入土地及劳力在汉人资本家的控制与管理下活动，而无法控制整个生产过程，实际就隐含着一个由中心到远离中心的边陲化过程。

---

❶ 黄应贵：《作物、经济与社会：东埔布农人的例子》，社会学人类学中国网，2006 – 3 – 7。

第九章
流动与适应

以城市为流动目的地的场景发生在世界的每一个城市,城市已成为现代社会大多数人生活的场所与空间。因此,关注流动过程中的策略与选择等内容,探讨适应过程中的机会与可能,都已成为人类学都市研究的新主题。

第一节 人类学的都市研究

在斯宾格勒(Oswald Spengler)笔下,城市完全是一幅可悲的场景:"我们若从古堡上,向下眺望那房屋的汪洋,我们便可从这历史存在的僵化形象中,感受到这正是一个终结的时期,正标示了有机生长的结束、无机过程的开始,因而,才出现了那种人工的,数学的,完全与土地隔离的产物,所谓都市建筑规划出来的城市,纯粹只是一种心智的满足。在所有的文明之中,这些城市,都发展成棋盘似的整齐形式,这根本是灵魂消逝的象征。"[1] 作为一种人造物,城市并非一开始就受到学者们的欢迎,特别是主流人类学家都在回避都市研究,这种不情愿部分是因为担心丧失其学科认同。但是自20世纪下半叶以来,城市研究已经变得越来越重要了。人类学开始重新审视城市,从亲属关

---

[1] [德] 奥斯瓦尔德·斯宾格勒:《西方的没落》,陈晓林译,哈尔滨:黑龙江教育出版社,1988年,第355页。

个人、社会与转变：社会文化人类学视野

系、贫民窟和民俗与仪式的保存等方面，转到城乡移民、城市适应、族群性和贫穷等主题上。人类学的研究领域扩展到城市生活的各个方面，如各种规模的居住地和群体之间的联系，以及穷人、移民、中产阶级、精英和决策者之间的互动、文化认同与冲突、社会网络与社会适应等。

一、人类学的美国都市社会研究

早在19世纪80年代，恩格斯就写作了《英国工人阶级状况》（1844）一书，专门研究英国无产阶级的生活条件，说明无产阶级在资产阶级社会中的特殊作用；自1886年起，布什（Charles Bush）花费18年时间，通过社会调查写出《伦敦居民的生活与劳动》17卷本，他的调查成果引起了社会上对劳苦人民的同情，导致英国于1908年颁布"老年退休金法"。

人类学的都市研究始于20世纪20年代，美国人类学家开始关注本国的城市居民，研究内容主要是社会组织、亲属关系、家庭和家庭生活等。而人类学家之所以关注美国社会研究，很大程度上与芝加哥学派基于社区区位基础上发展出来的人文区位法有关。帕克（Robert Park）在《人类社区：都市与人文区位学》（1952）一书中提出，人文区位学不仅要研究不同群体之间的生物关系，还要研究文化和有目的的人类行为所造成的区位状况。也就是说，城市的区位布局、空间组织是通过竞争谋求适应和生存的结果。在20世纪的20~30年代，芝加哥学派以美国大城市芝加哥的都市化过程为例，试图阐明美国城市的结构和动态。也就是说，要从不同的层面研究都市社区，既包括作为整体的芝加哥市，也涉及其中的犹太人聚居区、波兰移民区、上层阶级的邻里、贫民窟等单个研究对象。

1924年，林德夫妇（Robert Lynd and Helen Lynd）来到印第安纳州的米德尔德镇，对这个3.5万人的小镇进行全貌研究，即描述社区的各个不同部分并解释这些不同部分的相互关系。1929年出版的《米德尔敦：当代美国文化研究》[1]一书就是这一研究的成果。他们在书中描述和解释小镇居民的谋生

---

[1] [美] R. 林德、H. 林德：《米德尔敦：当代美国文化研究》，盛学文等译，北京：商务印书馆，1999年。

178

手段、养家人、工作的权威、住房、婚姻、子女抚养、衣食和家务、教育子女、儿童的学习内容、教育者、传统的消闲方式、参加宗教仪式、参与社区活动,被誉为是"当代生活的社会人类学"研究。林德夫妇还集中描绘了这个小镇在现代化过程中所面临的社会变迁,把人们进行全部社会活动的中心内容用于揭示工人阶级和商业阶级这两大群体的成因及其活动的差别上。

从1930—1935年,沃纳(Lloyd Warner)及同事在美国东北部地区的纽伯里波特进行有关社会分层和社会网络的研究,出版了《扬基城》系列丛书(1941/1942/1945/1947/1959)。该研究综合运用了参与观察、访谈和历史文献法,对群体关系进行综合研究,如使用各种图形来显示阶级结构和家庭组织的关系模式。"扬基城"系列被认为是关于现代城市社区的一项成熟的人类学研究。

1977年,费舍尔(Claudes Fischer)出版了《社会网络与场所:城市环境中的社会关系》一书。在书中他把社会网络作为研究城市居民社会生活的分析工具,阐述了社会网络在城市居民生活中的作用,指出居住在非邻近地域的居民,通过特定关系(如共同兴趣或爱好、共同价值观等)组成群体,从而形成自己的社会网络。

1994年,韦尔(Caroline Ware)出版了《格林威治村:1920—1930》一书,也就是20世纪30年代格林威治村如何在快速的城市扩张中被并入纽约市的过程。当然韦尔的关注点是,在这个过程中,格林威治村如何以其独有的特征,避免了被完全吞噬的命运。

二、人类学对移民社会的研究

自人类诞生以来,定居和迁徙一直是人类生存策略的两个必然选择。自15世纪末以来,世界范围内大规模的人口迁徙就有三次:第一次始于15世纪末至19世纪中叶,第二次是19世纪中叶至20世纪中叶,第三次是"二战"后至今。主要包括持续的殖民地移民、临时性的劳工移民和难民等三种类型,并且这一过程仍在持续进行当中。2010年全球国际移民的人数达到2.14亿,

超过了以往任何时期。国际移民的人口占全世界人口数量的 3.1%❶。

就拿欧美国家来说，农民的进城方式有所不同，如英国是强制性转移，既向本国城镇非农产业转移也向海外殖民地国家移民；德国的主导是单个人的流动，在家乡附近的小城间与近邻的乡村之间流动；法国的人口流动慢，主要集中于巴黎，而且移民与农业社会依然保持关系，直到最后完全融入城市；美国式移民属于自由迁徙式。美国芝加哥学派的早期代表人物托马斯（William Thomas）和兹纳涅茨基（Florian Znaniecki）合作发表了五卷本《身处欧美的波兰农民》（1918—1920），成为人类学移民研究领域的经典之作，其开创的"自下而上"书写移民史的方法，也被称为"生活研究法"。

从 1947—1971 年的 25 年间，澳大利亚和加拿大分别接纳了来自不同国家的几百万移民进入本国，其中进入澳大利亚有 375 万，进入加拿大的是 354 万，新移民到达后，引起了学者们对其经济、社会和文化的研究兴趣，开展了一系列针对移民的健康、住房和教育、新风俗习惯和社区形成等方面的研究，出现了一批关于新移民的著作：如《澳大利亚城市中的移民》《澳大利亚城市中的民族居住区》《多伦多大都市的民族居住区》《澳大利亚的移民和家庭生活》和《澳大利亚的匈牙利人》等。❷

1943 年，怀特（William White）出版《街角社会：一个意大利人贫民区的社会结构》一书，就是作者用了三年半时间对波士顿市的一个意大利裔贫民区——科纳维尔进行参与观察和深度访谈的成果。作为街角派的成员之一，怀特从街角青年和男大学生、非法团伙成员和政治家两个方面，指出真实的科纳维尔并非一个无组织的社区，只不过这个社区的组织与外界的组织在形成方式和价值判断上有所差异——由于他们的意大利裔身份，很多人英语说得不是很好，造成了与外界的交流障碍，也妨碍了本地人进入上流社会。因此，他们只能在内部寻求社区居民的肯定。外来的社工组织在该区域组织社会活动时，过于看重活动参与者的学历因素，而忽视了有领导潜能的本地人物，这就是导致活动常常难以开展或延续的主要原因。

1952 年，刘易斯（Oscar Lewis）发表《未崩溃的城市化》一文，指出墨

---

❶ http://www.chinanews.com/中国新闻网，2012 - 12 - 17。
❷ 周星等主编：《社会文化人类学讲演集》，天津：天津人民出版社，1996 年，第 434 页。

西哥农民移居到墨西哥市,生活方式并无显著的变化,人际关系也没有出现解体的情况,社会合作与人情味仍然相当强烈,大城市人口众多、高密度和异质性等因素,对这些村民的影响很小。后来,他进一步提出,许多居住于大城市的人,仍保留着自己小圈子内的活动,在这些圈子内,人与人之间仍然保留着亲密与互助互信的关系;圈外的陌生人似乎与他们毫无关系,对他们的生活、行为方式和人际关系以及精神心理并无多少影响,如"小意大利"、唐人街、日本城和犹太人区等都是这方面的例证。

1962 年,甘斯(Herbert Gans)出版《城市村民》一书,他描述了波士顿西区意大利移民的生活,指出当地人际关系和社区生活状态与刘易斯的观察十分相像。因此,他认为,城市生活方式并非起源于众多人口、高密度和异质性,而是另有其他原因。此外,甘斯还就族群性和非都市社会组织及其关系模式进行研究,也比较了郊外社区与都市生活方式的异同。

第二节 移民的流动理论与实践

如果说,人类学早期的移民研究关注的是某一族群在迁入地的个案研究,相对而言,对移民的迁移过程、迁出地与移民的关系等方面的研究则很少。20世纪 90 年代以来,流动成为人类学、人口学、经济学、历史学、法学、政治学和社会学等学科共同关注的课题[1],它们分别从各自学科作出了不同的解释。我们主要分析经济学的流动理论和社会学的社会网络和社会资本理论,然后对人类学的移民流动个案进行细致分析。

一、推-拉理论及其拓展

流动会引起作为生产要素的劳动力供给的变化,自然容易引起经济学家的关注。其中对流动原因的探讨,最有影响力的就是推-拉理论。1885 年,莱文斯坦(Ernst Ravenstein)在《人口转移规律》一书中提出,促使人口流动的

---

[1] 李明欢:《20 世纪西方国际移民理论》,《厦门大学学报》,2000 年第 4 期。

原因有受压迫、受歧视、沉重的负担、生活条件不适等,其中经济因素是最主要的,其观点被认为是推-拉理论的源头。系统的推-拉理论是由博格(Donald Brogue)于1959年提出的,他从迁出地的消极因素和迁入地的积极因素对人口迁移的原因作出解释。斯梅尔塞(Neil Smelser)等人也认为,移民并不是完全无序盲目流动的,他们是因为迁出地的不利因素导致的推力和迁入地的各种有利条件形成的拉力共同作用的结果,并且把移民视为发展的结果,是由都市化和发展不均引起的。

还有一些学者也提出过与推-拉理论相似的见解,并进一步进行了建模思考。刘易斯(William Lewis)在1954年发表的《劳动无限供给下的经济发展》一文中,首次提出了"二元经济"的理论命题。二元经济指的是不同的两个部门——传统与现代两个(一般是指农业与工业)部门,其核心问题就是传统部门的剩余劳动力向现代工业部门和其他部门的转移,移民现象就是这一转移的结果。刘易斯模型产生的影响极为巨大,随后的几种人口流动模型如拉尼斯—费景汉模型(Ranis-Fei Model)、乔根森模型(Jorgenson Model)和托达洛模型(Todaro Model)。此外,钱纳里(Hollis Chenery)等人通过研究多个国家的城市化过程,提出了城市化率和人均GDP的一般对应关系。这些理论从宏观层面上比较有效地解释了移民流动的原因,但它们的缺陷在于忽视了移民作为主体存在的能动性作用。

此后的一些学者开始将注意力更多地集中到移民的主动性问题上。以萨斯塔(Larry Sjaastad)、托达洛(Michael Todaro)等为主要代表的新古典主义经济学派通过定量分析得出移民是通过比较迁出地和迁入地的工资差别,并通过对付出和回报的估算最终来决定是否采取移民行动的。以斯塔克(Oded Stark)和泰勒(Edward Taylor)等为代表的新经济移民理论学派认为,引发移民行为的动因不是迁出地和迁入地绝对收入的差距,而是基于和参照群体相比较之后产生的相对剥夺感。皮奥雷(Michael Piore)所代表的劳动力市场分割理论学派则通过分析发达国家市场结构发现,现代发达国家已经形成了双重劳动力市场,需要国际移民来提供本国移民所不愿意从事的下层劳动力市场。在此基础上,波特斯(Alejand Portes)和巴赫(Robert Bach)等人还进一步提出了三重市场需求理论,即成功移民对于迁出地的居民起着示范作用,从而产生进一步的连锁效应。理克特斯（Erol Ricketts）、费德利（Salley Findley）和萨森（Saskia Sassen）等人则通过研究发现，人口的跨境流动与全球化态势有着密切的联系，正是商品、资本和信息的国际流动推动了人口的流动。

二、流动网络与社会资本理论

在吉登斯（Anthony Giddens）看来，移民的流动既不仅仅是制度性设计的阻碍或者推动，也不只是简单地追求个人利益最大化的经济理性选择，而是主体与结构二重化的过程。也就是说，移民的流动是一个动态的过程，既要分析移民的流动动机和心态，也要探讨"在流动过程中移民是如何通过血缘、地缘和业缘关系来建构他们的信息渠道和关系网络"❶。

林南等人的社会资本理论把亲属网络视为提供信息、感情和物质支持的关系网，使新移民能更容易地迁徙和适应移居地的生活。林南（2001）探讨了社会资本的三个范式——社会网络、民间参与和普遍信任，指出社会资本的理论发展应以网络和其嵌入资源为基础，以个人与人际关系的联系这一中观层次为分析取向。首先，社会资本主要是由公民的与信任、互惠和合作有关的一系列态度和价值观构成的，其关键是使人们倾向于相互合作、去信任、去理解、去同情的主观世界观所具有的特征；其次，社会资本的主要特征体现在那些将朋友、家庭、社区、工作及公私生活联系起来的人格网络；第三，社会资本是社会结构和社会关系的有助于推动社会行动和实现行动目标的特性。❷

其实移民社会网分析的出现，主要是回应移民流动中宏观—微观理论发展起来的中观理论。在微观层次上，社区社会资本就是指社区居民个体所拥有的社会关系网络以及通过这种网络动员获取资源的能力，包括信任、亲情、信仰、参与、互惠等，也可以称之为个人社会资本；在中观层次上就是指社区组织在社区社会网络形成中的作用，即社区组织的关系网和动员能力，包括规则、参与、信任以及以组织名义发生的各种联系，也可以称之为组织社会资本；在宏观层次上就是指社区整体所拥有的社会资本，也就是把社区视为一个

---

❶ 李明欢：《社会人类学视野下的迁移与家园》，《吉首大学学报》，2005年第3期。
❷ 李惠斌等：《社会资本与社会发展》，北京：社会科学文献出版，2000年，第380页。

整体，它在嵌入社会系统时所依赖的法律、制度、规则及网络等。

从 20 世纪 80 年代中后期开始，马西斯（Douglas Massey）开始以社会网络分析去研究美国的墨西哥移民社区，也就是说，"社会网络分析强调人与人之间的互动模式，并从这些模式中建立起中层理论，有助于解释移民个人与结构的互动"❶，这一理论很快就成为移民研究中的一个重要工具。移民网络被定义为一组持续的人与人之间的关系，把移民和非移民联系在一起，形成一个互惠的关系网，有利于移民进入和适应社会。或者说，移民本身就是一个网络建立的过程，因为流动过程使移民的出生地与目的地之间的社会关系网更紧密地连起来，因此，社会网又导致出现更多移民现象。就是上述三个层次的社会资本在很多情况下相互交叉、相互依赖，从而在移民的流动中发挥着重要的影响和作用。

三、依托种姓－家族的流动实践

在特定的经济—社会—政治—文化脉络中，流动网络理论可以分析移民通过什么样的社会资本、利用什么样文化象征符号去规划与实践自己的流动行为，特别是这些社会资本是如何发生作用，以及关系的建立与维持，都伴随着移民流动的始终，从流动之初、流动过程到流入地的整个过程中。

（一）印度移民依托种姓的流动

从《梨俱吠陀》到《摩奴法典》，印度的种姓被以神的名义创造出来并划定了各自的职业范围，婆罗门的职责是学习吠陀，教授吠陀，为自己祭祀，为他人祭祀，布施和收施；刹帝利的职责是保护臣民，布施，祭祀，学习吠陀；吠舍的职业是从事放牧牲畜，布施，祭祀，学习吠陀，贩卖，放高利贷和务农；而首陀罗的职责只有一个，就是驯服地为其他高种姓提供服务。种姓成为最具印度特色的社会分层标准，"印度种姓族类群分，而婆罗门特为清贵，从其雅称，传以成俗，无云经界之别，总谓婆罗门国焉"❷。

---

❶ Douglas Massey. The Social Organization of Mexican Migration to the United States. Annual of the American Academy of Political and Social Science. 1986. pp. 102~113.

❷ （唐）玄奘撰：《大唐西域记》，章巽校点，上海：上海人民出版社，1977 年，第 31 页。

印度社会是由无数群组构成，它们形成一个镶嵌模式。以种姓作为代表，每一个群组都有一个边界清晰的实体。群组的聚合是由各种因素促成的，如地缘联系、相同职业、在种姓等级制中地位的相近等等。此外，印度的种姓本身就是一个职业群体，每个种姓都有一个特定的职业。为了维持日常生活与经济活动，每个种姓都需要其他种姓提供的服务，通常会需要 30 个以上不同种姓的配合。于是，他们和其他种姓之间保持着经济功能方面的联系。但是其中任何一层联系都不可能扩展到整个社会。所以非常重要的一个特点是，不管一个人在印度社会里走到哪里，不管当地的语言和习俗如何不同，他都可以发现那里有着关于种姓体系的相同原则，也许各地会有些小的变化，但他们都分享着同一价值体系和行为规范的基本原则。所以他们可以辨别出其他人的身份，也因此确定自己的身份，并很快就可以根据这一身份把自己纳入到当地的社会结构中，而不需要任何基于血缘或亲属关系的联系。所有的个人和群体，都属于不同的种姓，都认同这一个种姓体系，每个人都具有自己的位置，即便是迁移到其他地方，也很容易迅速找到自己的位置。

散布在世界各地的印度移民分属不同民族，不同种姓和不同的宗教派别，其中种姓制度原本不动地从印度国内移植到了国外，这就使印度移民社会也呈现出一种分裂、隔离、互相对立的状况，这就是"印度移民区别于其他任何移民族群最主要的地方，一切印度移民的特性，征状都来源于此。"❶

（二）海外华人以初级群体为核心的流动

将海外华人及其社会作为研究对象的研究，最早可以追溯到陈达的《南洋华侨与闽粤社会》（1938）、田汝康的《沙捞越华人：一项社会结构的研究》（1953）和李亦园的《一个移植的市镇——马来亚华人市镇生活的调查研究》（1985）。上述研究主要是以移民的流入地文化融入和社会适应为主。而王春光和林蔼云的移民民族志，则细致入微地刻画了现代社会中华人移民的流动实践。

王春光（2000）❷ 通过对聚居在巴黎和北京的温州人的长期观察发现，社

---

❶ ［日］中根千枝：《中国与印度：从人类学视角来看文化边陲》，《北京大学学报》，2007 年第 2 期。
❷ 王春光：《流动中的社会网络：温州人在巴黎和北京的行动方式》，《社会学研究》，2000 年第 3 期。

会网络不仅是温州人传递流动信息的媒介,而且是他们流动得以实现的重要机制。社会网络成为移居外地的温州人生存和发展的社会资本:他们依赖族人和同辈,建立起自己的社会网络,为进入移居地以及以后的生存和发展奠定了基础。族亲、朋友和乡邻成为温州人社会网络的重要来源,为他们流动和迁移、就业和融资以及情感沟通提供了支持。"哪里有温州人,哪里就有市场;哪里有市场,哪里就有温州人"。开始,先是少数人,也没有明确的经商目的地,一旦发现一个地方有钱可赚,就写信或派人回家,把亲戚朋友、左邻右舍带出来,或者是自己赚了钱寄回家,让周围的人知道了,从而也引来了一批熟人,"浙江村"和"温州城"基本上是这样聚集起来。移居以后的温州人在建构和使用社会网络方面发生了适应当地社会和环境的变化,主要体现在亲属关系的范围有所扩展和社会网络的地域覆盖面的极大拓宽,这种倾向在巴黎的温州人中间特别明显。巴黎的温州城,20 世纪80 年代初只有1000~2000 人,目前达到120000~130000 人。而且温州城也存在相对独立的经济活动体系,包括生产与销售、雇佣与被雇佣、生活服务和融资等,相对独立于法国的主流社会和当地经济系统。

目前温州人主要通过三种方式进入法国:家庭团聚、劳工输入和偷渡。早期进入法国的人获得合法身份后,就开始筹划利用法国的家庭团聚政策,将他们的孩子(16 岁以下)和爱人移居到法国。20 世纪二三十年代或80 年代以来温州人进入法国主要是利用自己的社会网络进行偷渡(占70%)。一个人带出去几十人到上百人的现象相当普遍。由于许多温州人是偷渡到巴黎的,一开始的存在是非法的,需要经过一段时间(1~2 年到10 来年不等),在这段时间,他们的衣食住(租房子)行,只能求助于他们的社会网络。巴黎的温州人在就业上都要经历这样三个阶段:打黑工、当雇工和当老板。在法国打黑工是违法的,只有靠亲缘和地缘关系编织的社会关系网络才能找到打黑工的机会并得到其所提供的安全保护;此外,作为融资平台的"做会"也得依赖温州人特殊的社会网络。

香港—晋江移民家庭研究[1]则是具体以王姓家庭来呈现的,来自泉州市郊

---

[1] 林葧云:《漂泊的家:晋江—香港移民研究》,《社会学研究》2006 年第 2 期。

晋江村庄的王姓父辈于20世纪70年代初移民到香港，其妻和四个孩子于80年代初到90年代末分批申请到香港；90年代中后期，王姓父亲回到家乡建厂生产雨伞，小小的村庄，人口不够三千，但大大小小的出口加工厂共有二三百家，雇佣农民工七八千人。作为一个移民社会的香港，在70年代以前，家庭作为社会单位的观念不太浓，直至70年代中到80年代初，家庭团聚的移民政策生效，政府增建公屋和居屋，家庭作为社会组织单位才开始确立。80年代中后期，香港的工厂纷纷迁回内地，推动香港经济的产业从制造业转向房地产，才巩固出目前中产核心家庭的观念，独立的厅房设计与建立核心家庭两者之间结下不解之缘，房子的大与小、新与旧、是否有足够的间隔以保障成员之间的隐私等，是美满家庭的系数。

第三节 移民的适应理论与个案分析

西方国家过去极少发生大规模的内部人口移动，个别的分散的迁移不足以构成大型的社会群体和社区结构。也就是说，非西方移民要进入西方社会的都市生活并非一帆风顺，它使日常生活在角色扮演冲突、社会规范演变、认知机能和稀缺资源的分配使用等诸多方面发生变化，其结果就是适应。这一部分将对国外移民和国内流动的个案进行分析。

一、社会适应理论

西方学者对于移民适应问题的研究，主要是基于新古典经济学的理性选择理论和新经济制度学的交易费用理论。也就是说，无论是从宏观还是微观层面上，他们在考察移民的迁移动机和城市适应策略及行为时，都将移民看成是期望获得最大利益的理性行动主体。社会制度、城乡文化是移民在适应城市生活中必须克服的障碍，处于经济、文化和人力资本弱势地位的移民群体主要还是利用血缘、地缘等社会网络关系获得在城市生活的各项资本。这种理论价值取向和研究方法的问题在于忽略了移民过程的整体性，即多单向地从被动的适应着眼，而忽略了移民适应城市生活的主动嵌入过程。

社会学和人类学则选择同化理论来分析流动人群的文化适应过程。戈登（Milton Gordon）在《美国人生活中的同化》（1964）一书中，系统地回顾了美国自建国以来处理族群关系三个历史阶段，第一阶段叫盎格鲁—萨克森化（Anglo-Conformity），即以早期移民主体盎格鲁—萨克森民族的传统文化为核心来同化其他族群；第二阶段叫熔炉（Melting-pot）；第三阶段为文化多元主义。在这些族群融合关系的讨论中，也贯穿着作者对同化模式与衡量变量的观点。

一般说来，文化接触所带来的影响往往是一种处于强势地位的文化取代弱势文化的过程，在这个过程中，移民在进入一个陌生的世界，往往具有文化震撼—文化适应—文化同化的涵化过程。或者说，要经历"定居—适应和完全同化"❶ 这三个阶段。也就是说，移民要进入社会的主流，不仅要接受和适应当地的生活方式、文化价值观念和习惯，还必须在教育和职业方面取得成就，才能获得社会认可，进而实现同化和融合。当然，同化理论偏重采用一种主流文化和边缘文化的简单二元划分，将现实过程中的复杂过程简单化，其结果往往是陷入采用一元线性化的分析视野来看待动态的文化适应过程，因此，简单的同化理论也不能做出一种令人满意的解释。

高斯席德（G. Goldscheider）在《发展中国家的城市移民》（1983）一书中，认为移民的适应可以界定为一个过程，在这个过程中，移民对变化了的政治、经济和社会环境做出反应。从农村到城市常常包含了这三方面的变化。也就是说，适应是一种行为，是外来移民在变化的环境中做出的持续调整。

对移民群体适应最著名的研究是托马斯等人的《身处欧美的波兰农民》。他们通过研究从波兰乡村到美国芝加哥这个大都市生活的波兰农民的家庭书信和生活史，描述了在这重大变迁过程中，这些农民在社会态度和社会行为上的变化，提出了必须把个人态度和社会客观文化的价值观结合起来，才可以充分理解人的行为，从而了解移民群体的社会心理与城市生活适应性。

坎帕（Robert Kemper）跟踪调查了一批到墨西哥城的农民，研究了他们在居住行为、群体组织、对城市生活的心理调适等一系列适应策略。也就是

---

❶ Alfred Sauvy. General Theory of Population. New York: Weidenfield & Nicolson. 1966；p. 460.

说，这些拉丁美裔农民在习得和适应城市生活时，更依赖于他们自己和他们的直系亲属。可以说，他们实质上形成了一种空间上的扩大式家庭，包括了原来的村民和移民。

此外，在拥有大量移民的西方国家，从事移民适应研究的很多学者本身就是移民或者移民的后裔，如沃特斯（Mary Waters）出版的《族群选择——在美国的认同选择》（1990）一书，就是通过对族际通婚移民后裔的系列访谈，来理解和分析他们在文化适应和认同方面的困惑和实践，其中就包括了被访者的族群、身份和文化认同意识，也有关于在适应过程中的社会网络的建立、维持和调整等方面的内容。

二、文化调适的经典个案

1938年，陈达在《南洋华侨与闽粤社会》一书中，对华侨社区的环境与社会变迁，以及华侨群体的生计状况、家庭婚姻、日常生活、信仰观念等作了描述，对南洋华侨生活方式的形成、闽粤侨乡社会状况的变迁、华侨与侨乡的关系等问题进行了深入的探讨。田汝康的《沙捞越华人》也涉及当地华人的政治、经济、社会和文化领域。李亦园的《一个移植的市镇——马来亚华人市镇生活的调查研究》采用"文化调适"这一概念来对远离母国和母国文化的东南亚华人进行研究，特别是强调了他们在移居地的文化适应问题。那么，当代民族志中对海外华人和国内流动人口作了哪些研究？有什么样的发现呢？

（一）《唐人街——深具社会经济潜质的华人社区》

唐人街是海外华人聚居的一个独特的空间，长期以来，在西方主流社会的词典中，唐人街常常是封闭、落后和贫穷的代名词。美国学术界对唐人街主要持负面观点，视其为光怪陆离、藏污纳垢的罪恶温床，是华人的避难所和贫民窟，是阻碍移民向上流动及其和主流社会沟通的封闭社会。1992年，周敏的《唐人街——深具社会经济潜质的华人社区》出版，全书分为"早期华侨的梦幻与艰辛，近期中国移民情况变化，连根拔起离乡的新移民，唐人街民族经济的崛起，民族劳务市场欣欣向荣，唐人街妇女撑起半边天，唐人街外又有新唐人街，唐人街——成功之路"等九章内容，全面介绍了唐人街的历史与现状，为美国社会认识海外华人群体提供了一个全新的视角。也就是说，周敏把唐人

街视为一个具有鲜明族裔文化和独特经济特色的族群聚居区,唐人街为华人移民在陌生的社会文化环境中提供社会适应,使其最终融入美国主流社会起到了积极的推动作用。

周敏首先追溯了在美华人的移民历史。早期华人大都作为劳工进入北美,他们为横贯美国的太平洋铁路的建成做出了巨大的贡献。当年的华工不仅要应付各种工程建设中的困难,而且还得面对欧裔移民的竞争与欺凌,很多人客死他乡,对于这些没有返回家乡的华人来说,他们和他们的后裔在北美的许多城市形成特定的社区——唐人街。然后,分析了唐人街的形成与由来。那些最早来美国的华人和他们的后裔,以及后来通过亲属关系源源而来的移民,构成了北美华人社区的核心。由于语言和教育背景上的障碍,这批人很难进入美国的主流社会,因此,他们中的不少人与远在万里之外的家乡保持着较强的联系。之前对唐人街的所有研究都强调,唐人街的产生是因为移民不能进入主流社会的劳动力市场和经济体系,是在被隔绝之后的被迫抱团,以求自保的结果。因为在华人抱团发展的过程中,人们所能运用的社会资源只有家族、血缘和地缘等关系,所以,唐人街往往是中国迁出地社区的移植,也正为如此,唐人街是与美国主流文化格格不入的。然后,周敏的研究却发现,"唐人街那个凝聚力强的社会结构,孕育了一种特殊形式的社会资本,它帮助中国移民克服结构上的障碍,并提高他们的社会经济地位"[1],也就是说,当移民获得一定的经济地位并且有实力之后,他们就会搬离这一族群聚居区,当然,这并不意味着这些人就脱离了该社区,反而他们仍然与唐人街保留着千丝万缕的经济和社会联系。总的来说,唐人街这种以关系网络为基础的流动人口聚居区,无疑是基于社会适应策略之上的最优化选择。

(二) 流动人口聚居区研究

20世纪80年代以来的30多年时间里,农村人口进城,一直被当作纯粹的就业者和劳动者,被局限在次级的劳动力市场,大多从事非正规就业,有限地参与城市的劳动分工,并没有与城市的社会、制度和文化系统实现有效的衔

---

[1] 周敏:《唐人街——深具社会经济潜质的华人社区》,鲍霭斌译,北京:商务印书馆,1995年,第137页。

接，真正融入到城市生活当中。在这样的背景下，流动人口在化解经济压力的过程中，加深了彼此之间的相互依赖，在此基础上所形成的以自愿性隔离为标志的聚居区，在一定程度上展示了流动人口如何在制度性排斥的情境下，通过互助交往在新社会空间重新建立社会关系网络，以规避风险来适应陌生城市生活的努力，一旦在某种程度上获得了承认，就在该地区寻找住房并逐渐扩大其独自的族群飞地，如北京的"河南村""浙江村""新疆村"深圳的"湖南平江村"，广州的"新疆村"等❶，村民们的交往圈大多局限于自己的熟人群体，通过血缘、地缘和业缘来建构自己的生活世界，而很少与当地人群产生互动，其实这也是一种关系性的适应策略。

张友庭的《污名化情境及其应对策略：流动人口的城市适应及其社区变迁的个案研究》（2008）❷，就揭示了流动人口面临的从污名化到制度性排斥的生存困境。作为流动性的个体远离乡土来到城市里，同既有的亲戚朋友和社区纽带暂时中断，这时，先出来的亲戚和老乡就取而代之，相同情境压力下形成的相互帮助和相互慰藉，成为适应陌生环境和生存困境的关系网络依托。以老乡朋友为主的交往圈成为了自愿性隔离的外在形式，无形中强化了流动人口群体内部的团结，以集体协作的方式抵抗各种制度性排斥所带来的各种生存风险。"他们的行为是不冒风险的，他们要尽量缩小最大损失的主观概率"❸，流动人口聚居区正是客观上为流动人口提供这样一个安全网络孵化的新社会空间。

民族志研究表明，越来越多的农民工不再把进城打工仅仅看作是获得相对较高的经济报酬了，而是存在着强烈的向城市移民的倾向。因此，应将聚居区视为流动人口适应城市生活的重要媒介和方式，强调流动人口聚居区的暂时性和过渡性，将之视为流动人口逐渐适应城市生活，并最终融入城市的跳板，随着流动人口适应城市生活并转化为城市居民，他们就会带着子女搬离，作为"城市－乡村"连续体的过渡形态的流动人口聚居区就将自然消失。

---

❶ 项飚：《跨越边界的社区》，北京：三联书店，2000 年。
❷ 张友庭：《污名化情境及其应对策略：流动人口的城市适应及其社区变迁的个案研究》，《社会》，2008 年第 4 期。
❸ ［美］詹姆斯·斯科特：《农民的道义经济学：东南亚的反叛与生存》，程立显等译，南京：译林出版社，2001 年，第 6 页。

第十章

发展与参与

在全球化过程中，大多数发展中国家的发展项目都声称是使边缘地区文明化的策略。对此，人类学展开了何为发展、谁的发展、如何发展的反思，并介入指导与评估发展项目，包括以乡村为主体的地方式发展也在探索发展道路，来自发展的实践使人类学知识获得生长点与具有可持续生命力。在这一过程中，从关注发展项目所在地的文化到关注所在地的人民的意愿，发展项目走过了从单纯涵化到指导性变迁再到参与式发展的道路。

第一节 人类学与发展的相遇

人类学与发展的相遇的确是与20世纪70年代后期国际社会的发展日程分不开的，其实这不过是人类学应用性特质与发展项目的结合而已，而这种应用性是一直与其学科发展史相伴共生的，对于人类学与殖民统治之间关系的诟病，曾经把这门学科推上风口浪尖。其实，现在对人类学与发展的关系也需要进行反思与探讨。

一、人类学与殖民统治的关系

"至于人类学家，不过是毫无害处的书呆子，这个行业的伦理之一便是尽量不直接干预观察对象"❶。其实从人类学学科发展史来看,这一说法颇有撇清之嫌,或者说,这是人类学全无实际用处的表白,其实不尽然。现代意义上的人类学学科体系的形成,离不开殖民主义在全球的扩张,"人类学正愈来愈要求被看成一门关于对落后民族的治理和教育有直接实际价值的研究。对这个要求的认识是最近大英帝国人类学发展的主要原因"❷,因此,这门学科要想与殖民统治完全剥离关系的确是不可能的。

(一) 人类学家间接服务于殖民统治

19世纪80年代,泰勒就呼吁,把人类学应用于治理殖民地和改善人类的生活条件上。1901年,伦敦成立非洲协会的口号就是"了解非洲人而治理非洲人"❸。在1899—1902年,南非战争结束之际,英国皇家人类学学会曾写信给当时负责殖民地事务的英国大臣,建议把南非各民族的法律和习惯记录下来,以便为将来制定有关殖民地的政策奠定基础。1903年,在莫斯发表的《民族学在法国与国外》的一文中,也提出要重视人类学的应用研究,以便为将来法国的殖民地政策提供学科依据。

就美国而言,早在19世纪中叶,印第安人事务局制定的政策就部分采用自人类学家对印第安人风土人情和风俗习惯的研究。如1852—1857年,斯库克拉夫特(Henry Schoolcraft)收集了大量印第安人的资料,汇集为6册出版。此外,为了解决殖民统治中的矛盾和冲突,还需要人类学家承担对殖民地官员的培训工作。如1864年,荷兰将民族学课程列入殖民地公务员的培训计划;1905年,南非联邦要求在殖民地官员的培训计划中设置民族学课程;1908年,在英属埃及也实行了类似的计划。

"一战"以后,殖民统治出现了由直接统治向间接统治的转变趋势,也就是说,殖民地的下级行政事务开始交由当地人的首领来承担。这时,人类学家不仅要继续对殖民地官员进行培训,而且也开始了对土著首领的训练,以帮助

---

❶ [英] 奈杰尔·巴利:《天真的人类学家——小泥屋笔记》,何颖怡译,上海:上海人民出版社,2003年,第22页。

❷ [英] 拉德克利夫-布朗:《社会人类学方法》,夏建中译,北京:华夏出版社,2002年,第36页。

❸ 李亦园:《人类学的应用》,《文化人类学选读》,台北:食货出版社,1988年,第446页。

他们了解西方文化,加强与殖民地官员之间的沟通和协调。拉德克利夫-布朗就曾在英属殖民地多次从事过相关工作,如1916—1918年,他出任汤加任皇家学院院长时,就曾承担过对土著居民的培训工作,以使其适应西方的文化和政策,减少因文化矛盾而造成的冲突;1920年,他在南非好望角大学任教时,也为殖民地官员和传教士开设人类学补习班,给他们培训人类学知识;1926—1931年,他在澳大利亚悉尼大学任教期间,创办了人类学系,为澳大利亚和新几内亚委任统治区的官员开设比较社会学和殖民地行政等课程。

(二) 人类学家批评殖民政策

在20世纪20年代后期,马林诺夫斯基与英国殖民地事务局的决策者进行过接触,为开展人类学田野工作筹集资金。1929年,马林诺夫斯基在题为《实践人类学》的论文中,提出改变土著人类学的说法,他的设想是"人类学家提供事实,由殖民当局依据事实来决定做什么"❶。从马林诺夫斯基开始,人类学家的田野工作就开始直接或间接地接受殖民政府的财政支持。

由于英国人类学的田野经费来源于殖民政府,学界内外的批评者就认为人类学家既然不能脱离殖民主义的财政庇护及行政保护,那么他们的撰述就难以避免殖民主义意识形态和制度的制约。特别是马林诺夫斯基与国际非洲研究所之间的复杂关系,确实为那些把人类学看作是殖民主义产物的批评者提供了"炮弹"。

当然,因此就把人类学与殖民统治画上等号也是浅薄的,大多数田野工作的确是在殖民政府的庇护下展开的,但是民族志的撰述并非对殖民统治的鼓吹,比如说埃文思-普里查德的《努尔人》就对苏丹努尔人无国家有秩序的社会不无赞许。库克利克(Henrika Kuklick)在所著的《内在的野蛮人:英国人类学的社会史,1885—1945》(1991)一书中认为,两次世界大战之间(1914—1945)的英国人类学确实受到了殖民主义者的资助和庇护。然而,经过资助后的研究中提出的社会人类学报告却没有迎合殖民统治者的政治需要,人类学者提交的报告和书籍经常被殖民地官员看成毫无用处(或用处不大)的东西,因为他们罗列太多与政治秩序的建构关系不大的奇风异俗。特别是马

---

❶ 转引自范可:《政治人类学今昔》,《广西民族大学学报》,2008年第2期。

林诺夫斯基并没有对殖民当局的政策和做法不闻不问,相反,他经常激烈抨击英国的殖民政策。

列维-斯特劳斯在《民族学者的责任》一文中曾说过:"正是由于殖民地的存在,人类学研究才成为可能,并且成为必要。因此,人类学与殖民主义确实无法分开。但是,不能断言,人类学是殖民统治的工具;也不能断言,人类学者对不同的社会进行客观的研究,就是实行殖民主义。"❶ 正因为如此,在《忧郁的热带》一书中,列维-斯特劳斯才将民族志称为"最令人悲伤的学科",它是"如此饱受自责的折磨",这种悲伤就来自人类学家自身的反省。

二、人类学与发展的关系

人类学与发展的相遇并非战后人类学家失去了田野工作点所致,其实人类学的应用性质让其从未远离现实社会,比如战时对轴心国的国民性格研究,以及战后的区域研究都是如此,那么人类学是如何与发展相遇的呢?

(一) 发展项目为人类学家提供新的职业机会

从"二战"结束到20世纪60年代,西方国家开始向第三世界国家提供直接的经济援助项目,这些项目把经济增长作为发展的目标,但这些集中投资和科技输入的发展项目却因忽视发展地区和发展对象的多样性和复杂性而遭遇重重阻碍而收效甚微,反而引发通货膨胀、分配不公、两极分化、文化冲突等许多社会问题。一些发展机构,如美国国际发展署和联合国发展计划部等,开始重视受援国的社会文化因素,也就是说,社会发展而不仅仅是经济增长指标开始进入发展政策和规划里,特别是提出发展项目要适应当地的自身资源和技术水平等。

1967年,世界银行在肯尼亚推行的一个有关家畜的农业项目中,首次聘请人类学家作为临时性顾问,参与项目的咨询评价工作。此后,越来越多的人类学家参与到发展研究机构的项目管理当中,如项目设计之初的可行性研究,项目实施过程中的风险防范,项目周期结束后的监测评估,这些都部分或全部地与人类学的专业知识挂起钩来。在世界银行这样机构中,人类学家的数量是

---

❶ [法] 列维-斯特劳斯:《民族学者的责任》,王庆恩译,《民族译丛》,1979年,第4期。

不断增长的（如 1974 年只有 1 名人类学家作为正式职员），而到 20 世纪结束时已增加到 60 多名❶。除此之外，每年还有上千名人类学家和其他社会科学的学者一道为各种发展项目担任短期的顾问工作。

在发展的诸多领域中，如住房、卫生设施、身体健康、饮水、教育、农业、旅游业、环境保护、就业、政治权利、消除贫困、可持续发展、食品保障等诸多领域，现在已成为吸纳人类学毕业生就业的主要平台。相应的人类学应用研究的主题也包括经济发展与文化变迁、发展对今后社会的冲击、民族特性、主流社会与少数民族的关系、环境影响、都市病态、贫穷文化、福利政策等。而对第三世界国家来说，人类学家运用自己的知识对发展计划作出修正，以适应发展对象的文化和实际情况，解决或缓解发展项目引发的文化和社会问题，探索利用自身文化提高发展项目实施效果的可能性，促成有计划的社会变迁，也成为人类学家一项新的使命和责任。

（二）人类学家反省为发展而发展的隐患

波普尔在《通过知识获得解放》一书中说："人类学家不是来自火星的观察者，虽然他常常自以为是，常常（不无热忱地）试图扮演这种社会角色；我们也没有一丝理由假定火星居民看我们会比我们看自己更加'客观'。"❷ 人类学家自身的主观性，再加上学科过程中与殖民统治的关系受到激烈的批评，也引起了人类学家的自我反省，如何与发展主义保持疏离，反省为发展而发展所带来的隐患问题。

1969 年，印第安学者德洛里亚（Vine Deloria）在《卡斯特因你的罪而死》一书中写道："历史上，印第安人受到所有人的诅咒。但印第安人有人类学家"，除了客观呈现印第安人如何严重损害其认同和文化进行了描述，但是人类学家在帮助美国政府研究土著保留区的社会发展问题时，也对印第安人犯下了罪行，如忽视印第安人所面临的来自美国政府的政治和经济上的不公待遇，将酗酒、暴力、经济停滞等印第安保留区的社会问题解释为印第安人的民族劣根性等。此书出版后，在美国人类学学界引起巨大反响，人类学家们开始反思

---

❶ 董建辉等：《西方应用人类学百年发展回顾》，《国外社会科学》，2005 年第 5 期。

❷ ［英］卡尔·波普尔：《通过知识获得解放》，范景中等译，北京：中国美术学院出版社，1998 年，第 101 页。

第十章
发展与参与

自己在发展研究中的角色、方法和态度。特别是探讨那些打着"为发展"、为"社会影响"和其他一些人道主义说辞项目背后的权力话语。

1997年，格瑞洛（R. Grillo）将人类学的发展主题归纳为以下七类❶：一是人类学家在发展中处于何种地位；二是人类学的异文化研究到底能为发展研究带来什么贡献；三是反对在发展实践和研究中把第三世界国家的普通人民及其知识边缘化；四是倡导自下而上的参与式发展，促使赋权模式的实施；五是讥讽现有的发展实践和目标；六是批判发展和发展过程；七是寻找有效处理发展的人类学研究中权力关系的另类途径。其中涉及的就有为"为了发展而发展"作的具体化的澄清。

在全球化席卷全球的今天，那些贫穷的地区和族群依然需要经济和文化的改善，而人类学的发展项目也试图为改善这些地区和族群而努力。人类学正在为社区发展而努力。在很多地方，当人类学家站出来称赞当地农业生态系统的智慧和可持续性的时候，当地农民的子女却在奔向城市去获取某种消费文化。曾经从事一项由美国国际发展机构发起的在伯利兹的计划的学者提到，"我们把几百个聪明的乡村孩子送到农业学校学习当一个更好的农民；几乎每个人现在都在美国装有空调的城市办公室工作。一方面这项计划成功地通过教育改变了这些人的生活，但是总的来说在帮助乡村经济方面它又是个糟糕的失败，因为农业在伯利兹文化中的地位是很低。"❷

参与发展的主要倡导者世界银行不是一个纯粹的商业银行，它所投资的项目除能保证最大限度地让多数人受益、促进当地的社会发展之外，还有个"零忍耐"政策，即不允许它所投资的项目对当地的弱势群体、少数民族、文化教育等方面造成损伤。但是深藏在发展、援助、发展机构等背后的带有政治、权力等的意图并没有因此而避免发生。

比如一项针对塔吉克斯坦勾瑙－巴达科善妇女生计和福利影响的扶贫项目❸，发现在市场经济导向下倡导妇女投身贸易和非正规的经济活动，已经给

---

❶ 转引自杨小柳：《发展研究：人类学的历程》，《社会学研究》，2007年第4期。
❷ [美] 理查德·韦尔克：《经济、生态人类学与消费文化研究》，黄娟译，《广西民族学院学报》，2005年第6期。
❸ 纳兹尼恩·堪基：《生意的后果：塔吉克斯坦勾瑙－巴达科善妇女的生计状况》，http://www.oxford.org.cn。

妇女造成了非常沉重的工作负荷。在低迷的经济环境中，市场经济的转变已经导致了社会经济分化的日益加大、生计不安全和社会资本的枯竭等问题，需要妇女投身于经营生意来维持生计，而国家又正在从基本社会服务中退出，这就更增加了妇女的劳动强度。在面对经济冲击时，家庭表现出了巨大的弹性，在市场为导向的经济环境中，为了满足生活基本需求，妇女在探索新机遇的过程中扮演了重要的角色。妇女不仅要参与小麦和大麦生产、牲畜管理、种植蔬菜、做生意（如果有可能，卖她们自己生产的产品），而且还要做家务和照看小孩。她们承担着照顾和哺育的义务，同时肩负着农业生产和做生意的责任。也就是说，勾瑙-巴达科善的扶贫工作存在结构层次的障碍，从而让人质疑弱势群体和区域是否能从市场经济发展模式中真正受益。

第二节　从涵化到指导性变迁

人类学在殖民时代既可以帮助殖民地官员更好地管理土著居民，也可以在发展项目中缓减发展带来的冲击力，这对于人类学家来说就会产生一个严肃的伦理问题：他们在试图改变其他族群的生活方式上应该走多远？通过对发展项目从单纯涵化到引导社会文化变迁的案例分析，可以发现人类学学科反思自我完善的成长轨迹。

一、作为强制性变迁的涵化

作为一种强制性变迁，涵化是指由于两个社会之间发生密集而直接地接触，导致人们被迫作出重大文化改变，其中包括直接地征服和间接地武力威胁。作为一种种族中心主义的表现，涵化常常在国家建设的名义下使一个群体得以把控制强加于其他群体，比如通过教育或者其他借口。

（一）被偷走的一代

马尔库斯（George Marcus）和费彻尔（Michael Fische）在《作为文化批评的人类学》中说："用19世纪英、法国会议员们的话来说，'白人的责任'在于要将这些落后于时代的人们从衰败、疾病、愚昧和政治腐败中拯救出来，

在于用教育儿童的办法来教育这些非白人社会里的人们。"❶

1788年1月，英国在澳大利亚建立殖民地时，当时的土著居民约有75万人。从1791年开始，英国殖民当局把悉尼湾附近的土地分配给服完刑期的流放犯人，由此开始了对土著居民土地的剥夺过程。在这一过程中，土著居民与殖民者的冲突造成数以万计的土著人死亡，土著居民被迫向内陆腹地的无人区迁徙。1910年，澳大利亚政府推行白澳政策，更加剧了土著居民的边缘化程度。特别是从该年开始，政府以改善土著儿童生活为由，规定当局可以随意从土著人家庭中带走混血土著儿童，把他们集中在专门的保育所等处接受白人的同化教育。那些被强行从父母身边带走的土著儿童，又被称为"被偷走的一代"❷，他们当中稍大一点的被送到女童和男童收养营；肤色较浅的孩子则被送到白人家中收养，从事家庭佣工甚至被奴役和性侵，这项政策直到1970年才被废除。

据澳洲卫生和福利部门的估计，从1910—1970年，全澳大利亚有近10万名土著儿童被政府从家人身边强行带走，直到他们成年后才回到家人身边，有30%的人从此就与父母家人完全失散，再也没有见过家人。随着1966年土著居民获得选举权和学术界、司法权要求政府就此道歉的呼声日渐高涨。2008年2月13日，在当时的陆克文总理的推动和代表下，澳大利亚政府对土著居民所遭受的"侮辱和贬低"做出正式道歉。陆克文没有提出向土著居民提供经济赔偿，但表示政府将尝试新的解决方案，推出有助于提高土著居民生活水平的卫生和教育政策，以缩小土著居民与非土著人在寿命、教育程度和经济机会上的差距。

（二）激发当地不平等的阿赞德方案

20世纪50年代，赤道项目局推出安置和发展的"阿赞德方案"，就是一个关于种植经济作物（以棉花为主）和工业（生产棉质衣服）的项目计划，在恩扎拉（Nzara）成立农工联合企业来轧棉织布、生产食用油、肥皂和其他产品。这个项目把阿赞德人（Azande）的经济与苏丹南部的其他市场联系了

---

❶ [美]乔治·E·马尔库斯、米开尔·M·J·费彻尔：《作为文化批评的人类学——一个人文学科的实验时代》，王铭铭等译，北京：三联书店，1998年，第17页。

❷ 《世界知识》2008年第5期。"被偷走的一代"，百度百科，2013-03-08。

个人、社会与转变：社会文化人类学视野

起来。

金钱和雇佣劳动的引入，淡化了阿赞德人传统的亲属在家户以外一起工作的需要，进而弱化了亲属关系纽带，年轻男女可以更加轻松地离开他们父母的家园，用欧洲人付给的工资建造他们自己的家舍。这个方案最不利的就是把个人任意分配到土地的某个地方，它分散了家庭群体，没有考虑阿赞德人流动和多变的居住方式，结果使得一些农民得到肥沃的田地，另一些农民只得到较差的土地。矛盾在重新定居的人们中间产生了，这与项目局开发者当初所想的，希望通过重新安置创造稳定劳动力的初衷适得其反。瑞宁（Conrad Reining）研究了这个方案，得出的结论是："这个项目破坏了在阿赞德建立一个工业中心的可能，也破坏了让阿赞德人生产大量棉花的可能，缺点就在于生态、社会组织和沟通方面"❶，也就是如果只是以工业发展为目标而不重视当地文化，那么阿赞德人的重新安置与发展是无法实现的。

二、人类学家介入的社会变迁项目

基于对政府或机构所主导的社会变迁效果的严重关切，人类学家运用自身研究社会文化变迁和促进社区发展的知识，通过积极介入将要发生变迁的社区事务，进行有意识的引导与设计，逐步使社区发生社会变迁，从而避免涵化所造成的一系列恶果。

（一）"维柯斯计划"

1949 年，康奈尔大学决定租下面临经营危机的秘鲁维柯斯庄园，交由人类学家霍姆伯格（Alan Holmberg）负责，从事相应的社会变迁研究，旨在通过引进社会和技术变迁，鼓励当地人寻求自治，并最终成为一个社区自治的项目。从 1951—1964 年，维柯斯计划前后持续了 14 年时间。最终，维柯斯农民买下庄园，他们的生活水平有了根本的改善，社会地位提高了，并形成了一个当地人有拥有感的自治社区。具体说来，人类学家的计划主要包括政治、经济和教育三个方面的改革。

---

❶ ［美］霍莉·彼得斯-戈尔登：《改变人类学：15 个经典个案研究》第五版，张经纬等译，北京：北京大学出版社，2012 年，第 16~17 页。

人类学家最先进行的是权力方面的改革，目的在于削弱领主的权力，并把权力逐渐转移到维柯斯人手上，使他们能控制自己的命运。比如利用过去每星期举行的接受工作指令的传统小型集合，来训练维柯斯人如何做决策。如由每个家庭派代表参加，兼顾整体利益和每个家庭的利益，通过集体讨论来达成共识，非常民主。经过5年时间，霍姆伯格及工作人员把原来从领主那里获得的权力，移交给维柯斯人的社区集体，由社区的议会来掌握与代表。

由于维柯斯人的经济不能自给自足，农田分散，土豆经常歉收，也没有生产剩余产品的积极性。因此，通过经济发展来改变维柯斯人的农业技术被列为优先项目。人类学家指导维柯斯人改种适应不同山区的薯种、用烟熏的方法防止种薯腐烂、不同阶段的施肥、喷洒农药和防止病虫害等中耕技术，从技术上解决了土豆生产问题，随后又对马铃薯种植经济的经营进行了一系列改革。

"维柯斯计划"在教育方面的改革，带来了当地文化教育的普及。"维柯斯计划"的教育策略是采取简单、直接的非正规方法和正规的学校教育相结合的办法。最初进行的是非正式的技术教育，如开设马铃薯种植技术，当地建筑技术还有让妇女学会做衣服的缝纫机使用等课程，以及西班牙文的扫盲班等。后来，人类学家也在当地开办正规的学校教育，他们举行社区的会议，确立教育目标，大家动手建立起一所学校，并聘请较好的老师来授课，等到人类学家撤出维柯斯庄园时，教育理念已深入当地人心中。

和其他的发展项目相比，"维柯斯计划"的成功并非直接的金钱投入，而是康奈尔人类学团队的人力与技术资本的投入，这些都无法用金钱来计算。因为人类学家的生计不依靠维柯斯农民剩余生产的利润或税收，而是由大学或基金会支付的；团队中的智力因素，是大量研究生几乎在毫无报酬的情况下工作，他们唯一的回报是得到博士学位或能从事人类学的职业，而这些特殊投入在其他发展项目中是难以复制的。

（二）芎（朱）瓦西人的社会变迁

芎瓦西人的传统生活是从20世纪70年代以来发生变迁的。1963年时，他们还没有听过他们生活的大陆叫非洲，如今，他们已经完全了解了政治统治的更迭。40年前，四分之三的芎瓦西人还是狩猎采集者，不知道学校、商店、诊所和机场跑道为何物，如今这些事物在芎瓦西人的现代生活中一样不缺，甚

至更多。在经历了定居化、迁居、军事化、种族隔离和市场经济后，芎瓦西人的社会变迁已经十分剧烈。从 1965 年开始，博茨瓦纳政府推行定居点制和统一的食物供应机制，80 年代政府开始限制狩猎，结果造成芎瓦西人无法单独觅食或者依靠放牧生存，唯有依靠政府的定额配给维持生计，传统的食物结构发生改变，造成芎瓦西人大量出现高血压和心脏病，特别是 1990 年以后，当政府停止食物配给项目后，芎瓦西人为了生存只能重拾狩猎技能。由于政府推行将土地出售给牧场主的措施，在文化方面实行"反对桑人"的政策，如学校里禁止芎瓦西人儿童使用母语，允许教师实施体罚等，这一切都使得芎瓦西人再也无法把握未来。

纳米比亚奈奈地区的芎瓦西人情况更恶劣。1970 年时，纳米比亚政府建了一块布须曼人领地，规定了他们的定居地，结果让芎瓦西人失去了奈奈地区 70%～90% 的土地和上面所有的资源，1000 名芎瓦西人搬到了原先只能维持 275 人的土地上。由于无法按照传统方式生活，全靠政府配给，这随之滋生了无所事事和令人不适的拥挤等社会问题，从而让芎瓦西人付出了很大代价。

1990 年，芎瓦西人在纳米比亚奈奈发展基金的帮助下作出回应，该基金由人类学家马歇尔（John Marshall）与里奇（Claire Ritchie）于 20 世纪 80 年代早期成立，旨在保护芎瓦西人的土地所有权。奈奈发展基金最初的动力来自芎瓦西人自己，他们自己组建了奈奈农民合作社，决心拿回自己的传统地区，奈奈发展基金会为芎瓦西人筹集基金养牛和掘水。1993 年，芎瓦西人取得胜利，赶跑了非法侵占他们土地的放牧者。1998 年，奈奈西地区的农民合作社与纳米比亚政府和几个 NGO 合作，划定了 9000 平方公里公用土地的保护区，建立了 35 个按传统亲属关系组织的村落。由于芎瓦西人平等主义的传统需要数百人达成一致才能作出决定，现在每个村落选出两名代表（至少要有一名妇女）参加社区会议，代表选区的利益。可以说，这是芎瓦西人政治生活的变迁。

该项目的成功还包括村庄学校计划，成员一同用当地语言编撰教学内容，特别是注重芎瓦西的传统传习和儿童养育方式（培养以平等与分享为核心的价值理论）。"在语言学家和人类学家的帮助下，当地人用芎瓦西语编写了故事书和散文读本,让当地有了文字书写传统。"❶ 如今这 35 个苎瓦西村落中建起了 5 所学校,由当地老师和社区成人担任教员,让各年龄段儿童都参与到讲故事与生计经验的传习中,重温平等主义的重要性和儿童观点及工作的价值。

(三)"福克斯计划"

在 20 世纪 30 年代,芝加哥大学人类学系对福克斯印第安人进行现代化变迁机制的研究中,慢慢形成一个与发展研究有关的项目。福克斯印第安人居住在衣阿华州的塔马镇(Tama)上,自从 19 世纪 90 年代以来,美国政府通过强迫儿童注册上学和印第安人重组法案,一直在涵化福克斯印第安人,使得印第安人内部派系倾轧、政治权威分散和结构瘫痪,联邦政府逐渐掏空了福克斯人处理社区日常事务的责任。社区机构包括美国政府的印第安人服务处(the Indian Service)和像管理祭仪舞蹈和售卖食物的"步舞委员会"(Powwow Committee)这样的内部机构。社区的活动分为两类,第一类是氏族仪式、"步舞委员会"的活动等。这些是他们力所能及和肯定自己的活动;另一类则是维持学校、保健、法律和社会秩序运行等的活动,对此他们感到恐惧、无知、自卑可怜和力不从心。

"福克斯计划"包括在物质上获得效益的经济发展计划,原则就是经济上要能够获益但又要避免福克斯印第安人被同化。最成功的方案是在当地生产和销售具有印第安人风格的家用漆器、瓷砖和石印贺年卡等手工业品,使福克斯印第安人有效地参与了地区性的活动,又不用放弃他们自己的民族认同。这是依据福克斯印第安人和白人都能接受的条件,有助于印第安人通过实际参与当地的社会和经济事务,给他们提供一个新的和重要的公民教育的机会。

"福克斯计划"把福克斯人的问题看作主要是文化上的问题,因此,"福克斯计划"提出的治理方案虽是多方面的,但重点还是在教育,目的在于提高福克斯人的自决和自信能力。为了满足福克斯印第安人的教育需要,该计划

---

❶ [美]霍莉·彼得斯-戈尔登编著:《改变人类学:15 个经典个案研究》第五版,张经纬等译,北京:北京大学出版社,2012 年,第 114~115 页。

也着力筹集基金提供大学奖学金,后又争取了一些大学的免费名额,到了计划进行的第二年,就有十几个福克斯印第安人进了大学校园。教育计划的目的不在于造就个别福克斯印第安人的教育资本,而是使新近受过良好教育的族人与他们的社区保持密切的联系,为社区的可持续发展发挥作用。

当然,类似"维柯斯计划"的由外部机构发起,移交地方管理的发展模式,曾经得到广泛推广,但到了20世纪70年代,这种由专家主导的研究和规划形式因为种种原因而最终遭受挫折,从而迫使发展领域重新收集数据和规划其他方法,来探索发展项目的可持续性问题。

第三节 社区主导型发展

从单纯涵化到引导性变迁,发展项目除了被质疑项目的可持续性,还有就是"将研究对象单纯视为被关注目标的弊端"❶,因为其中隐含的就是谁是发展的主体,谁的发展最后才是要如何发展的问题。长期以来,发展对象极少有对涉及他们的政策或计划表达自己意见的机会,人类学家成了他们的代言人和辩护者。当代发展理论提出的参与和赋权,既是理论,也是方法,就是为了赋权发展对象,只有"当社区和社区成员参与发展项目的计划决策过程、被授权管理和控制他们自己的资源和未来时,平等发展最有可能实现。"❷

一、参与式发展

从20世纪70年代以来,发展的话语已经经历重大变化,参与式(Participatory)发展已成为诸如世界银行和联合国等国际组织承认的正统理论,这些组织要求自己的发展项目的研究和评估要更具参与性,这表明主导发展的理论范式有了积极的变化,在参与式发展的推动下,大量培训指南、手册、课程和网络应运而生。近些年,参与性已经被越来越多的非政府组织和政

---

❶ 董建辉等:《西方应用人类学百年发展回顾》,《国外社会科学》,2005年第5期。
❷ Peter D. Little. Anthropology and Development. In Satish Kedia and John Van Willigen (eds.) Applied Anthropology: Domains of Application. Westport, CT. Praeger. 2005. pp. 47~48.

府组织所强调，参与性呈现出了主流化的特征。

（一）参与式的发展历程

参与式并非始于20世纪70年代，之前就有过很多强调赋权和当地集体行动的早期尝试，包括30年代在印度进行的新经济项目和50年代在拉美进行的社区发展项目。到20世纪50年代和60年代，"给那些无声的人有说话的权利"和社会变革的想法成为一股驱动力，这为发展过程中的赋权定下基本原则，"本地人不只是研究的对象，而且应是研究工作的各个阶段的参加者，从而成为自己的信息的生产者和主人。"❶ 也就是说，对于发展项目的目标人群来说，优先考虑的并且有用的是他们自己而不是任何局外人，包括各类专家等。

当然，从20世纪70年代以来，项目实施国的政府和非政府机构都着手创建更多的计划以"帮助扩大传统中未得到承认的声音"，这些计划常常明确提出其宗旨是把对自然和社会资源的一部分控制权转交给那些从前没有控制权的人群，并提供方法和策略以增加社区对自身发展的决策权。到了20世纪80年代中期，在基层组织和非政府组织中出现了更多致力于探索非外来者导向的方法，新研究方法和规划方法不断提到实验，这些新方法跟先前确定的方法和原则结合起来，形成了令人眼花缭乱的各种方法和称号缩写，❷ 其核心是尊重理解当地人或当地的知识，以抗衡外来者或西方科学知识的主导地位。在20世纪90年代初，参与式方法成为持续发展的代名词，各类资助机构开始把是否使用参与式方法作为拨款的条件，参与式方法率先在国际机构和非政府社区发展项目中得以尝试和运用，参与性作为衡量社区发展工作的一个重要指标，因为社区群众广泛而深入的参与是社区可持续发展的重要保障，其设想是参与式方法赋权给当地人，使他们具有技能和自信，能够分析身处的现状，达成共识，作出决策和采取行动以改善他们的处境，其最终目的是实现更公平和更持续的发展。

（二）参与式困境

从理论上说，赋予边缘人群权利的理想一直是许多参与式项目的目的，其

---

❶ 马元曦等主编：《社会性别与发展译文集》，北京：三联书店，2000年，第147页。
❷ 马元曦等主编：《社会性别与发展译文集》，北京：三联书店，2000年，第135~136页。

设想是促使目标人群分析自身的现状，然后影响政策，这样他们就有更大的力量（更多信心和技能）去继续争取自身的权益，但更深入的研究表明很多参与式方法往往把重点放在透过咨询缓解压迫的表面现象，"参与式要达到目标，必须经过长久（挑战不平等）的过程，而不能只局限在搜集信息，记录图像和及时分析上"，这样的话将导致参与式发展"陷入为政治目的作出机械的决策"❶，特别是并非社区内的每个群体都有均等的机会接触参与式评估过程。因此，参与式方法的实施也许能为贫困社区赋权，但也有可能制造出当地不同利益群体之间的冲突。

此外，参与式发展还面临着两个困境，一是涉及方法的标准化，这种标准化趋势与对参与式初衷背道而驰，原先是要摆脱蓝图式规划和实施的局限，向更灵活、更适应具体情况的方法发展；二是照本宣科地使用参与式方法，而不是以赋权为导向，对培训手册和方法的狂热使很多人自以为已成功地达致参与式发展，尽管许多先导性的工作只是建立在对于赋权肤浅的认识基础之上的，这意味着参与式方法需要切合不同的环境，才能保证其赋权导向。也就是说，通过信息收集和表述只是参与式规划战略的第一阶段，只有当被去权的人们有能力集体采取社会行动来缓解具体的社会经济、政治状况，并要求权利时，赋权才得以实现，"对压迫和权力的理解可以避免使赋权变为无意义，否则赋权一词就会遭到损害和贬抑。"❷

二、以社区为主导的发展

以社区为主导的发展就是要把参与式落到实处，让项目地社区成为发展过程中信息的拥有者和采取行动的实践者。

（一）社区主导型发展理念

尽管参与式方法明确提出社会共融的构想，很明显许多参与式发展的做法并没有很好地处理社区内存在复杂的差异，包括年龄、经济状况、宗教、种

---

❶ ［英］伊琳·吉特：《社区的迷思——参与式发展中的社会性别问题》，社会性别窗口小组译，北京：社会科学文献出版社，2004 年，第 17 页。

❷ ［英］伊琳·吉特：《社区的迷思——参与式发展中的社会性别问题》，社会性别窗口小组译，北京：社会科学文献出版社，2004 年，第 40 页。

姓、民族，特别是社会性别问题。因为社区历来被天真地看作是一个和谐的、内部平等的集体，对于社区内部运作机制和差异性一直没有得到足够的认识，而这些内部差异和运作机制对于社区发展的影响是重大的。这种有关社区凝聚力的神话一直渗透在参与式工作中，掩盖了偏见和误解，使得那些有权利、有能力公开发表见解的人群的观点和需求更得到重视，结果事实上参与就是有限人群的参与。

从 20 世纪 90 年代起，世界银行项目运营评估部把农村社区主导型发展作为农村社会经济领域的一种新的发展模式，主要是通过赋权，将资源的决策权、使用权和控制权完全交给农民，农民有权决定实施什么项目，由谁来实施，并由农民掌握、控制项目资金的使用。也就是说，在项目运作过程中，农民能够独立自主地处理社区事务，在参与中实现自我管理、自我教育、自我服务、推动社区的可持续发展。

具体说来，社区主导型发展（CDD）[1]作为一种工具和方法，能使社区实现民主化治理和人群能够实质化参与发展。一般来讲，社区主导型发展可以定义为一个过程，通过这个过程，当地的社区组织在当地发展中获得对决策和资源的控制权。具体说来，其主要原则和目标可以具体表述为，第一，提供一种减少社会政策制定者和潜在受益者面临信息鸿沟的机制。这种机制的核心是为社区在公共建设项目和提供服务的问题识别、决策和实施阶段创造参与的机会。第二，为特殊项目的启动建立基金，包括社会基金，能力建设计划和职业培训等。特别是社会基金，它为贫困的和边缘化社区在社会基础设施建设和服务方面的投资提供所需的大量资源。第三，促进和改善社区能力，使他们通过集体行动识别需要和产生需求。这种参与过程增强建立社会网络的能力，从而增加社会资本，这些反过来有益于集体行动。

（二）社区主导型发展的实践经验

社区主导型发展理念近来不仅被双边捐赠者，同时也被国际机构和组织，如世界银行，国际劳工组织（ILO）、世界卫生组织（WHO），联合国开发计

---

[1] 西亚经济社会委员会：《社区主导型发展与地方综合性社会政策》，韩静译，http://www.cdd.org.cn。

划署（UNDP）和西亚经济社会委员会（ESCWA）等，当作直接干预发展的主要工具而频频采用，如世界银行第五期贷款项目中就设计了运用社区主导理念和方法开展小型基础设施和公共服务以及社区发展基金的项目内容。现已产生了一些知名案例，如印度森林管理和以社区为基础的营养项目，马拉维、罗马尼亚和赞比亚的社会基金项目等。

2006年5月，由国务院扶贫办外资项目管理中心和世界银行合作开展的社区主导型发展试点项目在广西南宁正式启动，用于广西、四川、陕西、内蒙古四省区的60个重点贫困村的扶贫开发工作，预计有10万人从中受益。目前，项目试点已从当初的4省区4个县60个村发展到6个省的140多个县和近千个村。项目分为三个基础部分，通过基础设施子项目来改善贫困地区的生产生活条件；通过社区发展基金子项目增加了贫困地区农民的收入，通过自然资源与环境改善项目改变贫困地区的环境状况，实现可持续发展。现在国家发改委表示将在农村发展项目中借鉴社区主导发展的模式。国家民委经济研究会也准备将社区主导方式推广运用到国家民委的有关项目中。

尽管已有很多社区主导型发展项目的相关案例研究，但是这些项目在社区参与水平或方法论上并不完全相同，因此评估社区主导型发展是否能够阐释和整合社会政策，从而为制定社会政策提供坚实的基础，仍然需要在一个区域层次上，对其整合社会政策所产生的收益进行总体的评估后才能得出。

第四部分
方法论与方法

  作为一门独立的学科来说,方法论与方法是使其区别其他学科的关键所在。在人文社会科学中,人类学的方法论与方法无异是有其独特之处的。自我、他者、异文化、主位、客位田野工作和民族志这些关键词无疑是其最具学科特色的标签词汇。

第十一章

自我与他者

诚如费边（Johannes Fabian）所说的，如果把19世纪古典人类学的原始—文明的进化论时间观，改造成为文化上"我"/本文化和"他者"/异文化之间空间分立并以"他者"（非西方）来观照"我"（西方）的二元化世界观，确实是20世纪社会人类学的总体特征。在人类学中，"他者"成为一个与自我既有区别又有联系的参照物，通过他者在一定程度上可以更好地认识自我，但其中隐含的自我中心主义却有着严重的缺陷或弊端，已成为人类学界内外的反思主题。消解自我与他者对立，构建两者的平衡关系可以部分地修补两者的关系，特别要坚持的伦理底线就是他者的知情权与自愿原则。

第一节 作为两极存在的自我与他者

其实自我与他者这种表述可以有无数近似的变种，比如前推到希腊时代的欧洲人/异族，或者是启蒙时代的欧洲人/野蛮人，进化论中的文明/野蛮，结构主义中的文化/自然，后现代理论中的西方主义/东方主义等，其认识论源头就是二元对立的思维模式。也就是说，只要这种思维模式存在，它就会以不同的名称表述自己。寻找他者并非人类学的专利，更早可以追溯到启蒙运动所需要的与西方文化形成空间分离的文化参照物，只是后来它成为社会进化论的佐

证，是人类学认识论中独特的文化景观。

一、启蒙时期"高贵的野蛮人"

包括人类学在内的西方现代社会科学都脱胎于启蒙运动，因为它们的创始人都可以追溯到当时的启蒙主义者休谟、伏尔泰和孟德斯鸠等人。❶ 从1492年开始的"地理大发现"以来，从亚马逊热带雨林到印度尼西亚的婆罗洲，从马达加斯加到黄金海岸，从恒河河畔到长江流域，传教士、旅行者和记者等关于这些非西方社会的认识被源源不断地传回欧洲。经过三个多世纪的知识累积，到了18世纪，人们对非西方社会的认识已达到有史以来的最高水平。特别是1851年以来，这些社会中的异族身体还在欧洲各种展览会上被展示，更增强了欧洲人对非西方社会文化的直观感受，也激发了他们前往新大陆和东方冒险的勇气和决心。

就拿伏尔泰的《风俗论》（1756）来说，它本身就是一部充满各种奇风异俗的逸闻百科全书，特别是反映了西方社会对非西方世界的人种知识，"我们知道了印度斯坦有各类黄种人。非洲和远离赤道的亚洲黑人又分为若干种类。而当人们进入美洲，到达赤道地区，又看到那里有白色人种。巴西土著的皮肤是青铜色的。中国人的鼻、眼、耳、肤色，甚至也许连他们的才智，都跟其他人种完全不同。"❷ 对于同一地区的人种，伏尔泰则进行了更为具体的描述："从体型看，居住在北纬50度附近的爱斯基摩人的脸形和身材同拉普兰人相似。邻近的种族脸上长着浓密的毛。（北美洲的）的易洛魁人、休伦人以及佛罗里达地区的人，肤色都是棕色，除了头部全身上下没有毛。"❸

除了形体的不同之外，非西方社会中的人群处于一个什么样的精神状况呢？"高贵野蛮人"（Noble Savage）就是启蒙思想家对非西方社会中物质贫乏而精神高贵人种的一种表述。在英语世界里面，这个词第一次出现是在德莱顿（John Dryden）的英雄诗剧《征服格拉纳达》（1669）中，因卢梭在《论人类不平等的起源和基础》一书中借用该词，并具体阐发了自己的启蒙思想而更

---

❶ 石奕龙：《试论西方人类学学科体系的形成》，《世界民族》，1998年第1期。
❷ ［法］伏尔泰：《风俗论》（下册），谢戊申等译，北京：商务印书馆，2003年，第35页。
❸ ［法］伏尔泰：《风俗论》（下册），谢戊申等译，北京：商务印书馆，2003年，第42~43页。

加闻名遐迩,"无数的水手、商人、传教士,他们从野蛮民族那里旅行回来,都极端赞扬这些民族的道德品质,而鄙弃文明民族的道德品质,这并不是出于所有这些人们的一种共同幻想。毫无疑问,18世纪的哲学家们利用了旅行家们的记述,并尽量加以美化,来证明人没有基督教也能成为善良的人;证明一切社会和政治制度都能比当时的哲学家所攻击的基督教给予人们以更多的幸福。但是,那些旅行家们的记述也是以真实事实为依据的:他们描写了在原始共产社会里生活的人们的情况,他们在那些人身上发现了一些在我们的社会里已经失去的美德。"[1] 也就是说,卢梭笔下出现的高贵野蛮人,就是他借用原始主义/非西方文化创造出的一个社会的美好过去,从而与现实生活的残酷与不平等——法国教会与封建等级制度的权威和剥削——形成鲜明对比。这种凭借遥远地理空间来建构非西方社会的思路,也给后来进化论派人类学家构拟原始社会提供了极好的启发。

与卢梭等人基于自我谴责与浪漫想象表述的理想化野蛮人不同的是,启蒙时期还存在着对野蛮人的另一种表述,那就是对其进行基督教宇宙图式下的"妖魔化",把野蛮人与无知、错误、未开化、迷信这些字眼紧密结合起来,使其成为"所有真理与知性的对立面"[2],这点也不同程度地为古典进化论所吸纳,成为对原始社会价值判断的注脚和标签。

那么,在现实世界中是否存在着"高贵的野蛮人"呢?查冈(Napoleon Chagnon)在《高贵的野蛮人:我穿梭于两个危险部落的生活——雅诺马马人与人类学家》(1992)一书中给出了自己的答案。自1964年起,查冈便在委内瑞拉的亚马逊地区对雅诺马马人(Yanomami)的印第安部落展开研究。研究初始,查冈试图寻找到一种卢梭曾提到的"高贵的野蛮人",然而,他所看到的是,在雅诺马马部落中,杀人多的男子能够得到更多的妻子,暴力成为进化中的优势因素。当查冈公布他的发现后,遭到了很多人类学家的质疑。其实查冈的民族志,展示的正是部落生活的多样性和丰富性形态。"原始人远非卢

---

[1] [美]威廉·亚当斯:《人类学的哲学之根》,黄剑波等译,桂林:广西师范大学出版社,2006年,第86页。
[2] Bernard Mcgrane. Beyond Anthropology: Society and the Other, New York: Columbia University Prees. 1989. p. 9.

梭想象中的那样，是自由自在而无拘无束的生灵。相反，他的一切都处于其所在群体的习俗的禁锢之中，这不仅反映在社会关系上，也包括在其宗教、巫术、劳作、工艺行为中。总之，他生活的方方面面都被束缚在历史悠久的古老传统的锁链上。"❶

二、进化论烛照下的原始人

人类学是这样定位自身的："人类学是对他者（The Other）的系统研究，而其他所有社会科学都在某种意义上是对自我（The Self）的研究。只有人类学家敢于宣称通过研究他者能够比仅仅限于研究自己更深刻地认识自己。"❷从19世纪下半叶开始，人类学家开始在非西方社会中寻找与自我同类但相异的他者，通过对他者的研究，从而更好地认识自我，并达成理解自我的终极目标。

然而人类学要实现通过认识他者来理解自我的宏图，却并不容易。贝特森（Gregory Bateson）感叹道："我是一个闯入他们的生活而招致他们厌憎的家伙……我跑够了，再也不想伸长鼻子去探究异族的事情。"❸ 其实，类似的情绪在马林诺夫斯基的日记和列维－斯特劳斯的《忧郁的热带》中都有表现。此外，人类学在寻找他者的道路上，也遭至了其他学科的批评与质疑，德里达（Jacques Derrida）就说过："人类学的暴力产生于那一刻：异文化的空间由外人的一瞥而塑成并重新定位……在此过程中，人们在自我的认知对抗中重构异文化。就此看来，人类学的历史无异于是在以己文化之短进行的文字游戏中发生的、误述他者的历史"❹。这种指责并非空穴来风。也就是说，在将他者与自我相联系的过程中，人类学家重组了启蒙运动的野蛮人观念，将启蒙运动中已

---

❶ 转引自马林诺夫斯基：《原始社会的犯罪与习俗》，原江译，昆明：云南人民出版社，2002年，第4页。

❷ [美]威廉·亚当斯：《人类学的哲学之根》，黄剑波等译，桂林：广西师范大学出版社，2006年，第1页。

❸ [英]格雷戈里·贝特森：《纳文：围绕一个新几内亚部落的一项仪式所展开的民族志实验》，李霞译，北京：商务印书馆，2008年，第11页。

❹ [英]罗伯特·莱顿：《人类学理论导论：他者的眼光》，罗攀等译. 北京：华夏出版社，2005年，第176页。

出现的知性—无知、真理—谬误、启蒙—未开化、知识—迷信等西方与非西方人类状况的对子进一步整合为进步—落后的进化论对子。此外，来自生物学和地理学中的知识进入人类学中，成为此后深远影响的进化论理论的科学基础。

直到 19 世纪终结，给后世留下深刻印象的人类学家，绝大多数是持进化论观点的。赫茨菲尔德（Michael Hertzfeld）这样说过，人类学这一学科对它自己的社会和文化背景表现出一种讽刺意味，它特别适于对把现代性和传统，把理性和迷信割裂开来的做法提出挑战。可笑的是，"现代性和传统、理性和迷信这些对子的出现，部分确应归因于人类学自身所发挥的巨大作用"❶。比如列维-布留尔写作他的《原始思维》时就按照社会达尔文主义的时间观，把非西方文化的坐标放在"原始的"尺度之下。摩尔根、泰勒等人相信人类生活在三种高低不同的状态中：蒙昧状态、野蛮状态和文明状态，人类历史遵循这三种状态的顺序依次向前行进，且随时代会变得越来越好。在进化论者眼中，原始人从社会性来看，是野蛮的、杂交的，在文化上，他们只能从宗教仪式中寻求解释自然与世界的秘密。因此，在人类进化的阶梯中，他者被视为落后、原始、野蛮的代名词，是落后和不可思议的。马林诺夫斯基在其著作中就提到当时一位权威对土著人习惯和风俗的理解："风俗吗？没有。习惯？像野兽一样。"❷ 也就是说，古典进化论在研究中预先设定了野蛮/文明、原始/现代这样的划分，也即所有非西方的文明都终将走上现代化之路，变为现代文明，它们现在不过是处于一个演变前的形态而已。

三、后现代质疑声中的他者

阿莫瑞（Deborah Amory）在《美国协会的非洲研究》一文里，坦承"如同我所了解的非洲研究的复杂历史，我吃惊地发现当代美国人在非洲的经历多么忠实地再复制与描述黑/白、真实/客观、自我/他者的二元对立，正是这些对立历史地建构了非洲研究领域。"❸ 20 世纪 60 年代以后，在人类学界内外的

---

❶ 赫茨菲尔德：《人类学：付诸实践的理论》，《国际社会科学杂志》（中文版），1998 年第 3 期。
❷ ［英］马林诺夫斯基：《西太平洋上的航海者》，李绍明等译，北京：华夏出版社，2001 年，第 7 页。
❸ ［美］古塔·弗格森：《人类学定位：田野科学的界限与基础》，骆建建等译．北京：华夏出版社，2005 年，第 119 页。

反思质疑声中，他者成为一个背负道德污名无所遁身的存在。

（一）无法回避无处不在的他者

费边在《时间与他者——人类学如何制造它的研究对象》（1983）一书中指出："既然人们已经普遍承认我们所有的民族志的知识都受制于在人类学者的社会与他所研究的社会之间历史地建立起来的权力与支配关系，那么在这个意义上可以说，所有的人类学知识实质上都是政治的。然而，在我看来，通过集中探讨我们在自己与对象（他者）之间形成概念化关系的关键范畴——时间，我们就有可能实现进一步的自我质疑。"[1] 人类学通过自我质疑，来完成其学科认识论与方法论上的蜕变。那么，何者为他者呢？

在后现代批判理论中，他者概念的运用受益于萨义德（Edward Said）的《东方学》（1978）一书，他关注的就是诸如人类学、语文学等现代学科和知识体系与欧洲帝国——大英帝国以及法国——的殖民扩张之间的密切联系。他说："任何教授东方、书写东方或研究东方的人——不管是人类学家、社会学家、历史学家还是语言学家，无论面对的是具体的还是一般问题——都是东方学家，他或她所做的事情就是东方学……它带有19世纪和20世纪早期欧洲殖民主义强烈而专横的政治色彩。"[2] 东方学的知识—权力体系的基础是二元对立原则。例如，东方通常被认为是原始的、未开化的、非理性的、专制的，而与此对应，西方则是文明的、开化的、理性的、民主的。而且东方"无法表述自己，他们必须被别人表达"[3]。

德里达也发现，人种志首先是一种使用着传统概念的欧洲学问，因此，无论愿意与否，人种志甚至在它揭露人种中心主义的那一时刻，也同时在他自己的话语里"接纳了人种中心的前提，这种必然性是不可还原的，它不是一种历史的偶然"[4]。德里达以列维-斯特劳斯的《亲属关系的基本结构》作为批评对象，揭示了现代人类学试图超越西方学术传统而又不得不困于西方学术传

---

[1] Johannes Fabian. Time and The Other: How Anthropology Makes its Object. New York: Columbia University Press, 1983. p. 28.

[2] [美]爱德华·萨义德：《东方学》，王宇根译，北京：三联书店，1999年，第3页。

[3] [美]爱德华·萨义德：《东方学》，王宇根译，北京：三联书店，1999年，第28页。

[4] [美]乔治·E·马尔库塞，米开尔·M·J·费彻尔：《作为文化批评的人类学——一个人文学科的实验时代》，王铭铭等译，北京：三联书店，1998年，第242～243页。

统棄臼的尴尬。列维-斯特劳斯从自然/文化对立这一哲学范畴出发，研究亲属关系的基本结构，那些普遍的、自发的，并且不依赖任何特殊文化及任何既定规范的东西属于自然，而那些依赖某种用以规范社会并因此能够使一种社会结构有别于另一种规范系统的东西则属于文化。德里达认为，列维-斯特劳斯永远都将他曾经批判的东西当作工具保存下来，一方面，他在继续对自然相对文化的这个价值提出异议；另一方面，他又会寻求传统的现成的概念作为参照体系。所以，人类学家描述的野蛮人和原始人，实际上是西方为自己建构的第二个自我。

人类学在选择原始的简单社会时，确实怀有一种方法论的考虑，也就是说，人类学者试图从简单的社会组织中发现的是人类社会构成的基本原理，原始的简单社会能为理解人类社会的基本形式提供最为简便而有效的手段。当然，人类学的简单社会不仅包括小型的游群、村落社区，而且还广泛地延伸到非洲的大型裂变型的酋邦型部落和印度的种姓，到了列维-斯特劳斯甚至延伸到整个人类共通的思维结构，而到了沃勒斯坦之后，更拓殖到了欧洲与没有历史的人民的世界政治经济史。也就是说，一切可能都可以成为西方现代世界所需要的他者形象。

（二）他者内部的复杂关系

现代人类学很少涉及一个重要事实：在被人类学研究的他者当中，也广泛存在种种类似的概念，即他者内部的他者观念。葛兰西（Antonio Gramsci）的《南方问题》（1966）最早涉及这一内部殖民问题的探讨；在人类学界有赫克特（Michael Hechter）的《内部殖民主义》（1975）[1]等书，而科恩（Anthony Cohen）的研究也指出西方社会内部的边缘性社区所面临的威胁，十分类似于殖民地的处境，也就是说，西方内部资本对于这一类社区的殖民化。

沙因（Louisa Schein）的《少数的法则：苗族与中国文化政策中的女性主义》（2000）一书就就用了内部东方主义（Inner Orientalism）一词表述了类似的含义。沙因将全书分为国家/表征和身份与文化抗争两个部分，分别从国家与苗族这两个维度进行分析。她一方面呈现了在现代中国这一多民族国家体系

---

[1] Michael Hechter. Internal Colonialism. Berkeley: University of California Press, 1975.

内，少数民族是如何被制作出来的，以及在这一过程所形塑的民族、现代性、文化展示等话语中蕴含的内部东方主义、污名化与女性化等不平等的权力关系与话语霸权又是如何强加于位于权力边缘的少数民族身上的；另一方面，她也极力想表明这种话语霸权在生活中的存在并未消除文化差异，反而是以差异为其基础，甚至也在制造着差异，而这些差异产生的重要因素在于族群能动性对霸权的直接与间接的文化反抗，因为"面临不同形势的文化行为者协调他们的位置。在此过程中，具有不平等的错综结构的社会秩序，不仅被再生产出来，而且其自身往往是并不平衡的。"❶ 比如汉族有意识地将少数民族构建成文化上的他者，以女性作为少数民族的隐喻，构造出一种少数民族是落后的，是与汉族有差异，需要救助的形象，体现的就是一个东方主义内部化的过程，而且政府、都市汉族、都市少数民族知识分子、农村少数民族干部以及当地村民等五类群体都在进行少数民族形象的"自我塑造"。

第二节 尝试消解自我与他者的对立

在20世纪60年代后期，人们开始质疑人类学家为什么不去研究他们自己的社会。如果说人类学观察他者、认识他者和表述他者的知识不可以用来解释自我的话，那么，人类学理论与方法的科学性便会受到严重挑战。正如拉比诺（Paul Rabinow）说的："世界上没有实质上的他者，彼此而言，我们都是深层的他者……人类学家和他的资讯人都是生活在一个经文化调适过的世界，陷于他们自己编织的意义之网。"❷ 因此，通过对西方社会中的象征森林的描述和非西方社会的主体性的张扬来消解自我与他者的严重对立，让两者的对立变得模糊不清。

---

❶ [美] 路易莎·莎因：《中国的社会性别与内部东方主义》选自马元曦主编：《社会性别与发展译文集》，北京：三联书店，2000年，第102~114页。

❷ [美] 保罗·拉比诺：《摩洛哥田野作业反思》，高丙中等译，北京：商务印书馆，2008年，第144页。

第十一章 自我与他者

一、人类学家的西方社会研究

人类学家把注意力集中到自身社会研究的尝试始自 20 世纪早期的美国人类学家对本国非印第安人的研究。如博厄斯的《人类学和现代生活》（1928），多拉（John Dollard）的《一个南方城镇的种族等级和阶段》（1937），戴维士（Allison Davis）等人的《南方深处：社会人类学对种族等级和阶段的研究》（1941）；米德的《保持你的火药干燥》（1943）；克拉克洪（Florence Kluckhohn）的《人类学的镜子》（1949）和许烺光的《美国人和中国人：两种生活方式》（1981）。此外，1955 年《美国人类学》曾出一期题为《人类学者眼中的美国》的专刊，其中所刊登的文章均是关于美国社会文化方面的研究。从 20 世纪 60 年代开始，欧洲人类学家也开始重视国内的田野工作，在《人类》上发表的 61 篇民族志中，有关欧洲社会的内容占到了总数的 13%[1]。

布迪厄的学术转向也正好说明了这种学术发展趋势。从 20 世纪 70 年代开始，布迪厄在从事了多年的阿尔及利亚社会的人类学研究之后，转向了法国的社会文化研究。他说："用来解释非洲社会和文化的理论框架，不需要用非洲的例子而只需要利用自己在巴黎学院所见便可推知。"[2] 因此，布迪厄把民族志方法运用到欧洲社会的美感、教育制度、社会时空等现象研究中，提出了一套解释象征与社会、个人与政治以及研究者与研究对象的辩证法的理论，进一步发展了他在实践理论纲领中的某些观点，使这些论点充满对西方文化的批判性。

科恩则以一组受到英国现代主体文化冲击的边缘性社区作为研究对象[3]。这些社区正在经历从生计经济向现代专业化经济的转型当中，致使社区内部成员不得不面对外来社会力量威胁，为了抵制资本主义工业和社会制度对本地社会的侵蚀，他们努力保护当地传统的认同感并据此建构出一条与外界分离开来的象征界线。科恩认为，当代西方社会中边缘性社区一般存在两种不同但相互

---

[1] 谢燕清：《社会学与人类学田野工作》，《社会》，2001 年第 9 期。
[2] 周星等主编：《社会文化人类学讲演集》上下集，天津：天津人民出版社，1997 年，第 135 页。
[3] Anthony Cohen：Symbol, Segment and Boundary in a Shetland Island Community. Manchester University Press. 1987.

关联的话语体系：第一种是集体话语体系，其对话的双方就是作为一个整体的社区与外部世界；第二种是社区内部的话语体系，是当地人评论和解释社会的工具。这两种话语共同构成了社区自我认同的表述机制，其具体内容就是运用象征的作用界定出社区与外来的资本主义世界之间的界线。社区象征界线的广泛存在使西方世界的一体化成了问题：事实上，虽然现代资本主义体系有四处渗透的潜力，但是边际社区的象征界线的存在迫使这一体系去包容传统社区的差异和裂变。

二、主客位视角的阐释

哈里斯的《文化事务的本性》（1964）一书中引用派克的主位客位两个术语❶来讨论有关语言行为方面的内容，在《文化唯物主义》（1989）和《文化人类学概论》（1988）两本书中，他则进一步明确阐述了主位客位研究方法，即"在进行主位文化研究时，人类学者要努力去获得必要的有关类别和规律的知识，以便能像当地人那样去思考问题和行动……客位研究方法常把当地提供情况的人认为是不恰当或无意义的活动和事件进行比较和评价。"❷ 哈里斯关于印度南部喀拉拉邦对印度圣牛的态度很好地运用了这一方法。人类学主客位方法的介入意味着"人类学并没有放弃研究者的裁量，它更加重视在裁量中的被裁量者的权利。"❸

（一）他者的主位阐释

早期人类学家客位研究下的他者往往是刻板的、面具化的。以对印第安人的描述为例，"印第安的概念不仅仅是单独的，而且也是特殊的、丰富多彩的、神圣的，有时有些英雄主义的或卑怯的。总而言之，印第安人有其特殊的神秘气息。"❹ 这种客位研究所带来的误读和概念强加的做法现在已经被质疑。当然，也有人类学家强调要重视他者的想法，如博厄斯就说过："如果理解一

---

❶ M Harris. The Nature of Cultural Things. Random House, 1964, 133~150.
❷ [美] 马文·哈里斯：《文化人类学》，李培茱等译，北京：东方出版社，1988年，第17页。
❸ [美] 马文·哈里斯：《文化人类学》，李培茱等译，北京：东方出版社，1988年，第16页。
❹ [美] 威廉·亚当斯：《人类学的哲学之根》，黄剑波等译，桂林：广西师范大学出版社，2006年，第188页。

个民族的思想就是我们严肃的目的,那么对经验的全部分析就必须建立在他们的概念基础上,而不是建立在我们的概念基础上"❶,从而将报道人所写出的材料列入民族志;从拉比诺《摩洛哥田野作业反思》、贝特森的《纳文》开始展示他者的建构过程;在巴利(Nigel Barley)的《天真的人类学家》及其姊妹篇《重返多瓦悠》中开始解构他者与自我;在肖斯塔克(Marjorie Shostak)的《尼萨》(1983)中,我们看到尼萨讲述作为女人在昆人(Bushman)文化中意味着什么,也就是他者作为主体登场了。从主位的角度,尼萨以第一人称叙述的方式讲述了自己的生命史,从"早期记忆""家庭生活""丛林生活""初涉性事"到"渐渐变老"等15章❷构成了全书的主体部分。这其实是一种"合作民族志"构架,通过调查者与被调查对象的参与与互动,使得二者之间的对话成为可能。在共计25个月的两次实地调查中,肖斯塔克重点对8位昆人妇女进行了大量的生活史访谈,而最终翻译、编辑和出版的主要是老年妇女尼萨的个人故事。通过对访谈录音的翻译和编辑,她的生活史以第一人称叙述的方式得以展现,并按照生命周期的顺序为基本构架。书中还有两种"声音",一种是属于作为正在体验异文化的年轻美国女子肖斯塔克的,穿插体现在《尼萨》一书的"导论"和"结语"部分:这主要是肖斯塔克的个人自白,讲述了两次田野经历的背景和过程,在异文化环境中的兴趣、生活调适、感受和想法。另一种则属于人类学家这个角色,具体就是"导论"和"结语"里交待尼萨故事的收集过程和表述框架的形成等,以及加在每一章前面的民族志概括和评论(其中同时融合进了其他受访者的讲述)。肖斯塔克在一个人性化的框架中实现了这三者的相对平衡。因此,在马尔库斯和费彻尔的力作《作为文化批评的人类学》(1986)里,出版不久的《尼萨》即被视为将个人叙述用作民族志的成功范例。

(二) 自我的客位解释

那么,客位的研究如何呢?布迪厄说:"必须要做的,不是施加魔法,也不是通过自欺欺人的原始主义的参与,来取消研究者和本土居民之间的距离;

---

❶ Franz Boas. Recent Anthropology. Science. 1943. p. 98.
❷ 胡鸿保等:《跨文化的心灵旅行——读〈尼萨〉和〈重访尼萨〉》,《博览群书》,2010 年第 2 期。

而是应将这种客观化距离和使其成为可能的社会条件——诸如观察者的外在客观性,他所使用的对象化技术,等等——转化为客观研究的对象(即对象化)"❶。但是,人类学家无论如何也是难以做到客观地描述其研究对象的。

埃文斯-普里查德提出人类学是文化的翻译,人类学家要做的就是尽可能地贴近所研究的对象人群的群体思维,把异族观点翻译成自己文化中等同的观点,这当然不同于语言的翻译,也就是说,"在更微妙的日常话语中寻找文化的意义,无论是直译还是意译,翻译的困难是在田野民族志中找到一个确切的对等物。"❷

人类学家通过长期居住在田野点来学习评议地方性知识。地方性知识就这样被纳入人类学的研究。知识的意义需要在那里获得解释,将它们置于他们自身的日常生活之中,使它们不再晦涩难解;地方性知识就这样与人类学融为一体,当然,"描述必须依照特定一类人对自己经验的阐释,因为那是他们所承认的描述;这些描述之所以是人类学的描述,就是因为人类学者事实上承认他们"❸。

事实上也不可能有任何一个调查者能宣称自己可以做到这一点;也不要求人们转换角色变为当地人,按照当地人的思维去观察和思考问题。格尔兹指出:"我们或至少我本人,既不追求将自己转变成当地人,也不追求模仿他们。似乎只有浪漫主义者和间谍才会追求那样做。"❹

格尔兹的深描作为解释地方性知识的方法,是否就真正走进了他者的精神世界呢?克拉潘扎诺(Vincent Crapanzano)对格尔兹的深描方法就提出了较为严厉的批评,他以格尔兹关于巴厘岛斗鸡仪式的研究为批评文本,认为格尔兹在描述的层面上将他自己的主体性与村民的主体性和意向性混淆起来,无凭无据地将各种各样的经验、意义、意图、动机、性情和理解归诸巴厘人,在深度

---

❶ [法]布迪厄等:《实践与反思——反思社会学导引》,李猛等译,北京:中央编译出版社,1998年,第44~45页。

❷ [英]阿兰·巴纳德:《人类学历史与理论》,王建民等译,北京:华夏出版社,2006年,第173页。

❸ [美]克利福德·格尔兹:《文化的解释》,纳日碧力戈等译,上海:上海人民出版社,1999年,第16~17页。

❹ [美]克利福德·格尔兹:《文化的解释》,纳日碧力戈等译,上海:上海人民出版社,1999年,第15页。

游戏中，作者在现象学和解释学方面的虚伪姿态进一步复杂化了民族志作者的权威建构问题。格尔兹对斗鸡仪式的观察尽管声称要从当地人的意义世界出发，但在其深描的文化解释中，对于民族志作者自身却缺乏知识论反思，以至于湮没了当地人的声音和自主性，没有真正走进他者的精神世界，他的文化解释因而成为过度诠释。

拉宾诺返归他的实地经验，集中在他与他者交往时的自我，并关注洞察一种异域文化世界的田野工作中所隐含的道德方面的问题。于是，他导向了这样一个结论，"即所有文化事实都不过是解释，而且是众说纷纭的解释，这一点，无论对于人类学家还是他们访谈的本地对象来说都是千真万确的。"[1] 他将实地研究展示为"具有一定限度交流方式的交互主体性的构建过程"。这表明，他认为人类学家和本土居民在共同进行着解释活动。人类行为与人类文化中的这种主观性，也如杜蒙（Louis Dumont）所表述的："人类学者在田野调查中，观察者所扮演的角色在观察之过程里面，成为一个不可或缺的部分了。他所送达出来的图像并非是其中没有了主体之属的客观描述，而是某个人对某样事的一种看法。"[2]

第三节　对自我与他者关系的反思

人类学家对三群人有义务：他们研究的那些人，那些资助研究的人，那些期望我们的发现发表以便可利用其来增进我们知识的同行专家。特别是对于"他们研究的那些人"来说，人类学家的研究很有可能给他们带来负面的、个人感情上的影响，这种影响与研究可能对公众教育带来某些抽象的好处，但是"如何在这两者之间平衡就是个大问题了"[3]。

---

[1] Paul Rabinow. Reflections on Fieldwork in Morocco. Berkeley and Losangeles: University of California Press. 1977. p. 151.

[2] ［法］路易·杜蒙：《个人主义论集》，黄柏棋译，台北：联经出版事业股份有限公司，2003年，第4页。

[3] ［英］梅拉尼·莫特纳等：《质性研究的伦理》，丁三东等译，重庆：重庆大学出版社，2008年，第112页。

一、人类学家的职业伦理

在 20 世纪 50 年代,关于拿瓦侯印第安人(Navaho)的研究文献已经超过 7000 种,仍有人类学家源源不断地进入该地区从事田野。以至于"当时流传的一个笑话说:一个拿瓦侯的家庭包括了母亲、父亲、子女和一个人类学家"。当地人也会直言:"你的研究对你有好处,对我们却没有好处"❶,这其中就隐含着对人类学家职业伦理的追问,如果完全不去考虑人类学家介入异文化实际隐含的书写霸权,那么,所谓的研究只对人类学家自身有益,而对当地人而言,一无所获甚至很多时候还会因此蒙受人类学家以及其他读者对于他们的误解。

在人类学的田野工作历史中,自我和他者之间是处于非对称关系的,相对于他者,自我具有凌驾于其上的优越地位,也就是他者是自我的消费对象,某种程度上两者是剥削与压榨的关系。许烺光在他的回忆录《边缘人》(1997)中就深有体会地写道:"马林诺斯基曾在特洛布里恩德岛屿住过四年从事田野研究。他把特洛布里恩德岛的土著人际关系与其他民族间的人际关系作比较,找出相同处和相异之处,但从不把特洛布里恩岛人与英国人或其他白人作比较。其他英国人类学家也都有这种倾向。他们认为英国及其他白人都是科学家、绝不可能沦为科学研究的对象。至于其他非白人的文化是可以拿来检视、分析、探讨和归类的。而英人及其他白人是超越被检视研究之上,他们是'父母',研究、分析其他'子女'世界的行为是理所当然的"❷。人类学这门学科是西方为了认识自己,并为了统治殖民地而到殖民地去研究所谓无历史的野蛮人才建立起来的学科,那种把人类学家假想为对外来人进行客观描述的学术权威的观点是站不住脚的,也就是说,"人类学表述不是中性的,而是基于南北半球的权力关系"❸。

---

❶ 乔健:《漂泊中的永恒——人类学田野调查笔记》,济南:山东画报出版社,1999 年,第 41 ~ 49 页。

❷ 国立编译馆主译:《边缘人——许烺光回忆录》,台北:南天书局,1997 年,第 54 页。

❸ [英] 凯蒂·加德纳等:《人类学、发展与后现代挑战》,张有春译,北京:中国人民大学出版社,2008 年,第 22 页。

洛夫兰夫妇（John and Lyn Lofland）提到在与人打交道的实地调查可能要面临的伦理问题，称其为"定性实地研究的伦理"[1]。出现下列情况都可以归为此类，如"在人们不知道你们将记录交谈内容的情况下和他们交谈；为了自身的目的而从你们讨厌的人身上获取信息；目睹人们强烈需要援助却无直接反应；身处于一个你们自己并不全心全意赞同的情境，策略性地营造和其他人的关系；在派系林立的情况下投靠一边或是保持中立；为了接近人们的生活和心灵，不惜和他们进行金钱交易；利用线人或结盟的方式来接近人群或是不了解的事物"等。

正因为如此，现代的人类学研究越来越强调研究对象一定要真正自愿地同意参与研究，也就是坚持人类学家的职业伦理，在研究的所有阶段——包括材料收集、数据分析、报告发表甚至此后——都要保证被研究者在知情同意的情况下真正自愿地参与研究，自愿参与和不伤害参与者已经越来越正式化，形成了知情同意的共识。在1975年肖斯塔克访问昆人部落之后，尤其是《尼萨》一书出版以来，尼萨曾经要求匿名，肖斯塔克因为担心不能在真正意义上保证这一点而心存不安，但1989年以后的尼萨似乎不再介意这个问题，反而因为被外来人辨认出真实身份而觉得自豪。

二、人类学家与当地人互为他者

在1977年拉比诺摩洛哥田野反思出版之前，人类学的主流观点是视研究者与研究对象的关系是主体之于客体，先知与后觉。在拉比诺看来，人类学家与研究对象是平等的实践主体。人类学田野工作如果只是想着窥测他者的世界，获取田野点材料来进行分析和解释，既不想向田野点和读者交代自我的认同和反思自身社会文化的局限，也不去理解当地人行事的主观依据和客观情境，那实际上是做不好田野工作的，也就不能写作真正的民族志。现在拉比诺的这种理念已经作为反思人类学的成果，进入马库斯、费舍尔和克利福德等人编写的《作为文化批评的人类学》和《写文化》当中，成为了人类学的方法

---

[1] ［美］艾尔·巴比：《社会研究方法》第十一版，邱泽奇译，北京：华夏出版社，2011年，第310页。

论前沿与学科共识。

（一）人类学家与研究对象的"亲密"关系

在布迪厄看来："把外来者拉近，又不使其丧失丝毫的奇异性，因为它允许用最随和的亲近对待外来者的最大奇异性，同时又强迫与最具个性的外来者保持一定距离，即一种真正的占有之条件。"❶ 也就是说，人类学家对研究对象具有话语权力方面的优势，可以操控与研究对象的亲疏远近，其实在真实的田野工作中却并非如此，因为作为当地人的被研究对象并非是主流人类学家想象的那样被动。孤零零的人类学家自身也在当地人的眼睛注视下，成为被观察对象和谈论的话题。在20世纪70年代进入山东台头村的戴瑙玛就是村民们的注视焦点，比如村民清楚地记得（或模仿）戴瑙玛夹烟卷时，手的动作和胳膊上浓重的汗毛，学她如何耸肩，尤其人们还注意到她面部表示同意、反对或者惊讶的神态，以及议论她把钢笔送给了谁和谁得到了她的半包茶叶等。

在早期的民族志中，人类学家与被研究对象之间的互动是被作为无关紧要的细节删除的，但是并不等于它们不存在，如列维－斯特劳斯的《忧郁的热带》，马林诺夫斯基的《田野工作笔记》，弗里曼（Derek Freeman）的《玛格丽特·米德与萨摩亚：一个人类学神话的形成与破灭》等都提及这类关系。格尔茨在《文化的解释》中提到了自己在巴厘岛做田野调查时的一个特殊经历❷，他有一次跟居民一起参与斗鸡赌博，却遭遇警察抓赌，然后大家一块儿狼狈逃避，从而与村民的关系从客气疏远到调查顺利进行。这段"共谋"经历反而使得原先一筹莫展的田野调查豁然开朗，获得本地人的认同。他后来也反思这种"共谋"所建立的亲密关系作为田野调查的重要策略所面临的诸多挑战。

巴利的《天真的人类学家：小泥屋日记》等反思民族志兴起后，人类学家开始堂堂正正地展示自己是如何被观察者观察，从被接纳开始了自己的观察研究之旅。比如巴利语言学习能力明显不足，这恰恰成为他被多瓦悠人接纳的原因之一，"一年后，多瓦悠人称呼我为'我们的白人'。因为他们认为长居

---

❶ ［法］布迪厄：《实践感》，蒋梓骅译，南京：译林出版社，2003年，第232页。
❷ ［美］克利福德·格尔兹：《文化的解释》，纳日碧力戈译，上海：上海人民出版社，1999年，第471~476页。

于此的白人是多瓦悠巫师转世,巴利"学不好多瓦悠语一定是企图掩饰其多瓦悠本性"❶。

布迪厄认为,"与对象的正确关系是社会科学固有科学实践的最具决定性的条件之一"❷,因此,重视田野点中人类学家与研究对象的关系尤其重要。如何在田野点中建立良好的关系至关重要?为调查内容付费和对资讯提供者馈赠礼物是最常见的做法。但是,有时候也可能适得其反,如给被访者支付劳务费,有时可能会使他过分"积极";有时则可能使他感到自己仅仅是被当作获得信息的渠道,因此自尊的受访者反而可能会拒绝合作。

拉比诺的摩洛哥社会调查,从开旅店的法国失意商人、阿拉伯语教师、西迪·拉赫森村的居民,作者遇到的都是起桥梁作用各种边缘人,但个个都有影响力。等到他终于进村了,他才开始感受田野点的能动性,即村民对外来人的控制力。为了接近社区文化的核心,拉比诺明智地接受村里人对他的种种安排,忍受资讯人和村民们对他本人和他的汽车的种种利用。最后,经过重重的复杂博弈,他终于被社区勉强接受并得到圣人后裔作为资讯人,因而大体知道了村子里的社会脉络。

在《重访尼萨》一书中,肖斯塔克在《尼萨》中所展示的那种和谐关系已经出现裂痕,尼萨和其他人不时以一种十分功利的方式对待她,在信息和服务的金钱报酬上不依不饶,尽管肖斯塔克作为访谈回报所支付的母牛和礼物,已经使得尼萨成为当地最富有的昆人之一。面对尼萨生活世界发生的变化,致使肖斯塔克进而反思研究者与被研究者在权力、经济以及对双方关系的定位和期望等方面存在的明显差异。

其实巴利的经历也说明,如何从调查对象那里获得资料是一个不容回避的现实问题。对于人类学家的提问,多瓦悠人常常是绕着圈子打转,多数时候,巴利的提问只是散弹打鸟,多瓦悠人特有的思维方式使调查举步维艰,如果被调查人没有足够的兴趣和热情,调查就难免陷入困境:人们常常因为感到乏味而给出好听但非真实的答案敷衍了事。面对这种状况,巴利认为最好的策略就

---

❶ [英]奈杰尔·巴利:《天真的人类学家:小泥屋笔记》,何颖怡译,上海:上海人民出版社,2003年,第54页。
❷ [法]布迪厄:《实践感》,蒋梓骅译,南京:译林出版社,2003年,第23页。

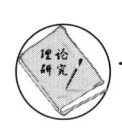

是贿赂,"一点点钱就可以使人类学者的探索变成值得投入的活动,打开原本深锁的门。"而为了目睹身为宇宙秘密的守护者的祈雨巫师卡潘老人的造雨过程,巴利甚至大力结交不同的祈雨巫师,然后"无耻地操弄他们之间的矛盾",以达到调查目的❶。

(二) 田野民族志是一种双方共同的创造物

价值中立是与价值介入相对应的概念,田野调查中的价值中立是指在调查中要避免先入为主地用调查者已有的价值体系去衡量、观察、评价自己的调查对象。价值中立的原则要求调查者以一种冷静、客观的态度去观察和收集资料,避免过多地卷入当地的社会关系中。"当我要离开多瓦悠时,村里的酋长说他很乐意陪我回我的英国村子,但是英国总是那么冷,还有像欧洲教堂猛犬的凶残野兽,而且众所周知,英国有食人族呢。"❷

李(Richard Lee)的经历表明,尽管芎瓦西人喜欢吃肉,但狩猎成功及成功猎人的骄傲之性,还是会因他们对平等主义的重视而受到压抑,避免对个体与个人成就进行过分褒扬。李解释道:贬低对肉的爱好,是昆人保持平等主义的主要行为,尽管有些男性比他人更善捕猎,但他们的行为受群体形塑,把自满情绪降到最低,并将这种动力转化为有益社群的行为,因此,狩猎获技术的差异,不会导致大人物体系的出现,不会让某些有天赋的人有高于他人的特权。当李准备离开卡拉哈里时,他决定杀头公牛组织一场告别宴,这顿大餐可以给参加的每个男人,女人和小孩子至少四磅肉,他很高兴自己能找到这么大头牛,让他觉得很满足。随着盛宴一天天临近,李变得垂头丧气,一直有人提醒他要办宴会,因为牛已经买好了,飨宴办起来了,公牛确实很壮,让人们两天两夜俱乐狂欢,但芎瓦西人一边吃肉一边对这头"老牛瘦牛"表示鄙视,李发现自己上当了,但却不明就里,就想发现真相。有人告诉他,这是他们对猎人的惯常做法:无论猎人带回多么丰盛的食物,"一个年轻人猎到了很多肉,就会觉得自己成了酋长一类的大人物,把我们这些想成他的仆从或下人,

---

❶ [英] 奈杰尔·巴利:《天真的人类学家:小泥屋笔记》,何颖怡译,上海:上海人民出版社,2003年,第157~158页。

❷ [英] 奈杰尔·巴利:《天真的人类学家:小泥屋笔记》,何颖怡译,上海:上海人民出版社,2003年,第13页。

第十一章 自我与他者

我们可不会照办，我们不会让某人自我膨胀，因为他的骄傲有会让他杀了别人，所以我们总是把他的肉说得一文不值。这会让他内心平静，变得自制。"❶也就是说，直到李离开昆人部落，他才真正理解了昆人的平均主义。

就拿拉比诺的田野经历来说，随着他与西迪·拉赫森村的其他人交往，并且与那个回村度假、希望复兴社区传统并为此回村找寻宗教智慧和力量的大学生成了朋友，但各自的文化传统明摆着界定了两人间的分歧："彼此而言，我们都是深层的他者"❷。也就是说，当作者完成了一个像剥洋葱那样由表及里去认识他者，又从里向外来反思自身的循环周期。在此过程中，他攻克了当地人引为自豪，认为是坚不可摧的阿拉伯文化三重堡垒：语言、女人和宗教。他学会了阿拉伯语，接触了当地女人，又与村里的圣人后裔深度探讨了伊斯兰教。结果他却发现，世界上就没有实质上的他者，大家彼此彼此，都是各自环境的产物，同时又是对方认知和认同的支撑物，因而也都是对方的他者，而且是"不同的意义之网分割了我们"❸。

---

❶ ［美］霍莉·彼得斯-戈尔登：《改变人类学：15个经典个案研究》第五版，张经纬等译，北京：北京大学出版社，2012年，第104页。

❷ ［美］保罗·拉比诺：《摩洛哥田野作业反思》，高丙中等译，北京：商务印书馆，2008年，第144页。

❸ ［美］保罗·拉比诺：《摩洛哥田野作业反思》，高丙中等译，北京：商务印书馆，2008年，第144页。

第十二章
做田野与写民族志

就知识体系和专业实践而言，田野工作及与其相关的民族志从来没有像今天这样处于风口浪尖，备受争议。但是长期的田野调查以及详尽的民族志写作仍然是学科训练的基础。通过对田野概念的恰当分解和聚合，对过去和现在的民族志进行深刻而有反思性的探讨，人类学曾经的整体分析民族志写作策略不管是从深描到写文化，还是历史的转向，从政治经济学转向到地方性的社会史，都正在向个人中心的实验民族志转向。

第一节　田野工作迷思

田野工作是成为人类学家的前期必备训练，或者说田野训练造就了真正的人类学家，决定某项研究是否属于人类学范畴的重要标准就是看研究者做了多少田野。问题是在哪做田野和如何做田野。人类学的田野工作变成了一个行内人人都在做，却几乎没有一条定义能得到所有人赞同的事情。有历史人类学者把文献研究称为"文本上的田野"，也有前卫学者以电子邮件和网络世界为"田野"完成了自己的"田野工作"。

一、人类学安身立命的田野工作

虽然田野工作对人类学学科十分重要，但是田野在当代人类学中仍然有着干需要探究的地方。人类学要研究什么不是首要问题,而是人类学该在哪里从事研究——这"虽然是个常识性的问题,却在人类学反思的范畴之外"❶。

(一) 从无到有的田野工作

人们把1922年视为现代人类学的标志年,这一年出版的马林诺夫斯基的《西太平洋上的航海者》和拉德克利夫-布朗的《安达曼岛民》标志着田野工作定型。殊不知田野工作的出现并非一夜之间的事,这期间经历了近半个世纪的酝酿。

1. 英国《人类学笔记和问询》的四个版本

19世纪中期诞生的人类学以非西方社会文化为研究对象,需要来自非西方社会的实际调查材料,古典进化论和传播论学派的学者依据殖民当局的档案、旅行家以及传教士的记述进行再研究。然而,泰勒、弗雷泽等人类学家的研究结论主要是通过文献资料的收集和分析而缺乏实地调查的做法因而遭到学界的批评和挑战。因此,人类学在确定自己的专有研究方法上面临着很大压力,特别是当时人类学家书斋式的工作方式几乎将若干世纪积累的民族学资料消耗殆尽,到实地去收集材料就显得尤为必要且十分紧迫。

在19世纪晚期,英国不列颠科学协会发表了一份文献——《关于人类学的记录和质询》(1874),目的有两个:第一,帮助作为旅行者的理论家获取"准确的人类学观察";第二,使那些自己不是人类学家的人们能够提供科学的人类学研究所需的资料。于是,这份文献被广泛发给旅行者、商人、传教士和殖民地官员等。

泰勒作为牛津大学博物馆的管理员和人类学的审稿人,帮助修订了《关于人类学的记录和质询》的最早版本,他很快就意识到某些更有价值的结论应该建立在受过良好训练的科学家的个人调查基础之上。哈登(Alfred Haden)认为人类学家应该掌握第一手的学术性的田野调查资料的概念。1930年,在他接任伦敦人类学研究院院长的就职演讲中,他阐明了新田野调查的迫切需要,他告诫说要谨防"速效收集资料方法",强调对于研究者来说,必要的不

---

❶ [美]古塔·弗格森:《人类学定位:田野科学的界限与基础》,骆建建等译,北京:华夏出版社,2005年,引言。

个人、社会与转变：社会文化人类学视野

是仅仅收集标本，而是通过长时间的耐心的理性理解，从本土人那里发掘出资料中蕴藏的更深层的关联和意义。

在这种情况下，如何进行科学的田野工作？细化调查手册就成为关键。英国人类学界指导田野工作的专用手册《人类学笔记和问询》，从 1874 年到 1912 年期间就进行过四个版本的修订。尤里（James Urry）撰文介绍了这四个版本的具体修订过程❶。第一版是由泰勒等人执笔的，其目的是指导旅行者等对原始人进行准确的人类学观察，提供信息供英国国内的人类学者进行科学的人类学研究。第二版的民族志引言部分由大英博物馆民族志部的里德（Charles Read）撰写，他首次提出了进行长期田野工作的必要性，"一个显然的事实是，对构成本书的主体的询问题目哪怕是给出浮泛的答案，也有必要长期持续地居住在土著人之中"。此后，使用该手册的由传教士、旅行者和殖民地官员等"业余"人类学家，开始由学院派的职业人类学家哈登、赛里格曼（Charles Seligman）、里弗斯（William Rivers）等人代替，而且他们本人还参与了该调查手册的后续修订工作，因此，到了第四版的相关章节中，即已明确提出"田野工作的语言要求和至少一年周期的调查时间保证"，也就是说，要了解小区域内当地人生活习俗的每一个细节和社区生活的所有方面。

这些职业人类学家都曾有过田野工作经验，如 1898 年哈登本人就组团参加剑桥大学资助的一支多学科的探险队前往托勒斯海峡群岛（Torres Strait Islands），对当地土著人的体质、心理、语言、艺术和工艺、宗教信仰等方面进行实地考察，其调查方式是通过翻译询问土著人中的信息提供者相关问题，把记录的答案作为研究资料。1901—1935 年间出版了哈登主编的六卷本《剑桥托雷斯海峡人类学探险报告》。在"一战"之前，里弗斯还在印度的一个部落生活了半年时间，1906 年出版的《托达人》就是对印度托达人（Todas）生产活动、社会生活、信仰、亲属关系以及与周边民族关系的描述。

2. 田野工作成型与复制

需要指出的是，马林诺夫斯基也是带着《人类学笔记和问询》手册去做

---

❶ James Urry. Notes and Queries on Anthropology. Royal Anthropological Institute of Great Britain and Ireland. 1972. pp. 45~57.

第十二章
做田野与写民族志

田野的,在他身后发表的日记表明,他是一边做田野一边参考该手册的。如在同一个段落里就曾经两次提到翻看该手册的事宜:"我写日记,一边看《人类学笔记和问询》,一边试着综合我得到的资料。准备出门。晚餐。在这期间试着把谈话引到民族学主题上。晚餐后与韦拉卫简单地谈话。又读了几页《人类学笔记和问询》,装好照相机。然后我到村子里去;月夜皎洁。"❶ 正是由于这个手册第四版的系统指导以及马林诺夫斯基的个人际遇使得《西太平洋的航海者》成为田野工作新纪元的标志。

毫无疑问的是,田野方法定型是由马林诺夫斯基完成的,"人类学家去土著村落里生活,用一套有效的科学规则把资料员和研究者的身份完美地合而为一"❷。他在1914—918年间以澳大利亚为根据地,先后三次到新几内亚进行调查,三次调查花去了他两年半的时间。他第一次的调查依靠翻译,第二次和第三次的调查都是直接使用当地土著的语言。在特罗布里恩德岛上,马林诺夫斯基在一个村子里单独搭了一个帐篷居住,与当地居民一起捕鱼、耕种,学习他们的语言,参与巫术表演,观看各种仪式、习俗,沉浸于当地的生产和生活实践。这段特罗布里恩德岛经历及所获资料构成他1922—1935年发表7部专著的基础,如《西太平洋的航海者》(1922),《原始社会的犯罪与习俗》(1927),《原始社会的性与压抑》(1927),《野蛮人的性生活》(1929),《两性社会学》和《珊瑚园艺及其巫术》(1935)等。

自马林诺夫斯基之后,以田野工作为资料基础的民族志就成为人类学的基本方法和人类学的学科基础,"(要)承认那些从未亲自对至少一种文化进行深入研究的任何权威的时代,已经一去不复返了"❸。也就是说,任何从事人类学专业的人,必须要对某一个族群进行田野工作,并撰写出相关民族志。人类学并没有说一定要到哪儿做田野才算是完成自己的田野工作,而太平洋上的群岛、非洲的部落,亚马逊丛林等地方之所以受到青睐,是因为那是他者的所在地,"人类学对异国情调的专注……本质上是用来排遣由于亲近而产生的乏

---

❶ Bronislaw Malinowski. A Diary in the Strict Sense of the Term. New York:Harcourt, Brace & World. 1967. p. 30.
❷ [英]马林诺夫斯基:《西太平洋的航海者》,梁永佳等译,北京:华夏出版社,2002年,第6~7页。
❸ 转引自杨圣敏:《民族学是什么》,《新疆师范大学学报》,2012年第1期。

味感的方式；这种亲近使我们对自己互相感知和沟通能力的神秘性熟视无睹"❶。于是，英国学者纷纷前往大英帝国的殖民地，法国学者则前往非洲部落社会和南美丛林，美国人类学家进入国内的印第安人部落、太平洋岛屿和东南亚等地，特罗布里恩德岛民、安达曼岛民、萨摩亚人（Samoans）、祖尼人（Zuni）、托达人和努尔人等，早已成为人类学的经典研究对象。

（二）当代社会中的田野工作

第二次世界大战以后，世界政治经济格局发生了巨大改变，人类学的田野工作受到极大冲击，新兴国家的现代化规划以及全球化的浪潮正深刻地改变着人类学家的田野面貌，原始的提法既不再被接受，而且与现实也越来越不符合，如果一味地坚持原始的标准，人类学家势必会被赶到博物馆去。世界范围内的工业化浪潮下出现了非西方国家与西方国家趋同的现象，大大缩短了人类学家与他者之间的距离。甚至在最初进入他者所在地时，像马林诺夫斯基当年的那种沮丧、忧愁和失望的强烈情绪也越来越有减弱的趋势。一句话，文化震撼已经愈发不明显了。"拿着相机和笔记本，人类学家寻找着野蛮人，但是野蛮人已经消失了"❷。因为人类学家在非西方社会中所见到的，与社会学家在国内看到的，同样是工业文明带来的社会弊病，因此人类学家开始把原先属于社会学研究对象的亚裔、欧裔等纳入到田野工作当中，因为"从方法论来看，人类学家博厄斯和罗维考察北美印第安人生活方式时所使用的细致方法，若应用于现代人的研究定会更有成果"❸。

1. 遍地开花的田野点

对于田野工作者来说，当代社会中的田野到底在哪里呢。《人类学家在田野》一书汇集的16个性质迥异的人类学田野案例无疑是最佳回答，有利于我们把握田野工作的新变化。例如，墨西哥都市的红灯区、修道院内的纯男性世界、底特律的少数民族艾滋病家庭、肯尼亚的瘾君子群体、伊利诺伊州的监狱、澳大利亚北领地的提伍人……人类学的研究对象从来没有像今天这么多元

---

❶ ［美］克利福德·格尔兹：《文化的解释》，纳日碧力戈等译，上海：上海人民出版，1999年，第16页。

❷ ［澳］林恩·休谟等：《人类学家在田野》，龙菲等译，上海：上海译文出版社，2010年，第43页。

❸ 谢燕清：《社会学与人类学田野工作》，《社会》，2001年第9期。

过，这些田野充分展现了当代人类学的复杂格局。与曾经的传统一样，新西兰和澳大利亚土著、马来亚社会依然占据着人类学田野工作的一席之地，然而更引人注目的是，西澳公立中学里的教育管理改革问题和南澳的跨国收养问题同样荣升为人类学的田野关注对象，中产阶级学校里的教职工食堂和伊利诺伊州监狱的餐厅获得了与土著的草屋和乡民的场院同样的田野资格，这不能不说是人类学在过去几十年中巨变的一个缩影。

此外，传统田野指的是地理和文化之间的完全吻合，即一个地点、一类人群和一种文化的工作模式。在当代社会，田野点的弥散已经让某些选题就成了难事一桩了。如在澳大利亚土著的新世纪运动研究中根本就找不到田野点，弥散在各处的土著运动实践既可以是足不出户的"网络在线仪式"，也可以是出门一百米就到的水晶商店。也就是说，不能在任何一个社区中观察到后工业社会借用土著精神力量的所有形式。再比如研究日本跨国公司驻美雇员的妻子们的家务实践学者写道："我的'田野'每天下午六点整结束，我们聚会的房子得转换成另一种用途：因为我们女主人疲惫的丈夫不久就会回家，期待着一顿热饭和一个宁静的夜晚……在下一次午餐聚会之前，或者又一次前往商场之前，我的'田野'消失在空气中"❶。其实，这些尴尬和不适就意味着田野工作孕育着新的改变和创造的契机。

2. 亦我亦他的人类学家

20世纪初既实现学科化的人类学，经过一个世纪的发展，人类学知识和机构也在亚非拉全面遍地开花。人类学家的队伍构成自然也发生了巨大的变化，有本身就是土著的人类学家，如科里克-佩斯克（Colic Peisker）为了逃离民族主义带来的灾难来到澳大利亚，结果发现自己依然需要在克罗地亚裔社区中完成自己的人类学研究；身为巴纳巴人（Banaba）后裔的卡捷琳娜（Katerina Teaiwa）在夏威夷大学取得硕士学位之后，寻根访祖到故国基里巴斯，却不自觉地陷入了一张巨大的亲属网络之中。这种既亲切又陌生的"回归"本身就是巨大张力的源泉。更不用说身为马来西亚裔的费得泽拉（Ida

---

❶ ［澳大利亚］林恩·休谟、简·穆拉克：《人类学家在田野——参与观察中的案例分析》，龙菲等译，上海：上海译文出版社，2010年，第277~279页。

Fadzillah）在泰国的田野经历了：她生就的东南亚面孔让当地人对她一见如故，可是乡民们很快就为她连不能坐在书本上这种规矩都不懂而纳闷了——这人到底算是个穆斯林穷人（Khaek）还是有地位的西方白人（Farang）呢？"亦我亦他"的身份伴随着她的田野工作始终，结局似乎不错——至少她在离开的时候拿到了一张本地人才能买的折扣飞机票。

这样以各种身份涉足田野的人类学家本身从事的工作也是五花八门的。虔诚的天主教徒安斯洛（Michael Angrosino）奉卡西安修道院院长之命，利用人类学家/口述史学家的专长为一家本笃修道院成立一百年编纂一部口述史；受雇于残疾人权利机构的舒特沃斯（Russell Shuttleworth）研究的题目是男性脑瘫患者的性亲密行为；苏珊（Susan Beckerleg）和吉莉安（Gillian Hundt）在肯尼亚海洛因吸食者群体中开展的田野工作则隶属于奥马里项目，旨在帮助瘾君子们回归正常的社会生活。

3. 文本中的田野

1889年，泰勒在一篇题为《研究社会制度的一种方法》论文里，对收集到世界350个不同社会群体的资料进行统计分析。1949年，默多克（George Murdock）建立的人类区域关系档案库（Human Relation Area Files）就把包含非洲、环地中海、东亚、太平洋岛屿、北美和南美六类地区88大类617小类的文化资料输入由电脑控制的HRAF系统之中；列维-斯特劳斯的《人类亲属的基本结构》一书所说的基本结构的推演建立在7000个民族志样本上……

也就是说，经过数代人类学家的田野工作，那些没有文字、没有历史的部落社会的民族志也开始堆积如山了，如1900年克罗伯（Alfred Kroeber）第一次去加利福尼亚做民族志时，还极少有人类学家关注这个地区，当1960年克罗伯逝世时，世界上没有一个地方像加利福尼亚那样拥有如此多的人类学著作，其中相当一部分就是由克罗伯本人写作的。因此，民族志的文本研究意义得到大幅提升，此外，档案文献和以及民间史料，如日记、书信、法庭审判记录、地区性经济文献和游记等等也可以作为研究佐证。

1975年，勒华拉杜里（Emmanuel Le Roy Ladurie）依据宗教裁判所对蒙塔尤村庄的村民们的审讯记录写作的《蒙尤塔：1294—1324年奥克西坦尼的一个山村》，就是一本建立在文本上的民族志，也被称为是"宗教裁判所的人种志"。

传统意义上的民族志框架，从语言、婚姻家庭、居住方式、亲属关系、宗教信仰到权力机制等等，在《蒙塔尤》中无一遗漏。例如在"蒙塔尤生态"中，勒华拉杜里分别介绍了自然环境、土地状况、农作物、牲畜情况；社会环境中的人口、房屋、家庭关系、劳动分工、货币、交通、饮食、疾病等各个方面；在"蒙塔尤考古"中，则详细地介绍了村民们的家庭观念、社会关系及宗教思想；而蒙塔尤村落虽然置于当地领主富瓦伯爵、罗马教廷及法兰西国王三种权力的共同制约当中，但是更重要的是处在克莱格兄弟二人的共同管理之下，虽然克莱格家并非贵族，也不是什么显赫的世族，然而这一乡绅阶层却在实质上维持着整个村内机制的运转，并充当普通群众与上层统治者之间的纽带。

而《写文化》作者之一的罗萨尔多（Renato Rosaldo）则批评了勒华拉杜里过于天真地相信宗教裁判记录的真实性❶，以田园诗的书写方式将他的乌托邦憧憬转变为对贫穷但快乐的牧羊人形象的刻画，其所谓的历史真实性不免使人质疑。

二、田野工作的核心方法

在《西太平洋的航海者》中，马林诺夫斯基从三个方面入手，划定了田野工作边界，他说："第一，部落组织及其文化构成必须以翔实明确的大纲记录下来，这一大纲必须以具体的、统计性资料的方式提供。第二，这一框架应以实际生活的不可测度方面以及行为类型来充实。这方面资料必须通过精细的观察，以某种民族志日记的形式来收集，而这只有密切接触土著人的生活才有可能。第三，应当提供对民族志陈述、特殊叙事、典型说法、风俗项目和巫术程式的汇集，作为语言材料集成和土著精神的资料。"❷ 概括起来说，参与观察和深度访谈就是田野工作的核心方法。

（一）参与观察

田野工作的一个重要原则是参与观察，要求研究者投身于他所要研究的人

---

❶ ［美］雷纳托·罗萨尔多：《从他的帐篷的门口：田野工作者与审讯者》，载《写文化——民族志的诗学与政治学》，高丙中等译，北京：商务印书馆，2006年，第111~123页。
❷ ［英］马林诺夫斯基：《西太平洋的航海者》，梁永佳等译，北京：华夏出版社，2002年，第18页。

群之中，参与他们的社会生活，观察周围正在发生的事情，进而熟谙这个社区居民的规范与价值。马林诺夫斯基当时的做法是把帐篷搭建在土著的村落之中，与土著保持亲密接触。真正生活在土著之中是与偶尔钻进土著人群询问若干问题在获得信息的深度和广度上是完全不同的。特别是一些现象靠询问是根本无法获得的，只能在完全具体的现实状态中被观察，例如礼物交换场合中人们的态度和感受，宗教仪式中人们的互动与行动等。

参与观察是指一个人既在其社会群体之中，又与之相分离。这种分离，意味着除了在极不寻常的情况下，他能及时接近其他社会宗派团体，其他团体的人应很乐意看到他们这一方面的事件也被同样报道。马林诺夫斯基开创的参与观察主要分为四种程度不同的观察：局外的观察，这是比较客观的，其分离度也高，但卷入田野的程度最低；观察者的参与，观察者参与到田野中，但参与其中的程度适中，仅是以观察者的身份参与，同时保持了客观的立场，这种参与观察最难做到；参与者的观察，观察者已经深深地参与进去了，但还能够有一些观察，有一点客观；完全参与者，很多的是完全的主观参与，只能形成主观价值判断。在调查过程中，能否参与、参与到什么程度、观察到什么程度都是参与观察中所要关注的重要问题。

怀特认识到参与观察的优点并恰当地在科纳维尔意裔社区的《街角社会》中引入了这种研究方法，以公开的身份参与到被研究群体中进行观察。"我起初是作为一个非参与的观察者。随着我变得被社区所接受，我发现自己差点儿变成了一个非观察的参与者。我有了科纳维尔的生活感受，但是这意味着我已经能够把我的科纳维尔朋友们认为理所当然的事也是做理所当然。"[1] 怀特进入科纳维尔并成为"街角帮"的一员经历了层层尝试：从在雷加尔旅馆的忐忑，到通过社会工作者的引见认识多克，再到住进诺顿街的阿尔·马丁尼家以及跟阿尔的爸爸学习意大利语。最终，怀特终于融入诺顿街，建立了足够的私人关系，他也像多克和奇克一样，成为科纳维尔不可分割的一部分后，他终于像一个地道的"古惑仔"一样了。他投保龄球的功夫，甚至超过了土生土长的科纳维尔青年军。而"保龄球"是群众游戏，"社会地位"才是各人目的。

---

[1] [美]威廉·富特·怀特：《街角社会》，黄育馥译，北京：商务印书馆，2009年，第411页。

通过切身观察"保龄球"诸类群体活动，怀特计量出了各角色之间"相互作用"的频率和效果，发现了仅靠一般旁观几乎不可能识别的街角社会内部非正式等级结构与个人行动表现之间的相互关系，保龄球赛的积分所反映出的社会等级关系就是怀特所始料未及的。

巴利的《天真的人类学家：小泥屋笔记》质疑了被人类学视为金科玉律的参与观察，"完工的人类学专论与血肉模糊的原始事实间有何关联，并期望让从未做过田野工作的人也感受到些许田野经验"。恰如他者往往不是被动地坐在人类学家的面前一样，多瓦悠人也并非出于自愿配合巴利的研究。人类学者的参与观察已经注定了他必须以一个局内人生活于田野，否则就寸步难行，这种强迫在巴利不时进入教会这个避难所和离开田野后竟成为英国异乡人时，更明显地凸显了它的威力。然而可以肯定的是，几乎所有人类学家都不可能完全成为当地人，因为本文化在他们身上打下的烙印已经无法消除了。这样一种内在的张力使田野中的人类学者很难确立自己的身份认同，从而使马林诺夫斯基强调的人类学者要具备局内人的眼光成为一相情愿，而这正是当代人类学所亟待解决的问题之一。

（二）深度访谈

马林诺夫斯基在特罗布里恩德群岛是用掺杂当地土语的洋泾浜英语进行调查的，但是他努力学习并熟悉了美拉尼西亚语言的结构，"三个月后就能与当地提供资料的土著交谈，并能用当地方言记录。[1] 作为一个外来的陌生人，人类学家要进入田野点，语言沟通是个大问题。而学习当地语言并用它来从事调查对田野工作又是必不可少的，因为人类学家深度访谈是田野工作的另一大法宝，即使不是对关键词语进行语言学分析，也需要通过当地语言来进行沟通与访谈，如《尼萨》则是通篇由访谈内容构成的。"调查者终究会发现，能够直接从原住民口中得到的东西实在不多，而且不清不楚"[2]，深入访谈之所以十分必要，就如赫斯科维茨的《文化人类学》中提到的一则对当地人亲属称谓

---

[1] 黄淑娉、龚佩华著：《文化人类学理论方法研究》，广州：广东高等教育出版社，1998年，第110页。

[2] ［英］奈杰尔·巴利：《天真的人类学家：小泥层笔记》，何颖怡译，上海：上海人民出版社，2003年，导读第5页。

的对话显示的那样，没有深入的访谈最终的结果就是混乱一团，理不出头绪。

在南美洲北部的 Dutch Guiana（荷属圭亚那地区）森林里的丛林黑人的 Sarama Cco 部落。对话是从围绕以下对话展开的，Angita 带着他的小舅子 Awingu 及小舅子的孩子来找我们要一些治眼病的药。

我们问：这是你的孩子吗？Awingu。

Awingu 的回答十分敏捷：不，他不是我的孩子，他是我妻子的孩子，我只是造了他而已。这是个很好的说法，他造了这个孩子，但是孩子不是他的。

就在这时，我们的厨子带了一件小礼物送给这孩子，但是他既不伸手，也没有从我们的手中接过礼物，是 Angita 递给他的。

他对 Angita 说：谢谢爸爸。

Angita 慈爱地低下头去看着孩子。然后对着 Awingu 说，两年或三年以前，（孩子）他准备去和他在 Gankwe 的父亲一起生活，你还记得你在 Gankwe 的父亲吗？（他对着孩子说）就是那个教你如何用芦苇做一杆枪的那个？你做得很好的。

显而易见，孩子还另外有一个父亲，因为 Angita 指的并不是 Awingu。而是一个在 Gankwe 的父亲，是他教孩子做玩具枪的。

所有的这些，单纯从事件上来说，它会把一个外来访问者弄糊涂了，当然这并不意味着这就是一件不同寻常的事情。不同文化中的人们按他自己的标准来建立亲属关系和他们的亲属称谓。在城里我们被告知许多关于丛林黑人的生活方式的传说，母系继嗣，即以母系作为计算后代的习俗，也再被人们所提及。

在他们当中只有母方的亲属被计算在内，因为这些野蛮人谁也不能说出谁是他真正的父亲，这就是为什么一个孩子总是叫许多人为父亲的原因。我们已经听到各种说法并且还很详细。

于是当一个男子毫不犹豫地说，不，他不是我的孩子，他是我妻子的孩子，我只是造了他。而且紧接着孩子把 Angita 也称做父亲，Angita 还另外提及孩子在几年前曾经和另外一个父亲一起生活过，后者训练了孩子的男性气概。

另外，其他的一些问题一下子出现在我们头脑里，但是在白天休息时，一个陌生人来到村中其他人的种植地里，与他深谈显然是不合时宜的，至少他也

第十二章
做田野与写民族志

不愿多谈。

这不是你的孩子。Awingu。当我们与他道别时，我们再次作了特别的强调，但他真的很像你。

Ma，tye! Ma Neng'e! ——所有黑人的母亲呀，你们在说什么？我是他的父亲。

那个男人显示出一副被逗乐的样子，这将成为他带回他的村子的一桩故事了，只有友好的陌生人能和 Awingu 和 Angita 就这个古怪的问题如此大声谈笑。但是 Awingu 是一个会思考的家伙，经过短暂的停顿后，他告诉我，他说道：在你们白人的国家里，孩子不也被他们的父亲照顾着吗？

于是讨论就用如何如何的方式继续描述下去。比如在各种各样情况下，三个不同的妇女声称那个会做木匠活的叫 Angita 的男子，有一个儿子，社会现实是如何解决这种生物学上的不可能的，并且产生了更多对于丛林黑人的亲属关系的理解。

这天过后，当我们的船发现他并且准备进一步深入挖下去的时候，再加上 Angita 也很友好时，我们没有时间对他提问了。

Angita，我们叫道，那个给我们米饭的妇女是你妈妈吗？

他点头。但是为什么 Tita，她说她才是你的妈妈呢？

他是一个急中生智的小伙子，他明白了我们头脑中在想什么，他笑着说了，你们问的是我真正的妈妈吗？就是生了我的那个？不是这一个，也不是 Tita，生了我的那叫 Kutai。

但是另个两个是谁？

她们都是 Kutai 的姐妹呀！

正是通过这种迂回的方式，民族志学者获得了现象后面的真相。[1]

当人类学家从田野回来后经过整理，这段访谈资料将被呈现为不是一个个案，而是一种普遍陈述的事实。即丛林黑人的社会组织是一种单边单方继嗣，也就是说只从父系或母系任何一方计算，这一切被母系一方的年长兄弟控制着

---

[1] Melville J. Herskovits. Cultural Anthropology. Oxford & IBH Publishing Co. New Delhi Bombay Calcutta. 1974. pp. 371~372.

家庭仪式与典礼。作为一种分类体系，母系和母亲的姐妹被用同一个术语"母亲"来称谓，父亲和父亲的兄弟也被叫为父亲，这种平行关系不能识别生物学上的父母，唯有被孩子称之为"那个造了他的人"才是他的生身父母。

当然，巴利的《天真的人类学家》质疑了人类学家轻易学会一门陌生的语言的可能性，正因为学习语言是一个漫长的过程，因此，助理或翻译对于人类学家来说是必不可少的。然而，"诡异的是，你在民族志记录里总是看不到人类学者助理这号人物"。实际的情况是，巴利在多瓦悠很少能够脱离助理马修而独立工作。在多瓦悠语中，猥亵与正常只存在一线之隔，对于初学者巴利而言，他常常把最猥亵不堪的字眼误用到日常问候中，甚至在一个多月以后，还会把"我家正在煮肉"说成是"我要去和铁匠的老婆做爱"。然而因为马修在当地的文化角色与社会地位和翻译水平并不能让巴利放心，所以，巴利才不得不花费大量时间来学习多瓦悠语。

第二节 民族志写作的三种类型

哈登在其《人类学史》的导论中说："人类学经历了以下三个阶段的科学进步：首先，（人类学）是一堆杂乱的事实或猜想，是历史学家、冒险家、传教士的遗物，它乃是各种认真程度不同的业余学问家所喜欢涉猎的地方。其次，我们看到从混乱中产生了秩序，在此基础上建立了许多建筑物，但却有着不稳定性和不完美性。最后，它们为一座具有坚固结构的连贯整体所取代"[1]。民族志既是一种社会科学经验研究的方法，也是基于田野研究的结果呈现，即作为田野工作过程与内容的呈现。这一部分主要涉及的作为文本的民族志，它也经历了三个阶段或者表现为三种类型。

一、地理大发现以来的杂拌民族志

地理大发现之后大量出现的类民族志记录，大多数来自殖民地官员、旅行

---

[1] ［英］A.C.哈登：《人类学史》，廖泗友等译，济南：山东人民出版社，1988年，第1页。

者、传教士和探险家撰写的日记和游记之类的文字材料，多是一些异域风俗的见闻。其中的一些探险活动与土著的联系受到后世人类学家的关注，如库克（James Cook）船长在夏威夷群岛被杀事件，启发了萨林斯《历史之岛》（2003）写作。传教士以多年生活在土著地区经历为基础所写的民族志也有突出者，如法国传教士拉菲托（Joseph Lafitau）在美国东北部易洛魁印第安人地区传教，他的《美洲野蛮人风俗与远古风俗之比较》（1724）就描述了印第安人的语言、宗教、管理机构、亲属称谓、婚姻、教育、男女分工、战争、交换、丧葬、疾病和医药，并与远古的习俗和制度做了比较。在拉菲托看来，遍及全世界，人类制度显示着值得注意的相似之处，由专业学者像石器、编篮和烹调菜等文化现象，在不同社会与不同大陆之间，不过在细节上有所差异而已。

此外，这一时期的民族志还有一条生产途径，即由专业学者对传教士、殖民地官员、探险家、商人收集海外民族的奇风异俗和遗闻佚事进行理论概括。如泰勒的《原始文化》、弗雷泽的《金枝》、韦斯特马克的《人类婚姻史》和巴霍芬的《母权论》等均是这种书斋式民族志的产物。

以弗雷泽的代表作《金枝——对巫术与宗教的研究》为例，书名出自于一个古老的地方习俗。相传在丛林中的内米湖畔，有一座森林女神狄安娜的神庙，它的祭司由一位逃亡的奴隶担任，被尊为森林之王。然而，他必须手持利刃，日夜看守着神庙旁那株高大的圣树。一旦另一个逃奴折取了圣树上的树枝，就有资格与他决斗；如果在决斗中杀死了他，就可以取而代之成为新的祭司和森林之王。全书正是以这一戏剧性场面开篇的，而在这一风俗中充当重要角色的这截树枝，即所谓"金枝"。《金枝》篇幅达5000页之多，收集的素材几乎遍及全球，这种"蝴蝶式的收集方法，并将资料并排放置"的民族志作品，毁誉参半，赞誉者称之为"人类学的百科全书"。诋毁者认为，"对特质的分析性讲座并且忽视了文化整合的所有方面，婚配或死亡习俗是根据从极不相同的文化中不加区别地选择出来的细小行为予以论证的，这种讨论建造了一个机械的弗兰肯斯泰因式的庞然怪物：斐济的右眼；欧洲的左眼；一只腿来自火地岛；另一只腿来自塔希提；所有的手指，脚趾也来自不同的地区。"❶

---

❶ ［美］露丝·本尼迪克特：《文化模式》，王炜等译，北京：三联书店，1988年，第38页。

二、20 世纪中前期的科学民族志

田野工作的结果和分析被整合在一起的最终产品是民族志。随着田野调查方法的改进，民族志的样式也从最初林林总总的百科全书式文本，到现代具有丰富细节的民族志文本。

（一）百科全书式的民族志

1901—1935 年出版的哈登主编的六卷本《剑桥托雷斯海峡人类学探险报告》就是基于对于一个民族或者地区进行民族志普查法所收集整理的资料的汇总，又被称为百科全书式民族志。类似的成果还有克罗伯的《加利福尼亚印第安人手册》（1925）。1934—1938 年，克罗伯主持了一个庞大的调查项目，共有 13 个田野工作组调查了洛基山脉以西从阿拉斯加直至美墨边境的 254 个地区，大调查收集了大量有关印第安文化要素的资料，后来出版了 25 本调查报告。他收集了加利福尼亚各个部落、各种语言的基本资料，并绘制了完整的民族和语言分布图，由于书中收录有许多现在几乎完全消失的印第安部落的资料，因而成为研究印第安文化的百科全书。

（二）有细节的科学民族志

此后，在民族志普查的基础上的科学民族志方法逐渐成型，即要到异国他乡一个社区居住相当长一个时期进行强化研究，调查既要全面也要细致，以此为基础写成的描述性著作，要达到描述透彻和细节精确的专业水准。由经过专业训练的人类学者来撰写民族志，民族志的发展就进入了一个新的时代，也就是通过学科规范支撑起科学性的时代。

以《西太平洋的航海者》为例，它是马林诺夫斯基田野工作和民族志写作的具体体现。该书的核心内容是特洛布里恩德群岛上一种以臂镯和项圈两种宝物按相反方向传递的库拉交换。由于库拉交换并不是孤立存在的，而是深深地嵌入这个社会整体的文化体系之中，将岛上居民的日常生活、贸易、巫术与人际交往联系起来。换句话说，这个体系的方方面面都是相互交织在一起的，比如其亲属制度、宗教信仰、社会制度等。

马林诺夫斯基那些关于特罗布里恩德群岛的民族志看起来十分具体的描述

分析，实际上是为他想创造的"文化科学"服务的。他把文化元素功能相关性的分析，看成是"文化科学"的内核，同时相信民族志是这一"科学"的经验基础。为了在描述中强调写作的"客观性"和"科学性"，当他看见某人做某事时，他不说"我看见某人做某事"，而是说"某人做了某事"。这样就产生了两种互相矛盾的效果：一方面，作者让他们的作品表现出一定的"科学性"；另一方面，为了表现出叙述的客观和对"科学性"的追求，作者常常隐去主客互动中田野知识获得的途径和方法，对于田野工作中人类学家的知识如何构成与他们如何获得知识的方式则不加展示。

三、20 世纪 80 年代以来的实验民族志

从 20 世纪 70 年代开始，人类学理论发生了重大转向，对诸如自我与他者关系、田野工作实践和民族志传统等进行了反思，特别是以克利福德（James Clifford）、马尔库斯（George Marcus）、费舍尔（Michael Fisher）、陶西格（Michael Taussig）、布恩（James Boon）等为首的人类学家撰写的《写文化》，就是对由马林诺夫斯基开创的科学民族志提出的反思，于是人类学界出现一股对民族志做新实验的潮流。主要表现为以下三个方面。

（一）民族志与田野工作过程合二为一

科学民族志一直是通过田野工作来单方面地记叙作为群体的他者故事，而田野工作过程则是秘而不宣的。当然，那些与严格科学民族志划分开来的随笔日记类则保留了较多的个人主观成分。如列维－斯特劳斯的《忧郁的热带》、马林诺夫斯基的《田野工作笔记》、弗里曼的《玛格丽特·米德与萨摩亚》、巴利的《天真的人类学家：小泥屋笔记》等。马林诺夫斯基曾说过，"田野工作者的日记是安全阀，它使记录者的私人忧郁不至于混入科学笔记中"。《街角社会》一书末尾所附的《关于〈街角社会〉的成书过程》比起正文来更加引人注意。怀特不仅详细叙述了自己的个人背景、为什么选中科纳维尔、制订研究计划的经历、最初的努力、与多克交往的开端等，还将自己从参与式观察中得来的经验慷慨地与读者共享（其中也不乏遭遇的尴尬和窘态故事）。

随着拉比诺的《摩洛哥田野作业反思》出版，民族志与田野工作过程至

个人、社会与转变：社会文化人类学视野

此才真正地合为一体，田野工作过程本身就是民族志本身。正文内容不长，故事性很强，叙述了作者怎样从芝加哥出发到摩洛哥，怎样与当地人建立关系并一步步地进入了田野点——西迪-拉赫森村，并描述和反思了在村里调查过程中与不同资讯人联系、合作的故事以及其中的困难与对话反思，让读者看到了人类学者开展田野调查的完整历程，而不是只呈现给我们他们的研究作品。布迪厄在该书的跋中直接把拉比诺的创意之于人类学的意义，概括为"把求知主体降低到登记工具的科学所依赖的奠基思想决裂"❶。这种尝试在拉比诺之后，相继出版的杜蒙特（Jean Dumont）的《头人与我》（1978）、克拉潘扎诺（Vincent Crapanzano）的《图哈密》（1980）、肖斯塔克的《尼萨》和《重访尼萨》等，都或隐或显地体现出了对田野工作过程的展示。

而卡斯塔尼达（Carlos Castaneda）在写作印第安巫师唐望（Don Juan）系列故事的30多年间的田野工作过程则更具传奇性。1960年夏天，卡斯塔尼达来到亚利桑那州边界沙漠小镇的巴士站进行田野调查，经朋友介绍在那里认识了印第安巫师唐望。当时，卡斯塔尼达正在研究美洲印第安文化药用植物，本着收集学术资料的初衷，煞费苦心地接近唐望。为了得到第一手经验，他亲身参与了印第安人用药草来追求巫术的各种奇怪做法，然后以人类学民族志翔实地记录这一切过程。四年之后，由于唐望的怪异与猛烈的教导方式让卡斯塔尼达的精神状态濒临崩溃，不得不中断学习，休养了两年多时间，同时完成了他的论文，并于1968年将论文以唐望系列故事的第一本《唐望的教诲——亚基文化的知识系统》出版，用人类学的方法解释了药草造成的超现实经验。此后，卡斯塔尼达再度跟随唐望开始学习，1971年他出版了第二本书《另一种真实——与唐望进一步对话》，在这本书中，他放弃了刻板的学术分析，以客观的方式描写唐望的传授和自己内在的感受。第二本书出版后，他终于觉悟到，唐望的巫术世界不是药草造成的幻觉，而是与日常现实同样真实的存在，这直接否定了前两本书的基本假设。在这种情况下，他将田野笔记重新整理，然后加上他最近的心得，写成第三本书《前往依斯特兰的旅程——唐望的课程》（1972）。接下来，在第四本《力量的传奇》（1974）中，唐望帮助卡斯塔

---

❶ Paul Rabinow. Reflections on Fieldwork in Morocco. University of California Press. 1977. p. 163.

尼达回顾了先前的教诲，把前三本书的观念进行了一次整理，从巫师唐望的角度作出了主位的解释。唐望去世后，卡斯塔尼达成了其门徒的领导人，但他发现自己无能力领导这些门徒，而他所遭受的挫折其实是唐望事先安排好的学习历程。这一整个经过便成他的第五本书《巫师的传承》（1977）。1981年，他继续出版了《老鹰的赠予》，描述他与新一代门徒交往的学习经过。1984年，他出版了《内在的火焰》，以能量结构形式构建唐望的巫术观念。此后的1987年与1993年，他又出版了唐望系列的第八及第九本书《寂静的知识》及《做梦的艺术》，它们是唐望本人师承的回溯。当然，卡斯塔尼达在这三十余年的巫术生涯中的种种神秘体验、写作风格以及唐望这个人是否真实存在，都在人类学史上引起种种质疑和争论。

（二）用艺术形式表现的民族志

1984年4月，8位人类学家、1位历史学家和1位文艺学家共10人会聚在新墨西哥州的圣塔·菲的美洲研究院（School of American Research），召开了一个民族志文本创作研讨会（The Making of Ethnographic Texts），到1986年与会者的论文汇编成书《写文化：民族志的诗学和政治学》问世，人类学家赞成采用小说、诗歌、电影的形式来表现田野工作报告，探索人类学民族志的多种表达方式。

这里也以马林诺夫斯基身后出版的田野日记《一本严格意义上的日记》为例，在这部笔记体的作品中，马林诺夫斯基的厌倦感、焦虑、性爱的匮乏、孤寂和对研究对象的愤怒。在这部用波兰语写作的秘密日记里，马林诺夫斯基用混乱而断续的呓语式文体记录了自己的欲望、厌恶、无聊与野心。其中最被人广为引用的证词是："Gomaya，我给他一些草烟，他乞求更多……Gomaya像狗一样忠实的脸孔娱乐和吸引了我。他对我的感情是功利性而非情感性的。至于民族学：照我看来，土著的生活完全没有兴味和意义，它和一只狗的生活一样离我那么遥远。"[1] 学界普遍认为马林诺夫斯基的日记不该出版，因为它破坏"偶像"，令大众对这位人类学先驱失去景仰，从而威胁到人类学的正统

---

[1] Malinowski. Bronislaw. A Diary in the Strict Sense of the Term. New York: Harcourt, Brace & World, 1967. pp. 142~143.

个人、社会与转变：社会文化人类学视野

学科地位。而克里福德则有不同看法："日记是一本创造性的，含有多种声音的书，它是人类学历史上一个极为重要的文献，不是因为揭示了人类学的经历的真实，而是它迫使我们紧紧抓住这类经历的复杂性并把所有根据这一类实地研究的文字叙述当作片面的解释。"❶

波韦（Karla Poewe）在《一个女人类学家的沉思》（1981）指出，某些作者借用笔名使自己与回忆录保持一段距离的原因在于，作者觉得出版个人性的素材可能有损于他们作为科学家的可信度，比如费尔德（Margret Field）用笔名发作了《风雨交加的黎明》（1947），博安南（laura Bohannan）将自己作为新入门的民族志学者在西非的经历写成《返回笑声》（1954）。

其实在人类学民族志史上，还有一类是建立在作者个人的历史背景、学术训练和田野调查三者之间融洽基础上的小说，或者被称为民族志小说，如班德利尔（Adolf Bandelier）的小说《快乐制造者》（1890），拉法奇（La Farge）的民族志小说《欢笑的男孩》（1929）雷里斯（Michael Leiris）《幻影非洲》（1934）等❷。

（三）民族志说出的是"知道"的

克利福德在引述一则小故事时说，民族志学者越来越像北美印第安人的克里族猎人，（故事说）他来到蒙特利尔的法庭上作证，法庭将决定他位于新詹姆斯湾水电站规划之内的狩猎地的命运。他将描述他的生活方式，但在法庭宣誓的时候他犹豫了："我不敢肯定我能说出真相……我只能说我知道的。"❸ 在克利福德看来，以自知的表述替代誓言般的真相，是民族志学者必须完成的一项新使命。人类学家的心境，变得越来越与克里人接近。他们不再相信亲眼看到的事实，他们也已不敢声称，他们所观察到的等同于真相，而只敢说，这是他们知道的。

但是要如何表述出这种知道？人类学家又将陷入一种两难处境，如同格尔

---

❶ [美] 詹姆斯·克里福德：《论人类学的自我形成：康拉德和马林诺夫斯基》，张京媛主编：《后殖民理论与文化批评》，北京：北京大学出版社，1999年，第260页。
❷ [美] 诺曼·K. 邓津：《定性研究：策略与艺术》，风笑天等译，重庆：重庆大学出版社，2007年，第491~498页。
❸ [美] 克利福德、马尔库斯主编：《写文化》，高丙中等译，北京：商务印书馆，2006年，第37页。

兹在《文化持有者的内部眼界：论人类学理解的本质》中所说："他既不应完全沉湎于文化持有者的心境和理解，把他的文化描写志中的巫术部分写得像是一个真正的巫师写的那样；又不能像请一个对于音色没有任何真切概念的聋子去鉴别音色似的，把一部文化描写志中的巫术部分写得像是一个几何学家写的那样"❶。

当然，由于民族志的写作所表述的是"人类学自身对于一种文化的主观性经验"❷，"它表达了文化和历史真理的不完全性，暗示出它们是如何成为系统化的和排除了某些事物的"❸。田野工作及其民族志写作风格是人类学作为一门独立学科的核心，凡缺少这两方面训练的，都不可能真正成为一名专业的人类学家，而民族志不管是文学转向，从深描到写文化，还是历史的转向，从政治经济学转向到地方性的社会史，长期的田野调查以及详尽的民族志写作仍然是该学科训练中最基础的东西。

---

❶ [美] 克利福德·吉尔兹：《地方性知识》，王海龙等译，北京：中央编译出版社，2004年，第74~75页。
❷ [日] 酒井直树：《西方的错位与人文学科的地位》，酒井直树、花轮由纪子主编：《西方的幽灵与翻译的政治》，南京：江苏教育出版社，2002年，第74~97页。
❸ 克利福德、马尔库斯主编：《写文化》，高丙中等译，北京：商务印书馆，2006，第34~35页。

第五部分
附　　录

这一部分的两章主要是从学术思想史的角度来进行研究的，其中第十三章人类学理论的百年发展，主要是对以研究主题分类的全书起到提纲契领的作用；第十四章是对中国人类学本土化的一个归纳，其中涉及到人类学本土化的阶段、内涵和目标，以及本土化的基本思路等。

第十三章

人类学理论的百年发展

从人类学诞生以来的百余年间，古典进化论、文化传播论、历史特殊论、功能—结构主义论、文化与人格论、结构主义论、新进化论和象征论等理论层出不穷，此起彼伏，后起的理论往往是对先前理论的反驳或修正，即提供一套合乎逻辑的理论用来解释各种相互关联的社会文化现象，以期达到对人类社会及其文化特征的探索和思考。本章将对人类学理论发展的四个时期进行大致的梳理与归纳。

第一节 人类学理论的古典时期

15世纪的地理大发现与西欧国家的海外殖民地建设是同步推进的，到了19世纪中叶，殖民贸易和殖民地统治达到空前程度，殖民地当局的官员和传教士们对非西方社会的所见所闻所汇集的知识经过三个多世纪的积累，已经见诸卢梭、孟德斯鸠和伏尔泰等人的哲学作品中。人类学者对于这些不同区域的文化现象进行比较研究的人类学作品已经出现，从而拉开了人类学古典时期的序幕。从19世纪60年代至20世纪20年代，人们称这一时期为人类学的古典时期，冠之以人类学的博物学阶段和起源论阶段，或者书斋式人类学或摇椅上的人类学等不一而同的名称。也就是说，这一时期的人类学研究以文献研究为

主，探讨文化或文明的起源，主要持文化进化和文化传播两种观点，前者借比较不同文化的优劣在时间序列上推演人类社会的发展轨迹，后者将文化相似解释为民族精神或文明传播所致，主要为古典进化论和传播论，目的在于建立人类历史的宏大叙事。

一、古典进化论

19世纪中期以后，来自非西方社会的知识已经积累到一定程度，如何认识这些异于西方的知识？它们与西方社会的知识有何关联？"出于种种不言而喻的理由，进化论已经变成西方非神职人士的宗教事务"❶，来自达尔文的生物进化论思想经过斯宾塞的社会进化论的整合，现在已经成为人类学的理论工具。马雷特曾说："人类学是用进化观念照亮和影响人类的整个历史……人类学是达尔文的产儿，达尔文主义使之成为可能。如果否定达尔文主义，你就必须同样否定人类学。"❷

古典进化论认为，人类社会和文化是不断地由低级阶段向高级阶段发展的，而且人类社会发展大致经历或将经历相同的发展顺序。人类社会之所以存在着各种差别，主要是由于他们发展进化的速度不同，从而处在不同的社会发展阶段，如当时的欧洲社会被视为人类社会发展进化的顶点，并以之为尺度，将其他社会和文化放在不同的进化位置上顺序排列。也就是说，人类追求进步的心智和本质一致，社会文化进步的路线和阶段一致，社会文化与自然界的发展规律也一致。由于古典进化论认为，各族群的文化都循着同一路线进化，而且所遵循的社会发展阶段都是相同的；各族群之间存在差异是因为进化的速度不同，而其进化的阶梯一样，因此，它又被称为单线进化论或直线进化论。

这一时期持古典进化论的人物众多，著述颇丰，代表性的如泰勒的《阿那瓦克：古老和现代的墨西哥与墨西哥人》（1861）、《关于人类早期历史和文明发展的研究》（1865）和《原始文化》（1871），拉伯克（John Lubbock）的《史前时代》（1865），梅因的《古代法律》（1861），巴霍芬的《母权论》

---

❶ [法] 若盎·塞尔维埃：《民族学》，王光英译，北京：商务印书馆，1996年，第148页。
❷ [英] 埃里克·夏普：《比较宗教学——一个历史性的考察》，吕大吉译，台北：桂冠图书股份有限公司，1991年，第64页。

(1861)，麦克南伦的《原始婚姻》（1865）、弗雷泽的《金枝》（1890），韦斯特马克的《人类婚姻史》（1891），哈登的《艺术的进化》（1895）和《人类学史》（1910），马雷特的《心理学与民俗学》（1920），布里福特（Robert Briffault）的《母亲》（1927），摩尔根的《易洛魁联盟》（1851）、《人类家庭的血亲与姻亲制度》（1869）、《古代社会》（1877）和《美洲土著的房屋和家庭生活》（1881）等。

在这些学者中，又以泰勒和摩尔根两人最为著名。在《原始文化》一书中，泰勒首次界定了文化概念，即"文化或文明是这样一个复合的整体，其中包括了知识、信仰、艺术、道德、法律以及人作为社会成员所获得的能力和习惯。"❶ 泰勒将各民族大量的文化现象作比较研究，发现不同地区不同民族的某些制度、仪式、习俗、神话有着惊人的相似，由此可以证明人类生活的现象是由有规律的起因产生的，证明这些现象按生存法则和扩散法则在一定的文化阶段会成为社会永久标准的条件，因此，他把人类文化的进步分为蒙昧、野蛮和文明三个阶段。人类在蒙昧时代用石器，吃野生食物；野蛮时代有农业，用金属；文明时代发明文字，文明包括幸福的进步和某些道德品质的提高。

摩尔根在《人类家庭的血亲与姻亲制度》一书中，对易洛魁人（Iroquois）、塞纳卡印第安人（Seneca）、奥吉布瓦印第安人（Ojibwa）的习俗、宗教、物质文化以及不同的亲属制度进行归纳，再把它们与世界上其他民族的亲属称谓制度进行了广泛的比较研究，提出了关于人类婚姻家庭的发展进化序列，即人类社会的婚姻家庭是经由杂交、血缘家庭、普那路亚家庭、对偶家庭，最终发展到一夫一妻制家庭的。在《古代社会》一书中，摩尔根进一步探讨了原始社会的进化轨迹。他以生产技术的发展为依据，把人类社会划分为蒙昧、野蛮和文明三个时代，其中的蒙昧和野蛮时代又各划分为低级、中级和高级三个阶段。他还从亲属制度入手，探讨了人类婚姻家庭的发展序列，即杂交、血缘（婚）家庭、普那路亚（婚）家庭、对偶（婚）家庭和一夫一妻（婚）家庭，并且将婚姻家庭的发展阶段与社会发展阶段和社会经济的发展联系起来，认为原始杂交、血缘家庭和普那路亚家庭同蒙昧时代相适应，对偶家

---

❶ E. B. Tylor. The Origins of Culture. Harper and Brothers Publishers. New York. 1958. Pl.

庭与野蛮时代相适应，与这些婚姻形态对应的社会经济是原始共产制，而一夫一妻制家庭则同私有财产和文明时代相适应等。

二、文化传播论

20世纪20年代兴起的文化传播论是以反对进化论著称的，认为进化论忽略传播迁徙，从而从传播角度来重构人类文化史，因其强调文化起源的传播和借用而得名，基本观点是人类的创造力相当有限，更多时候是从其他民族那里学习和借用现成的文化特质。因而相信传播是文化发展的主要因素，也就是说，文化的采借多于发明，不同文化间的相同性是许多文化圈相交的结果。如果某几种文化彼此之间相同的方面越多，就说明历史上它们之间发生关联的机会就越大。

文化传播论的代表人物和代表作品包括拉策尔（Friedrich Ratzel）的《人类地理学》（1882—1891）、《民族学》（1886—1888），格雷布纳（Robert Graebner）的《大洋洲的文化圈和文化层》（1905）、《民族学方法论》（1911）和《美拉尼西亚的弓文化》（1909），施密特（Wilhelm Schmidt）的《南美洲的文化圈和文化层》（1913）和《民族学文化历史法手册》（1937），史密斯（Elliott Smith）的《古埃及人和文明的起源》（1911）和《文明的起源》（1928），佩里（William Perry）的《太阳之子》（1923）和《神和人》（1927），里弗斯（William Rivers）的《美拉尼西亚社会史》（1914）和《心理学和民族学》（1926），威斯勒（Clark Wissler）的《北美洲平原的印第安人》（1912）、《北美洲印第安人》（1917）和《人与文化》（1923）；克罗伯（Alfred Kroeber）的《加利福尼亚印第安人手册》（1925）和《北美的文化区和自然区》（1939）等。虽然文化传播论都强调文化的传播作用，但德奥、英国和美国三种传播论有明显的观点分歧。

（一）德奥传播论

德奥传播论以格雷布纳和施密特等人为代表，主张文化多中心论，认为人类起源于多个文明中心，而文明就是从多个中心向四周扩散的。格雷布纳认为，各个民族间存在的文化相似现象，绝大多数是因为这些民族在历史上接触和交往互动中互相借用和学习所致，或者就是从一个共同的起源传来的。因此，通过考察各民族之间交往接触的事实，并对各民族间相似的文化现象进行比较分析，就可以寻觅出文化传播的痕迹，进而重建史前人类文明的历史。格雷布纳的《大洋洲的文化圈和文化层》就是以"文化圈"和"文化层"为分析单位，试图从文化特性的地理分布情况来解释大洋洲的历史。施密特进一步完善了格雷布纳的"文化圈"和"文化层"学说。他认为，文化圈是由各种器物、经济、社会、道德及宗教信仰等人类文化的一切范畴相互关联构成的一个有机整体，文化圈可以整个地向外传播，当一个文化圈传播到另一个文化圈上时，其交叉叠压的部分就形成了新的文化层。

（二）英国传播论

英国传播论以史密斯、里弗斯和佩里为代表，主张文化单中心论，认为全人类的文明发源于埃及，由埃及这个文明中心向四周不断扩散传播而形成。以史密斯为代表的英国传播学派，因其强调人类文化皆源自埃及，从而被称之为"泛埃及主义"或"极端传播主义"，即古埃及文明的许多成分如金字塔、木乃伊、太阳神崇拜以及复杂的农业灌溉等，之所以能在遥远的安第斯山和中美洲一带找到痕迹，都是由于从埃及传播出去的结果。史密斯认为，大约在公元前4000年前后，居住在埃及尼罗河流域的居民才开始了文明的进程，这一带最终发展成为世界文化的发祥地和中心。人类的文明都是从这里传播出去的，即先是从埃及传播到巴比伦、亚述以及希腊等地，后又向东传至波斯、印度和中国，向西传播到非洲，再传播到澳洲、太平洋诸岛及南美等地。

（三）美国传播论

美国传播论以威斯勒和克罗伯为主要代表，侧重对北美文化进行研究。威斯勒提出年代—区域假说，即每一种文化都有其分布的地理区域即文化区，文化区可以分为中心和边缘区两部分。因此，依据文化特质由文化中心传播至边缘区的过程，就可以再现文化发展的历史。在威斯勒的基础上，克罗伯进一步把北美的文化区与不同的环境因素如气温、降雨量等联系来考虑，从而开创了人类学研究人类文化与生态环境之间互相适应的路径。

第二节　人类学理论的现代时期

从19世纪末至20世纪50年代是人类学的现代时期，人类学家从批判古典进化论和传播论的理论建构的臆想性入手，从对野蛮人原始生活习俗起源转而探索社会共同体凝聚力的生成原理，发展出美国历史文化论、法国年鉴派和英国结构—功能主义论。

一、美国历史文化论

最早对进化论进行反思的是博厄斯，他提出了历史文化论，认为每一个地区的文化都是相对特殊而独立的，每一种文化都有其相应的价值，并无优劣之分，不可以用高低等级来加以划分。博厄斯说："原始人与文明人的区别在很多情况下都只是表面的，而非真正的区别。由于其特殊性，这种社会条件很容易给人一种原始人的思想方法与我们大为不同的印象，而事实上他们与文明人的基本智力特征是相同的。"[1] 文化现象是复杂的，是历史、地理、经济和政治等各种因素综合作用的结果，研究任何一种文化现象，都必须将其置于该社会的大环境中全面考察，才能发现其本质特征和内在逻辑。因此，历史文化论倡导要对资料进行细致入微的搜集、整理和分析，只有当资料积累到足够多时，决定文化变异的普遍规律才会从这些信息中自动产生出来。

在美国持历史文化论的学者很多，他们大多是博厄斯的学生克罗伯、威斯勒、罗维（Robert Lowie）、雷丁（Paul Radin）、本尼迪克特和米德，由于博厄斯的研究领域相当广泛，每个学者都秉承了博厄斯的某些思想而专注于某一领域的研究，形成了一些有代表性的理论观点，如克罗伯的文化整体论、威斯勒的文化区论、赫斯科维兹的文化相对论和本尼迪克特的文化人格论等，虽然他们探讨的对象和问题各不相同，但都具有共同的特点，即只对某一历史地理范

---

[1] ［美］弗兰兹·博厄斯：《原始人的心智》，项龙等译，北京：国际文化出版公司，1989年，第63页。

围内的文化进行研究，探讨具体文化的历史发展规律，正是在此意义上，该学派又被称为历史特殊论派。

该学派的主要代表作品包括，博厄斯的《原始人的心智》（1911）、《人类学与现代生活》（1928）和《人种、语言、文化》（1940），克罗伯的《人类学》（1923）、《文化成长的形貌》（1944）和《文化的性质》（1952），罗维的《初民社会》（1920）和《文化和民族学》（1917），威斯勒的《社会人类学概论》（1929）和《人与文化》（1923），本尼迪克特的《文化模式》（1934）和《菊花与剑：日本文化的诸模式》（1940），米德的"来自南海"系列，如《萨摩亚人的青春期》（1928）、《新几内亚的儿童成长》（1930）和《三个原始部落的性别与气质》（1935）等。

二、法国年鉴理论

1898 年，涂尔干在法国创建《社会学年鉴》，最初 10 年每年 1 卷，以后每 3 年 1 卷，至 1913 年共出版了 12 卷，兼收论文与书评。如迪尔凯姆的《逆伦罪及其起源》、胡贝特（Henri Hubert）与莫斯合著的《试论祭祀的本质与功能》涂尔干与莫斯合著的《分类的几种原始形式》等论文，均发表在前 10 卷内。该刊还另出《社会学年刊专著丛书》共 10 余种，包括涂尔干的《宗教生活的原始形式》、布留尔的《原始思维》以及于贝尔与莫斯合著的《宗教史论丛》等。该刊发表的论文涉及宗教、道德、法律、经济等各个领域，其理论基础是社会学的实在论，即坚持从社会事实而不是从生理和个人心理角度出发来解释社会现象。围绕《社会学年鉴》这一刊物，很快形成了一个以涂尔干为核心的社会学家团体，其主导思想就是专注社会凝聚力的生成原理。

涂尔干的思想主要表现在《社会分工论》（1893）、《社会学方法的规则》（1895）和《自杀论》（1897）三部著作中，书中所阐发的有关社会不等于个人的总和，它外在于个人，并强迫人们遵从等社会学实在论理论。涂尔干指出，社会科学应研究社会事实，指的就是"对于个人意识而言它的外在性；它对个人意识产生或容易产生强制作用"[1]，那些普遍存在于该社会各处并具

---

[1] ［法］埃米尔·迪尔凯姆：《社会学方法的准则》，狄玉明译，北京：商务印书馆，1995 年，第 1 页。

有其固有存在的，不管其在个人身上的表现如何，都叫做社会事实。

在1903年，涂尔干和莫斯合著的《原始分类》中，开始探索原始社会分类问题的思维起源问题，认为人类社会的分类并不是源于对自然的分类，恰恰相反，自然的分类是源于人类社会自身的分类，从而延伸到自然的分类。涂尔干在《宗教生活的基本形式》一书中，将这一问题更推向纵深的思考，认为图腾制就人类最原始的宗教形式，社会凝聚力来源于一种"集体情感"，具体就表现为社会道德力量，而这种"集体情感"就呈现为"集体表象"的形态，那么图腾就是"集体表象"的象征符号，各种仪式的功能就在于维系和加强"集体表象"的象征性印象，从而维系一个社会共同体的集体情感体系。

作为该理论的核心成员之一的莫斯本人善于直接利用原始资料，他不仅精通包括俄语在内的多种欧洲现代语言，而且在希腊语、拉丁语、梵文、克尔特文和希伯来文方面也有造诣。在《礼物》中，他对古印度和古罗马的某些交换方式的意义的阐释就是一例，他依据马林诺夫斯基有关特罗布里恩德群岛的文献，就能够揭示出马氏本人对自己所考虑的制度都有没有理解或理解不够之处，莫斯之所以能够做到这一点，得益于他对大洋洲诸语言的掌握和有关美拉尼西亚、波利尼西亚，美洲及其他各地土著社会的渊博学识，藉此，莫斯便能够通过原始制度的比较研究，做出田野工作者以其个人观察所无法得出的推断。

此外，深受涂尔干影响的还有列维-布留尔（Lery Bruhl）和赫兹（Bobert Hertz）等人，前者的代表作是《初级社会的智力机制》（1910）（又名《原始思维》）和《原始神话》（1935），他将涂尔干的集体观念作为他思考的主题，强调集体观念是强加于个人身上的社会文化，先于个体成员产生，并不会随个体的死亡而消失；后者是《右手的优越》（1909）一书的作者，开创了后世的人类学象征研究。

三、英国结构—功能主义

1922年，马林诺夫斯基和拉德克利夫-布朗同年出版了《西太平洋上的航海者》和《安达曼岛民》两本著作，标志着英国结构—功能主义理论的出现。当然，对这一说法，拉德克利夫-布朗并不认同，"人们不止在一个场合说我属于所谓社会人类学功能学派，甚至说我是它的带头人，或带头人之一，这种功能学派实际上是不存在的。除非从纯年代学来看，否则，我无论在任何意义上都很难被称作是博厄斯教授的追随者或马林诺夫斯基教授之前的功能主义者，在我看来，断言我是一个功能主义者，是不确切的。"❶ 具体说来，马林诺夫斯基与拉德克利夫－布朗的理论的确是存在差异的。

马林诺夫斯基认为文化的产生根本上源于人类的生物性需要，具体来说，"人类的基本需要（生物需要）、衍生的需要（手段的需要）以及完整的需要（精神的需要），推动了文化制度的形成和发展，同时已经形成的文化布局或制度框架又形成相应的文化迫力，形塑着个体的需求及相应的行动，从而保证了文化的绵延"❷。与马林诺夫斯基将文化的功能置于社会成员的生物需求的基础上不同，拉德克利夫－布朗认为，社会文化的功能主要是为了维持已有的社会结构。因此，社会人类学研究的目的就在于发现潜藏于社会表象之下的社会结构。

马林诺夫斯基通过研究特罗布里恩群岛的土著以及他们的库拉交换，证明了除西方文明以外的其他文明形式存在，而且他们有条不紊地持续发展着。马林诺夫斯基写道："（土著）他们的信仰和习惯在任何意义上都不缺乏一定的一致性，而他们关于外部世界的知识足以指导他们进行很多冒险事业的活动。而且，他们的艺术品同样不缺乏意义和美感……现代民族志者……展示了一幅土著人严格行为和良好习惯的图画，相比之下，凡尔赛宫或埃斯库里尔的生活却是散漫和随便的。"❸

除了马林诺夫斯基和拉德克利夫－布朗外，功能—结构主义的主要代表还有弗思、埃文思－普里查德、福特斯等人。其主要作品有：弗思的《新西兰毛利人的原始经济》（1929）、《人文类型》（1938）、《人与文化》（1957）和《经济人类学论丛》（1967），埃文思－普里查德的《努尔人》（1940）、《阿赞

---

❶ ［英］拉德克利夫－布朗：《原始社会的结构与功能》，潘蛟等译，北京：中央民族大学出版社，1999年，第211页。
❷ ［英］马林诺夫斯基：《文化论》，费孝通等译，北京：中国民间文艺出版社，1987年，第43~45页。
❸ ［英］马林诺夫斯基：《西太洋上的航海者》，李绍明等译，北京：华夏出版社，2001年，第7页。

德人的巫技、神谕和巫术》（1937）、《非洲的政治制度》（1940，与福特斯合编）和《社会人类学》（1951），福特斯的《塔伦西人形成部落的动力》（1945）、《塔伦西人的亲属关系网》（1949）和《宗教、道德和个人》（1987）等。

第三节　人类学理论的当代时期

20世纪50年代以后，人类学新理论不断出现，而又与之前的理论有着千丝万缕的关系，也就是说，之前的人类学理论虽然淡出了历史的舞台，但并不意味着它们已彻底地消失，其中有些理论经过分化组合，又形成了各种新的研究取向。

一、美国新进化论

20世纪50年代，怀特（Leslie White）对进化论进行了重新阐释，他认为文化的进化就是人类利用能量总量的提高或利用能量的技术效率的提高，又被称为新进化论。与古典进化论一样，新进化论承认文化的差异在进化，文化由低级向高级进步，但新进化论认为进化不是像摩尔根所说的那样以食物工具和制度为标志，而是以能量获取作为标志。

除怀特外，新进化论的代表人物还有斯图尔德（Julian Steward）、萨林斯（Marshall Sahlins）、塞维斯（Elman Service）等人，代表著作有怀特的《文化的进化》（1959）、斯图尔德的《文化变迁论》（1955）、萨林斯和塞维斯共同编撰的《进化与文化》（1960）等。

当然，以上诸人在进化类型上的观点是有分歧的。斯图尔德用具体文化与整体文化的对立来抨击怀特的普遍进化论，他关注具体环境的具体适应形式，尤其是主导性的具体文化样式，认为明显一致的演化阶段只是不同地区的人们在相似的自然环境中的相同适应过程，他倡导多线进化论。生态环境相同的文化形态其进化的路径是基本相同的，而生态环境不同的文化不会有一致的进化途径。因此，世界有多种生态环境，也就有多种文化进化道路。各种不同的文化都是在各自不同的发展路线上平行发展的，在他们之间并没有共同规律可言。因此，应该对具体的文化作具体的分析，尤其要通过考察不同的文化与各自的环境因素之间的互相适应关系，来论证该文化的发展变迁问题。

萨林斯和塞维斯则调和了怀特的普遍进化论和斯图尔德的多线进化论之间的矛盾。在他们看来，这两种进化学说反映的其实是人类文化进化的两种形式，即普遍进化和特殊进化，也即世界上各种文化在适应各自的自然与社会环境时，会呈现出各种各样的姿态，形成特殊的进化过程，而这些特定、具体的进化过程又都反映了能量总量获得的提高，或能量获取技术的提高，从而体现了普遍进化的态势。塞维斯和萨林斯的特殊进化论把进化论推进到一个新的阶段。

二、法国结构主义

20世纪50年代，列维-斯特劳斯开创了法国的结构主义，就是把各种文化视为互相联结的系统，认为应该按照各要素之间的结构关系进行分析，也就是从混乱的社会和文化现象中找出其结构关系。这种结构关系并不是指实际存在的社会关系，而是社会的无意识结构，即隐藏在实际社会关系背后的"深层结构"，它不能被直接观察到，只有通过文化研究者所建立的概念化模式才能认识和把握到。

列维-斯特劳斯把文化看成类似于语言的东西，认为语言有语法，文化也有文法，最基本的文法是二元对立，运用文法不仅能创造文化的话语单位，还能把它们排列组合并作出深层解读，使人类学家所记录的神话、婚姻习俗、图腾制氏族等文化现象变成有结构性的产品。文化的精髓是分类系统，包括调和分类系统的两极对立原则，各种制度和思维活动依赖它们而发挥作用。结构分析的实际应用包括两个基本步骤：第一，从多元的文化现象——神话、仪式或婚制——中筛选出若干对立面；第二，展示文化现象背后的这些矛盾因素并重新加工，在新的排列组合（结构）中发现秩序及其意义。

除列维-斯特劳斯外，结构主义的代表人物还有尼达姆（Rodney Needham）和利奇（Edmund Leach）等人。主要著作包括：列维-斯特劳斯的《亲属关系的基本结构》（1949）、《忧郁的热带》（1955）、《结构人类学》（二卷，

1958、1973)、《野性的思维》(1962)和《神话学》(四卷,1964、1966、1968、1971),尼达姆的《结构与感情》(1962)和《原始特征》(1978),利奇的《作为神话的创世纪》(1970)和《圣经神话的结构解释》等。

三、象征/阐释主义

20世纪60年代是人类学的象征研究时代❶,代表人物有格尔兹、萨林斯、特纳、道格拉斯等人,其中格尔兹将象征人类学推向顶峰,发展成为阐释人类学。象征人类学主要分为芝加哥学派和特纳学派,前者由格尔兹及芝加哥大学的同事施耐德(David Schneider)等共同创立,后者由最初在康奈尔大学任教的特纳奠定基础。

芝加哥学派持续关注的是象征如何塑造社会行动者的世界观。换言之,他们关心的是象征作为"文化"媒介的运作过程。施耐德把社会行动(实践、参与、应用)从文化中分离出来,赋予特殊的地位。不仅如此,他和三位学生最早在象征人类学领域提出解决实践(行动、参与、应用)的问题。格尔兹在《文化的解释》(1973)一书中认为,他主张的文化概念实质上是一个符号学的概念,对文化的分析不是一种寻求规律的实验科学,而是一种探求意义的解释科学。在《深层游戏:关于巴厘斗鸡的描述》一文中,格尔兹指出,雄鸡在巴厘岛是男人的象征,在斗鸡过程中,人与兽、善与恶,自我与本我,激昂的男性创造力和放纵的兽性毁灭力融合成一幕残酷、暴力和死亡的戏剧。❷

在特纳看来,象征不是文化的窗口和媒介,而是研究的对象。文化是特定社会的民族特质和世界观的整合,或可形容为社会发展进程的操作者。当符号在特定的社会背景(仪式与人为安排)中相聚集时,可能引起社会变革。与格尔兹和斯奈德相比较,特纳明显更为强调符号的实用意义,也更具体地探讨符号的用途,即符号到底是如何在社会过程中作为积极力量被运作。特纳著有

---

❶ [美]谢丽. 奥特纳:《上世纪下半叶的欧美人类学理论》,何国强译,《青海民族研究》,2010年第2期。

❷ 克利福德·格尔兹:《文化的解释》,纳日碧力戈译,上海:上海人民出版社,1999年,第476~480页。

《象征之林》（1967），《忧苦的鼓声：赞比亚恩丹布人宗教程序的研究》（1968），《仪式过程：结构与非结构》（1969）和《戏剧、舞台与隐喻：人类社会的象征行为》（1974）等著作。

第四节　人类学理论的后现代时期

20世纪70年代以来，人类学界内外不同思想范式、不同理论流派以及不同研究路径之间的批评非常激烈，但是人类学并没有因为这些不断的交锋而瓦解，沃勒斯坦的世界体系论、布迪厄的实践论和吉登斯的结构行动论，既是出于对既有理论的反思，也是对世界格局的新认识，从而催生了人类学研究的纵深思考。

一、沃勒斯坦的世界体系论

在20世纪五六十年代，以帕森斯（Talcott Parsons）为代表的现代化理论家认为，西方发达国家所经历的道路正是不发达国家要重复的道路，即现代化就是西方化或者是美国化。这种西方中心论一经提出就遭到了众多的反对，其中依附论和世界体系论就是两种主要的回应。与依附论把国家作为研究单位不同的是，世界体系理论将世界看作一个整体，通过对政治、经济和文明三个层次的分析，深刻揭示了中心—半边缘—边缘结构的发展变迁和运作机制。

世界体系理论出现的标志是沃勒斯坦1974年出版的《现代世界体系：16世纪资本主义农业和欧洲世界经济的起源》（第一卷）。沃勒斯坦早年曾从事战后非洲发展研究，在长期的研究中他意识到西方现代化理论将发展看作是发展中国家单个发展的局限性，以及假定存在一个普遍发展模式的不可行性。世界体系理论的最大特点是以世界体系作为基本分析单位。沃勒斯坦认为，人类历史虽然包含着各个不同的部落、种族、民族和民族国家的历史，但这些历史从来不是孤立地发展的，总是相互联系形成一定的世界性体系。尤其是资本主义世界经济体系形成以后日益扩展，直至覆盖了全球，没有哪一个国家可以超然于世外。

个人、社会与转变：社会文化人类学视野

从 15 世纪末到 16 世纪初，随着资本主义生产方式的发展，开始以西北欧为中心，形成世界性经济体系。沃勒斯坦的世界体系有两个基本观点，一是资本主义世界经济体是以世界范围的劳动分工为基础而建立的，在这种分工中，"世界经济体的不同区域（中心、边缘、半边缘）被派定承担特定的经济角色，发展出不同的阶级结构，因而使用不同的劳动控制方式，从世界经济体系的运转中获利也就产生不平等"❶。三种角色中缺掉任何一种，资本主义世界经济体就不可能存在。二是独立国家的形成以及国家体系的出现，是资本主义世界体系与以前具有单一政治结构的世界帝国之间相区别的重要标志。在劳动分工和资本积累的作用下，出现了世界经济中心区的强国和世界经济边缘区的弱国，强国之间相互竞争便形成了历史上的霸权国家，弱国对强国的不满便形成了资本主义世界体系内的反体系运动。

世界体系论对史学、社会学、经济学、政治学、人类学、地理学等学科都产生了影响，特别是人类学传统局限于个别群体、个别地区、个别文化的民族志研究受到了挑战。人类学家越来越感到，被西方人类学当成他者的非西方社会早已被纳入了一个以西方为中心的世界体系，并在这个体系中处在边缘地位。如何将人类学纳入世界政治经济关系的分析框架中呢？人类学家主张在坚持人类学的民族志传统的基础上，用政治经济学的历史分析法，双向地反映非西方社会的现代命运和不断扩张的资本主义势力的世界性影响。

如沃尔夫（Eric Wolf）的《欧洲与没有历史的人民》（1982）一书认为，近代历史无疑是欧洲霸权兴起的历程，但是一部欧洲扩张史包括了没有历史的人——欧洲霸权的受害者与见证者——参与和塑造，现代世界的形成，是欧美有历史的领袖强者与亚非拉丁美洲没有历史的附庸弱者交互作用的结果。没有历史的人虽为弱者，但是他们对近代历史的影响绝不低于有历史的西方强权。西方资本主义扩张下的东方人民对于世界史的发展，和支撑西方强权的劳工平民具有同样的重要性。

如果说《欧洲与没有历史的人民》开始还历史于没有历史的人们，那么萨林斯在《历史之岛》（1985）中试图还原"土著的理性"中从夏威夷土著的

---

❶ ［美］伊曼纽尔·沃勒斯坦：《现代世界体系》（第 1 卷），罗荣渠等译，北京：高等教育出版社，1998 年，第 162 页。

角度出发，展开了一系列不具备文化建构历史的建构过程。王明珂的《羌在汉藏之间——川西羌族的历史人类学研究》（2008）对于聚居于四川省西部岷江和湔江流域的高山深谷中的阿坝汶川、茂县、理县、松潘和地属绵阳的北川等地羌族的地区社会、历史与文化多层次探讨，展现了华夏西部族群边界的变迁，以及中华民族融合的过程。

二、布迪厄的实践论

20 世纪 70 年代初期，人们批判结构主义视而不见有意识的主体与社会、文化过程的关联性，也不顾历史事件对于结构的重大影响，他们试图构建别的模型，对行动者及其实践采取积极的解释态度。1972 年，布迪厄在法国出版了《实践理论大纲》，1978 年该书英文版面世。布迪厄从文化的行为机制出发，来重新界定历史与结构。他认为仪式并不能将历史和结构综合起来，因为"历史"和"结构"根本就不存在，除非它们以文化价值的形式被纳入人的再生产和实践中，这些价值在人的实践策略中，对于人们来说很少是有意识或明显的，故理论家们所研究的应该是行为本身，而非抽象的结构或历史过程。具体而言，"一个场域由附着于某种权力或资本形式的各种位置空间的一系列客观历史关系所构成，而惯习则由积淀于个人身体内的一系列历史的关系所构成，其形式是知觉、评判和行动的各种身心图式。"❶ 实践既是个人性的策略行动，也是文化再造和社会秩序重塑的途径。

英美人类学家开始了解布迪厄的实践取向概念，呼吁采纳的声音不绝于耳，人们正在改变推理与论证的手法，不再把社会看作一架设计精确的机器，或看作半是无机、半是有机的实体，而是把社会看成一场严肃的游戏，或看成一个露天戏剧、一迭行为构成的文本。巴恩斯认为，我们需要从"行动"中去观察亲属制度，吸收行动的战术和策略，而不仅仅是懂得游戏规则。❷ 文化体系的运作需要行动者来操作和阐释模块，这些模块就是人们社会生活里的秩

---

❶ ［法］皮埃尔·布迪厄、［美］华康德：《实践与反思——反思社会学导引》，李猛等译. 北京：中央编译出版社，2004 年，第 17 页。
❷ 谢丽·奥特纳：《上世纪下半叶的欧美人类学理论》，何国强译，《青海民族研究》，2010 年第 2 期。

序和意义，行动者一面操作和阐释模块，一面使之合理，并且把它们再生产出来。

《历史之岛》试图构建新实践论的基础。即社会和历史不是对特定刺激产生的反应和适应的集合体，而是受特定组织和评估体系所支配的产物。萨林斯通过集中描写库克船长的受害故事及其发生的场景，描绘了库克和英国人如何被夏威夷社会的宗教神话结构所吸收和仿造：在夏威夷人的传说中，库克的到来被说成与当地宗教神话的年度仪式同时发生，通过这样做，夏威夷人不仅保证了他们文化结构的持续性，而且同时也带有对文化结构转型的认可。

《历史之岛》向人们展示了夏威夷群岛部分土著社会的历史及其文化结构，并力图说明人在历史实践中的主体地位，历史是文化的构建物，构建的历史也在构建文化，构建的文化又在构建历史；一方面，社会行动主体在构建历史的过程中有一个文化图式；另一方面，个体行动具有能动性。毛利人在历史中找到了他们自己，"毛利人的过去是关于生活－可能性的巨大图式"❶。

在巴特的《富尔人的经济现象》（1967）❷一文中，在富尔人经济系统中，土地所有权是由世系群来分配的，这里存在着两种交换圈：生计作物靠互惠来交换，经济作物则通过市场来流通。富尔人社会中存在着一种"啤酒会制度"（Beer Party），它是劳物交换的场所，人们可以通过互惠地参加啤酒会，或是雇佣，在需要时筹集人力。在商业很不发达的情况下，交换圈各自独立，以世系群为基础的土地制度能够很好地维持下去。可是后来，新因素的出现导致了这一地区的动荡，先是果树种植的引进，冲击了原有的土地制度；阿拉伯商人的到来，也使当地人意识到通过啤酒会来榨取利润的可能；最后个体家庭为了自身的利益，拒绝按照世系群的要求放弃果树种植和各种贸易，原本和谐、平稳的经济制度，终于在变化中走向解体。

三、吉登斯的结构化理论

在早期的人类学民族志中表现出只见结构不见个人的研究取向，一方面由

---

❶ [美]马歇尔·萨林斯：《历史之岛》，蓝达居等译，上海：上海人民出版社，2003年，第4页。
❷ F·Barth. Economic Spheres in Darfur. in R. Firth (ed.), Themes in Economic Anthropology. London: Tavistock, 1967. pp. 149～174.

于他们把研究目标订为普遍存在的社会规律，另一方面也是人类学者试图与其他人文科学社会科学划分界限，因此忽视了个人作为社会有机体组成部分的行为意义。博厄斯认为，研究人自身的学科很多，解剖学家、生理学家、心理学家都可以算在内，他们关注的核心是作为类型的个体，而对人类学家而言，"个人只有作为种族或社会群体的成员时才具有重要的意义……人类学家一致关注的重点主要是群体而不是个人"[1]。

随着社会研究中对行动和过程的关注，以及对权力概念的深刻理解，人们开始重新审视结构与个人之间的联系，认为应把它们视为某种"认同"或"协商"，指出两者间的联系，往往可以根据具体情境而表现出相当的弹性。这种理论上的转向，体现了吉登斯所谓的"控制的辩证法"。他认为包括功能主义在内的一些学者习惯于把权力视为社会共同体的某种特性，却忽略了行动者在这种控制下的能动作用。吉登斯指出，当我们考察社会制度的支配结构时，"不能把它理解为以某种方式塑造出像机器人一般活动的'驯服的身体'"，因为社会成员在支配中也拥有弹性的空间，他们"有能力换一种方式行事，去介入、干预这个世界……产生影响事件特定过程或事态的效果"[2]。正是在这样的思路下，人类学家开始关注社会结构下的主体能动性，或者说，关注吉登斯所谓的一个"结构化"过程。

在格拉克曼和利奇等人的经典之作已经可以看到对个人行为的分析与描述，只不过他们都把个体行为视为结构所规定的理性过程，目标在于维持社会的系统性平衡。而特纳的《一个非洲社会的分裂和延续》则通过对一个特定个案的分析，揭示出政治竞技场中的个人是如何操作社会的规范和价值体系的来增强自己的政治权力竞争的。

20世纪50年代，巴特（Fredrik Barth）的《斯瓦特巴坦人的政治过程——个社会人类学研究的范例》（1959）一书，分析了巴基斯坦北部斯瓦特巴坦人（Pathans）的政治制度。巴坦人因为利益上的争夺，会使短暂建立起的联盟因争夺战利品而瓦解，并在下一轮的竞争中形成新的联盟，对于这种动

---

[1] [美] F. 博厄斯：《人类学与现代生活》，刘莎等译，北京：华夏出版社，1999年，第4页。
[2] [英] A. 吉登斯：《社会的构成——结构化理论大纲》，李康等译，北京：三联书店，1998年，第76~78页。

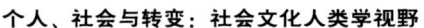

态模式，巴特称之为"斯瓦特的博弈"（The Game of Swat）❶。在斯瓦特人中，领导人物包括两类，即"汗"（Khan）和"圣徒"（Saints）。汗经常在社会中挑起争端，从而激发暴力斗争，他们是冲突的源头；圣者则扮演与具有侵略性的汗对立的角色，他们力求把争端局限在一定的范围内，从而达到维系社会稳定的目的。汗的权威来自暴力和侵略性，而圣徒的权威来自他们的中立性和学识；汗拥有世俗的暴力手段，而圣徒与超自然力相接近；汗王经常引起暴力斗争，当他们之间的斗争无法解决时即诉诸圣徒，圣徒则以巫术的诅咒来威胁汗，但有时他们的随从不以和平为目的，而是诉诸暴力镇压手段，重新挑起纷争。

而古德纳（Ward Goodenough）以其在特鲁克岛（Truk）上的田野调查表明，"当人们与上级互动时，如果他是一种积极的态度，则会承担较之正常情况要更多些的责任；反之，如果是一种消极态度，也会在义务上有所折扣"❷。

---

❶ ［美］弗雷德里克·巴特：《斯瓦特巴坦人的政治过程——一个社会人类学研究的范例》，黄建生译，上海：上海人民出版社，2005年，第193～195页。

❷ W·H·Goodenough. Rethinking Status and Role: Toward a General Model of the Cultural Organization of Social Relationships, in M. Banton (ed.), The Relevance of Models for Social anthropology, London: Tavistock, 1965. pp. 1～35.

第十四章
人类学的中国化反思

人类学进入中国已有百余年历史,其中人类学中国化的呼声不绝于耳,特别是最近二十年来国内学术会议和学术期刊反复涉及"人类学中国本土化"议题,但鲜有实质性进展。因此,我们有必要厘清围绕这一议题的相关内容,如在不同历史背景下的人类学中国化具体所指是什么?中国人类学的经验与收获是什么?

第一节 人类学中国化的内涵和目标

人类学发轫于西方,但是学界对于人类学中国化的愿望十分强烈,有学者把它划分为三个时期,"第一次在20世纪30年代,第二次在20世纪80年代的台湾社会和正着手重建社会科学的中国大陆,第三次是在中国大陆人类学研究与台湾和新近归国的学子之间的思想碰撞的90年代"[1]。每一个时期对人类学中国化内涵的理解是不同的,这既与当时的社会历史背景有关,也与学界对中国化(本土化)概念的不断深入理解有关。

---

[1] 周大鸣、刘朝晖. 社学人类学中国网, 2006年2月7日.

一、20世纪30年代，"中国学者研究中国社会"

20世纪初，随着《天演论》《民种学》《群学肄言》等相继译出，人类学成为中国知识界认识社会、改造社会的思想武器，刘师培的《中国民族志》、章太炎的《俱分进化论》和陈映璜的《人类学》等著作也先后出版。特别是1930年以后，随着《蛮族社会之犯罪与风俗》《人类婚姻史》《交感巫术心理学》《古代社会》《初民社会》《人文类型》等人类学名著陆续译出，中国学者在"西学中用"的前提下也开始了本土的人类学著述，如蔡和森的《社会进化史》、蒋由智的《中国人种学》、陈翰笙的《人类的历史》、杨宙康的《文化起源论》、林惠祥的《文化人类学》、陈兼善的《史前人类》和岑家梧的《史前史概论》等。

从1928年开始，中国学者有组织、有计划地开展对中国社会的调查研究，既包括福建的义序、江苏的开弦弓、山东的台头等汉族农村，也有广西瑶族、台湾高山族、黑龙江赫哲族、湘西苗族、云南彝族、海南黎族等民族村寨。抗战爆发后，人类学的调查重心更是转向西南和西北地区，如李安宅等人对甘肃藏族、许烺光对大理白族、田汝康对芒市傣族、林耀华等对凉山彝族和李方桂等对侗族、水族、傣族、纳西族、彝族、独龙族等的调查。这一时期人类学中国化要解决的是研究者与研究对象的结合问题，大量田野调查成果证明中国学者运用西方人类学理论来研究自身社会的做法是可取的也是可行的。如费孝通、江应樑、林惠祥、芮逸夫、凌纯声、林耀华、田汝康、许烺光等人先后出版了《江村经济》《禄村农田》《凉山夷家》和《金翼》《芒市边民的摆》《祖荫下》等优秀民族志和《松花江下游的赫哲族》《湘西苗族调查报告》《海南岛黎人调查报告》《西南边疆民族论丛》等众多调查报告。

总的来说，20世纪30年代中国学者的人类学理论著述和田野调查成果的确与他们对人类学中国化内涵的把握密不可分，或者说他们实践的就是人类学中国化的目标。具体说来，这主要由于以下两个方面的力量推动的，一方面，这与当时国际学术界对人类学中国研究寄予的厚望有关，马林诺夫斯基、拉德克利夫-布朗等人都认为在对一个历史悠久、历史文献浩如烟海的东方文明研究中，人类学研究可以实现从对原始社会到对文明社会的转向，进而给人类学

第十四章
人类学的中国化反思

学科带来新的发展生机。如 1936 年马林诺夫斯基说:"比较文化论,不能缺少中国,正如世界文化之大成,不能缺少中国也"❶;在 1939 年,马林诺夫斯基为费孝通《江村经济》一书作序时,就提出人类学"必须首先离开对所谓未开化状态的研究,而且应该进入对世界上为数众多的、在经济和政治上占重要地位的民族的较先进文化的研究……对印度人、中国农民、西印度群岛黑人、脱离部落的哈勒姆非洲人(要)同样关注"❷。另一方面,这也与当时中国学术界救亡图存的历史使命相关。随着西方列强打开中国大门,大批的西方传教士和旅行者进入中国,一些有关中国乡村和农民社会的见闻录和游记开始出现,由于对中国事象捕捉度的有限和解释力的偏差,使得中国学术界无法坐视不管,等闲待之。吴文藻在燕京大学任教期间,就呼吁学术界的同仁联合起来,建立适合中国国情的中国学派,通过调查中国各地区的村庄和城市状况,提出改进中国社会结构的参考意见,使中国式的人类学能扎根于中国的土壤之上。

二、20 世纪 80 年代,"在西方人类学理论与方法中添加中国经验"

20 世纪 40 年代末期,随着李济、芮逸夫、凌纯声、卫惠林等人去了台湾,开始对台湾原住民进行大量的田野调查,并先后培养了李亦园、陈奇禄、乔健、庄英章、黄应贵等一批台湾学者,台湾人类学研究迎来了自己的高速发展期。从 1957 年开始,台湾原住民研究结出累累硕果,如整理出版了 309 种《台湾文献丛刊》;翻译出版荷兰和日本殖民者关于原住民的档案资料和研究文献;在《台湾文献》《民族学研究所集刊》《历史语言研究所集刊》和《台湾大学考古人类学集刊》等刊物上发表一批田野调查报告等。特别是随着卫惠林和刘斌雄的《兰屿雅美族的社会组织》和陈奇禄的英文著作《台湾土著的物质文化》出版,台湾原住民研究已经进入了萌发系统观点和理论提炼的阶段,也就是说,"有关人类学本土研究的'中国经验'就要喷

---

❶ [英] 马林诺夫斯基:《文化论》,费孝通等译,北京:中国民间文艺出版社,1987 年,第 3 页。
❷ 费孝通:《江村经济——中国农民的生活》,南京:江苏人民出版社,1986 年,序言。

薄而出了"❶。

在1965年成立的"中央研究院"民族研究所把台湾人类学的原住民研究转到对台湾本地的汉族研究上面，当然这与西方人类学区域研究的推手是分不开的。以1949年作为一个分水岭，共产主义在中国的发展，使得西方学术机构意识到发展有关当代中国研究的迫切性和必要性，但是在1950—1970年间，欧美人类学家无法到中国大陆进行田野调查，他们转而去了中国台湾、中国香港和东南亚等华人地区做调查。因此，台港人类学汉族研究的基本理论，分析社会文化现象的概念，研究主题（如宗族、民间信仰、社会结构以及海外华人社区等）以及具体调查方法都深深地打上了西方人类学的烙印。

20世纪80年代以后，台港学者开始意识到，由于"偏重西方学者所探讨的问题，沿用西方学者所建立的理论，套用西方学者所设计的方法"，使得中国的"社会及行为科学缺乏个性与特征，终于沦为西方社会及行为科学的附庸"❷，因此，学界提出要发展自己的理论和方法来研究中国社会，解决人类学理论与方法的移植问题，至少也要做到在西方人类学理论与方法中加入中国经验，如李亦园对民间信仰和华人社会的研究，陈其南对弗里德曼宗族范式的批判，庄英章对台湾地方社会结构和经济的经验研究等❸。特别是1971年张光直与台湾人类学界共同进行的"浊水大肚两溪流域人地研究计划"，就是一个综合民族、考古、地理、地质及古动植物的庞大科际研究，其中也包括原住民和汉族社会调查，前后就持续了数年之久。

当然，相较台港地区学者对人类学中国化的清晰表述来说，这一时期大陆人类学界的人类学中国化意愿还不是那么强烈，因为在经过长达30多年的学术阻断后，当务之急是进行学科建设。1981年1月，教育部正式批准中山大学建立人类学系，随后厦门大学、中国社会科学院人类学研究所、北京师范大学、复旦大学、四川大学、云南大学等专业教学科研机构也开始开设文化人类

---

❶ 黄应贵：《光复以来台湾地区人类学的发展》，中央研究院民族学研究所集刊，总第55期，1984年。

❷ 杨国枢、文崇一主编：《社会及行为科学研究的中国化》序言，台北：中央研究院民族学研究所，1991年。

❸ 李亦园：《民族志与社会人类学——台湾人类学研究与发展的若干趋势》，《清华学报》，1993年第4期。

学课程，培养人类学专业的硕士和博士研究生，中国人类学开始进入学科化建设阶段。到了80年代中后期，《社会人类学方法》《结构人类学》《文化与社会》《文化唯物主义》《文化模式》《萨摩亚人的成年》《西太平洋上的航海者》《纳凡》等人类学名著也相继译出。随着海外留学、社区重访、举办论坛、建立联合田野调查等对外交流活动的日益频繁，结构主义、解释人类学、政治经济分析等人类学理论在中国落脚扎根，催生了生态人类学、教育人类学、旅游人类学、法学人类学、性别研究等人类学分支学科的快速扩张。

三、20世纪90年代，"从中华文化中提炼出适合全人类不同文化、不同民族的理论"

经过十多年持续的学科建设，到了20世纪90年代，大陆人类学学科基础逐步夯实，特别是人类学家运用自身的专业知识在区域规划、社会评估、非物质文化遗产的申遗与保护等方面提供咨询和评估服务，使得人类学的应用性进一步得到强化。从20世纪90年代中期开始，一批人类学者参与一些国际机构（如联合国、世界银行、福特基金会、国际劳工组织和中国香港乐施会等）在华项目的监测评估工作，如中国社会科学院民族研究所参与南昆铁路建设对沿线少数民族社会经济发展的影响研究，云南大学运用PRA（参与式乡村评估）方法对中国农村社会发展进行评估，中山大学中国族群研究中心对江西、新疆等地农村社会现代化发展的评估等，被认为是"人类学在行动"的最好例证。

以2009年在中国云南昆明召开的第16届人类学与民族学大会为例，在40个分类主题中，其中应用性极强的研究就包括艾滋病、移民、吸毒、医学、都市、民族经济发展、文化保护、生态问题等，大多是针对社会变迁和社会转型中出现的新问题和新情况进行的跨学科研究。由于发展项目的实用性和项目周期的时间性限制等因素，使得在此类项目名义下进行的田野工作与人类学真正的田野调查有着明显的区别。当然，之所以形成这一局面也有其深刻原因，主要是由于大陆人类学学科定位混乱，导致了人类学作为独立学科正常发展受到严重限制，只能走上借助外援项目来拓展学科的发展道路。

到了20世纪90年代中后期，有关人类学中国化的探讨频频出现，如乔健的《中国人类学发展的困境与前景》，荣仕星等人的《人类学本土化在中国》

和徐杰舜的《本土化：人类学的大趋势》等，如李亦园就认为："一个学科研究的本土化或本国化，不但应该包括研究的内容要本地化、本国化，而且更重要的是也要在研究的方法上、观念上与理论上表现出本国文化的特性，而其最终的目的仍是在建构可以适合全人类不同文化、不同民族的行为与文化理论"❶，乔健的观点与之相近。1978年后逐渐开放的中国大陆，展现在全世界人类学学者面前的是一幅世界文化中绝无仅有的文化图像，"这些成果除了能对中国文化与社会的本质提供新的、实证的与客观的说明外，更能采用新的案例来确认与诠释人类学的许多基本论题。同时自然也可以质疑甚至否定某些论题，更可以从中发掘更多新的论题。现代人类学将在新的中国资料中受一次洗礼，之后它会变得更有世界性，并提升到更高的理论水平"❷。

当然，相比于前两个阶段对人类学中国化内涵的理解来说，这一阶段学界对人类学中国化的理解无疑是最深刻也最到位的，当然要想实现这一阶段目标的难度也是最大的。从语言学的角度来看，与本土化有关的几个词，native、local、indigenous和aboriginal都有土生土长的、本地的、当地的等含义，人类学中国化至少包含着三个基本要素：中国研究者、中国研究对象和中国人类学理论与方法等。中国的研究者不是问题，以中国社会作为研究对象也没有问题，"今天中国大陆的人类学队伍里，包括近年在国外学有所成的学者，哪个不是土生土长的人（在）做本乡本土的题目？"❸问题就出在中国的人类学理论与方法上，它是指具有普适性的世界性的理论呢，还是只能针对中国研究对象的特殊理论呢？对此，学者的看法不尽相同，自然结论也是不同的。郝瑞认为："要先承认外面传进来的理论用于分析中国是不够的，我们需要建立不同的理论概念，发展不同的研究方法，有这样的需要才有本土化的需要。（反之），如果外面传进来的理论是足够的，那就没有本土化的必要了。"❹

---

❶ 荣仕星、徐杰舜主编：《人类学本土化在中国》，南宁：广西民族出版社，1998年，第1~3页。
❷ 乔健：《中国人类学发展的困境与前景》，《广西民族学院学报》，1995年第1期。
❸ 张海洋：《我所理解和从事的人类学》，《广西民族学院学报》，2001年第5期。
❹ 郝瑞：《田野、同行与中国人类学西南研究》，彭文彬译，《西南民族大学学报》，2007年第10期。

第二节 中国人类学的命题与经验

著有《中国人类学逸史》一书的顾定国称："中国人类学既非任何外国人类学的翻版，也不是一个完全独立和自我界定的学科，它的学术建制受到西方和苏联两种体系的影响，中国探索人类学模式的经验具有特殊的意义，能够为全球人类学作出贡献"❶。而王斯福则以疑问句来评论顾氏的著作标题，"存在一种'中国人类学'吗？"❷ 这是因为中国人类学呈现出来的样态是，"如果说费孝通、林耀华和田汝康开启的是中国本土社会学中的受英式训练的人类学路线的话，那么弗里德曼等人的研究则是英国的人类学和社会学领域开启了一条中国路线"❸。那么，围绕针对中国人类学命题是否成立的探讨，也能让我们梳理一下中国人类学的经验与收获。

一、中国人类学命题

那么，到底有无一门叫中国人类学的学问呢？或者说中国人类学命题成立吗？王铭铭的看法是"成立，但是无论是海外中国人类学，'境内'的中国人类学，都应给予'低评价'，因为其在世界人类学中相对水平和地位是非常低的"❹。他的理由是："中国研究在人类学中地位的低落，与大师未能介入此项研究，或许有着更为直接的关系"，并以利奇为例，"假如上世纪40年代利奇研究的是云南，今日这个地区在世界人类学的文献库中地位会有多高呢？"看起来，中国田野点连作为文献作用的价值都很低，更别说主流人类学理论中出现基于中国田野点的金科玉律了。

其实不然，基于中国田野对主流人类学理论作出修正的大有人在。第二次

---

❶ [美]顾定国：《中国人类学逸史——从马林诺斯基到莫斯科到毛泽东》，胡鸿保等译，北京：社会科学文献出版社，2000年，第329~337页。
❷ 王斯福：《存在一种"中国人类学"吗？》，《世界民族》，2001年第1期。
❸ 胡鸿保等：《弗里德曼及其汉人社会的人类学研究——兼评〈中国东南的宗族组织〉》，社会学视野网，2010-08-01。http://www.cociologgol.org/.
❹ 王铭铭：《从弗思的"遗憾"到中国研究的"余地"》，《云南民族大学学报》，2008年第3期。

个人、社会与转变：社会文化人类学视野

世界大战以后人类学界开始反思结构－功能主义，弗里德曼希望以中国的材料挑战埃文斯－普里查德和福忒斯在非洲的世系群理论，提出在一个中央权力高度集中的国家里，宗族势力同样的发达，从而首创了中国宗族模式；施坚雅从中国市场等级与区域划分中提出"基层市场共同体"概念，认为农民实际活动范围并不是一个狭隘的村落，而是一个基层集市所及的整个地区；沙茵借用萨义德的东方主义概念，探讨中国社会结构的内部东方主义分析模式等。尽管针对以上理论，后续的求证者与质疑者并不鲜见，但毕竟是从中国田野阐发的讨论。

那么，中国田野无足轻重的原因何在呢？在大陆进行了20多年人类学田野工作的郝瑞认为，中国人类学的存在是毋庸置疑的，但是"中国作为研究对象决定（了）不可能有太大的期望"[1]，并以马尔库斯提出的多点民族志为例，自问"我要是比马尔库斯还早一点写我的田野经验，也定一个名字，那我会不会成为一个'很高明'的人类学家呢？但我估计也不会，因为我研究的是中国，和西方人类学研究的传统对象和地域范围不一样。"的确，在中国田野中实践多点民族志的人类学家大有其人。如沙茵的苗族研究就不仅限于贵州的某一苗寨，而是散布于凯里、贵阳，甚至于中央民族大学校园内，但她并没有因为中国田野经历而声名大振。或许，诚如赫瑞所言，人类学本身所具有的西方中心主义特征，使得非西方的其他文化对它而言，都只能是一个研究对象，而不可能成为理论的源泉，"我们都觉得中国人类学在欧美受到了轻视，甚至也可以说，我们的中国研究在世界人类学界的地位也不是很高，我们被排挤到外面去了。"

如果此语确凿，那么，身为非西方的中国人类学家要想挤进（人类学主流）谈何容易，以何种身份去挤呢？也许有人会以阎云翔为例，其基于中国田野的《私人生活的变革：一个中国村庄里的爱情、家庭与亲密关系（1949—1999）》一书2003年由斯坦福大学出版社出版，获得2005年列文森中国研究书系大奖，但是这样挤进去的民族志践行了人类学中国化哪一个阶段的目标呢？这一问题可以另文再作探讨。

---

[1] 郝瑞：《田野、同行与中国人类学西南研究》，彭文彬译，《西南民族大学学报》，2007年第10期。

二、中国人类学的经验

尽管对人类学中国化的讨论是见仁见智，但是中国人类学界从来没有停止过探索人类学中国化的步伐，在以下三个领域的经验值得总结。

（一）村庄研究的生命力

1935 年，吴文藻说："'社区'是和'社会'相对而称的。我所要提出的新观点，即是从社区着眼，来观察社会，了解社会……社会是描写集合生活的抽象概念，是一切复杂的社会关系全部体系之总称。而社区乃是一地人民实际生活的具体表词，它有物质的基础，是可以观察的。"[1] 1947 年费孝通在《乡土中国》一书中也说："以全盘社会结构的格式作为研究对象，这对象并不能是概然性的，必须是具体的社区，因为联系着各个社会制度的是人们的生活，人们的生活有空间的坐落，这就是社区……社区分析的初步工作是在一定时空坐落中去描写出一地方人民所赖以生活的社会结构。"[2] 因此，以农村社区为基础的民族志成为中国田野工作的一大特色，学者们的村庄研究书单可以开列一长串，如 1949 年以前的费孝通的《江村经济》、林耀华的《义序的宗族研究》和《金翼》、田汝康的《摆夷的摆》、杨懋春的《一个中国村庄：山东台头》和许烺光的《祖荫下》等。

当然，中国村庄民族志自诞生以来就临着诸多争议和责难，如弗里德曼认为社区研究法不足以概括中国社会事实，他说："以一个社区个案来反映中国社会现实，便利固然是便利，却不利于对中国社会的总体把握，从而造成了在中国研究当中人类学力量的薄弱，也就是说，中国有几十万个农村，怎能只用一个农村如江村、黄村和台头村来代表呢？"[3]

由于人类学者偏爱村庄并视其为中国社会研究的基本单元，因此，村庄民族志继续被后续研究者所沿用。如裴达礼、沃德、王斯福、马丁、帕斯特奈克、葛伯拉、武雅士等人在对中国香港、中国台湾等地的汉族宗族组织进行研

---

[1] 吴文藻：《现代社区实地研究的意义和功用》，《社会研究》，1935 年 66 号。
[2] 费孝通：《乡土中国》，北京：三联书店，1985 年，第 94～95 页。
[3] Maurice Freedman. "A Chinese Phase in Social Anthropology". British Journal of Sociology, 1963: I: 1~19.

究时，无一例外地选择了以一个村落作为调查单位。如沃德在中国香港渔村的调查中指出，从一个单个的村落，可以探知汉人的传统社会认同是通过模仿上层的士绅意识形态、与邻村的交往、社区自我的定位而创设的；武雅士通过考察中国台湾村落中的汉人民间信仰，也旨在说明中国社会的上层象征与民间象征在村庄层面是如何得以体现的。

因为人类学的"村庄与城镇研究本身就是本土化理论的来源之一"[1]，从20世纪80年代后期，从西方国家留学或进修人类学理论与方法的学者也选择国内村庄进行田野工作，如庄孔韶的黄村、阎云翔的下岬村、景军的大川村、王铭铭的溪村、刘新的赵家河村、罗红光的黑龙潭、朱晓阳的小村等。除了汉族村庄外，王筑生对景颇族、蔡华对纳人、翁乃群对纳日、施传纲对摩梭人、谭乐山对傣族、杜杉杉对拉祜族等少数民族村庄也从事了田野工作，均有相应的民族志作品出版。如景军的《神堂记忆》、刘新的《在自我的阴影下》、朱晓阳的《罪过与惩罚：小村故事（1931—1997）》、罗红光的《黑龙潭——中国北方农村围绕财富的仪礼化分析》、蔡华的《一个无夫无父的社会：中国纳人》和王筑生的《变迁之路——中缅边境上的一个景颇族村寨》等。

与费孝通、林耀华、田汝康和许烺光等人单纯展示一个村庄的社会生活不同的是，20世纪80年代以来的村庄民族志具有以下两个特点。

第一，关注其村庄个案与西方人类学经典理论对话的可能性。如阎云翔关于下岬村的《礼物的流动：一个中国村庄中的互惠原则与社会网络》和《私人生活的变革：一个中国村庄里的爱情、家庭与亲密关系（1949—1999）》就对布迪厄、莫斯、萨林斯、弗里德曼等人的理论提出质疑与批评；杜杉杉的《筷子总是成对成双——云南拉祜族的男女平等》则用拉祜族村寨中两性平等的实践个案，回应了西方女权主义理论对性别平等理念的狭隘理解。

第二，避免把村庄看成一种自我封闭的内在体系，重视展示村庄外部的权力关系，如国家与社会的影响等，在社区史的框架下表现社会—文化力量是如何发生关系、产生联系乃至于发生变化的复杂过程。因此，村庄再度成为透视国家和社会文化影响的有效单位，具有阐明复杂中国社会的潜在可能性。如王

---

[1] Linda Martin Alcoff and Eduardo Mendieta edited. "Identities: race, class, gender and nationality". Blackwell Publishing, Oxford. 2003. p. 343.

铭铭的《社区的历程》就是通过对溪村宗族的历史变迁的叙述，展示了现代国家权力不断向乡村社会渗透，指出现代国家政权把社区人民从传统宗族中解放出来，而又安装了新的国家规范（国家与地方社会人民之间的连接点——村委会和党支部），也就是乡土传统的持续性，并不像经典民族—国家等现代化理论所预设的那样会被很快地铲除掉。

人类学传统上是以非西方社会作为研究对象的学科，这样人类学家才会有高度的敏感性，否则会因缺乏陌生感而形成局内人的偏见。而中国人类学大体上也遵循了这一学科要求，以国内少数民族研究见长，以至于形成"中国人类学＝少数民族学"的刻板印象。其实，这只是一个偏见，如之前提到的《江村经济》《金翼》和《一个中国村庄：山东台头》等都是针对汉族村庄形成的民族志。

（二）试水海外民族志

长期以来，中国人类学家并未过多聚焦海外田野工作，海外民族志作品也为数不多，如田汝康的《沙捞越的华人：一项社会结构的研究》（1953）、李亦园的《一个移植的市镇——马来亚华人市镇生活调查》（1967）、费孝通的《美国与美国人》（1985）、许烺光的《宗族、种姓、俱乐部》（1990）、吴泽霖的《美国人对黑人、犹太人、东方人的态度》（1992）和乔健编著的《印第安人的诵歌》（2004）等。

20世纪90年代以后，随着台湾大学人类学研究区域从台湾岛内扩展到东北亚、东南亚和太平洋等地；台湾"国立"清华大学人类学系更有若干研究者以新加坡、马来西亚、缅甸、泰国和印度作为田野点；香港中文大学人类学研究也开始关注东南亚区域研究，且开始在博士研究生培养环节中增强对海外华人研究文献的收集与整理工作，说明海外民族志越来越成为中国人类学知识生产的方式之一。其中以港台学者谢剑和陈志明等人对马来西亚、新加坡等地华人社会的研究最为著名。

中国大陆人类学界的海外民族志起步较晚，经过十多年的尝试，海外民族志才渐渐为国内人类学界所接受。1995年，厦门大学人类学研究所选派5位研究人员赴泰国华人社区进行调查。2004年以后，北京大学的多位人类学博士生开始在亚洲和澳大利亚等国从事田野调查工作，如龚浩群探讨泰国佛教与

公民身份之间的渊源,康敏思考马来西亚宗教社区与国家政权之间的关系,杨春宇考察澳大利亚民间组织如何实践澳洲平等主义文化,吴晓黎研究印度种姓、民间社团与宗教身份如何形塑地方政治面貌,以及中央民族大学的阿嘎佐诗通过新加坡莱佛士酒店和节日庆典的田野考察,研究新加坡的民族主义,等等。从2009年起,云南大学也开始把东南亚作为实践海外民族志的首选地,资助针对越南、泰国、缅甸等国跨境民族进行的田野民族志调查。在云南大学民族学"211"三期建设项目中有17个是资助海外民族志研究的,占到项目总数(31)的54.8%。❶

西方有学者撰文指出,现在还没有真正意义上的人类学全球化,因为语言、经费及个人等方面的原因在制约着人类学知识的生产途径,只有当传统意义上被研究国的人类学家也开始以美国、英国、日本社会为研究对象时,"才能改变现行的富国研究穷国的单向知识生产路径,形成知识生产的双向通道"❷。因此,中国人类学走出去,进行海外民族志确有必要。随着反思人类学的兴起,西方人类学在田野作业面临的知识和伦理困境也一样会摆在中国人类学界面前,考验着海外民族志的组织者、实施者和具体行动者,从目前来看,海外民族志要以何种理论来进行知识生产才能实现其宏图"不同的共同体、不同的国家或者不同的主体能够持续对话的知识条件的形成"❸,尚需时日来验证。

(三) 解读中国历史文献

从20世纪70年代末到80年代初期,文化不再被视为一个"无始无终,没有时间概念的纯洁对象"❹,人类学的历史转向开始成为当代人类学的一个新取向。但是,这种历史转向如何与人类学中国化结合起来呢?

在西方现代人文社会科学传入中国以前,中国学者对中国历史文献仅限于训诂、校勘和资料收集整理,忽视了对考证材料的理论升华。用人类学的理论和方法,对中国浩如烟海的历史文献重新审视、重新整合,作出新的解读和分析,

---

❶ 云南大学民族学"211"三期建设项目公示通知,http://www.ynu.edu.cn/,2010-04-05。

❷ Gorgon Mathews. "On the referee system as a barrier to global anthropology". The Asia Pacific Journal of Anthropology. Vol. 11, No. 1 March 2010. pp. 52~63.

❸ 何明等:《海外民族志研究的价值与困境》,《开放时代》,2010年第1期。

❹ Sherry B. Ortner. "Anthropology and Social Theory: Culture, Power, and the Acting Subject". A John Hope Franklin Center book, Duke University Press, Durham and London. 2006. p. 9.

从中概括出新的论题,升华出新的理论,或许是有益于当代人类学的发展。用乔健的话来说,就是"中国文化是非西方文化中的主支,中国人类学者应该充分利用人类学特别擅长的比较方法与结构分析方法深入中国文化资源,把其中的认知方式、世界观与价值提炼出来以充实甚至更新现代人类学"❶。

去台之后的南派学者凌纯声依据古史进行具体的物质文化(如赫哲人的树皮衣、台湾的航海帆筏、中国古代的戈船)比较,以人类学方式重新思考古文献中隐藏的起源,对中华文化的形成与世界文明进行过相关研究,建构起一个基于传播路径而形成的全球文明体系。王铭铭则从古代中国人以巡狩、封禅、取经以及撰写的异域方志中寻找人类学素材,提出"三圈说",认为中国人类学家要对世界有贡献,在目前的阶段中,首先要以研究中国为主。按照研究对象在"天下"以及朝贡体系中的层次分为三个区带,即作为最内圈的以中华帝国境内的编户齐民人口为研究对象的农村人文区位学民族志调查、作为中间区带的以编户之外的化外之民为研究对象的少数民族研究和作为外围区带的以所谓"海外诸夷"为研究对象的海外研究❷。

但是在中国进行这种尝试不仅需要魄力,更需要学力,因为"中国与人类学研究有关的典籍资料虽多,但是因为没有系统书目和索引,所以现成性和可接近性很低"❸,这就造成了中国人类学的研究者在涉及古代部分时,大多局限于整理并罗列可供当代研究分析的史料,而对古代思想里有关人类学学科视野中的诸多议题缺乏相应的探究和论述。

第三节 人类学的中国化思路

作为一种学术自觉意识,中国人类学的本土化诉求其实与世界社会、政治等整个大环境有关,正如沃勒斯坦所说的,"现代世界的标志是它的受益者的想象力和被压迫者反对他们的断然态度。剥削与拒绝接受剥削或者是不可避

---

❶ 乔健:《中国人类学发展的困境与前景》,《广西民族学院学报》,1995年第1期。
❷ 王铭铭:《从弗思的"遗憾"到中国研究的"余地"》,《云南民族大学学报》,2008年第3期。
❸ 张海洋:《我所理解和从事的人类学》,《广西民族学院学报》,2001年第5期。

个人、社会与转变：社会文化人类学视野

的，或者是构成了现代持续的对立，二者辩证地结合在一起，在 20 世纪还远远没有达到高潮"❶。因此，这些舶来学科需要本土化的情结不但在中国，而且在印度、巴西等广大发展中国家的社会科学界都普遍存在，"从你想说的就知道你是从哪里来的"❷，本土化的呼声成为第三世界国家在全球化背景下的应然反应。以 2009 年国际人类学与民族学联合会第 16 届世界大会为例，主办方的意图之一就是为了争取人类学的话语权，从而改变中国人类学在世界学术界没有自己的声音，鲜有机会站在学术论坛上与世界对话的状况，"主办（第16 届）人类学民族学世界大会，从大的方面来看，是为了组织中国和来自世界各国的专家学者在什么是发展、如何发展等诸多具有全球性意义的问题方面提出人类学的见解，但从深层次上来看，这次大会的目的实际上是中国要争取在世界的话语权，是中国人类学研究要在世界获得认可"❸。

从全球发布的人类学会议信息来看，平均每月都有二三十场次与人类学研究、文化研究有关的专题会议、年会或者论坛等，但是由于语言使用和经费筹措等缘故，发展中国家学者要想参与其中并不容易，由此造成发展中国家人类学知识生产能力弱和影响不大等一系列后果。当然，阻碍中国人类学与"世界对话"和"走向世界"的深层原因，主要是民族志文本质量不高和无原创性理论。因此，中国人类学界要想获得长远的发展，就要抛弃那种"毕其功于一役"的想法，从以下两个建议中酌情考虑，选择适合自己的发展道路。

第一，如郝瑞所建议的立足中国田野写出"信度可靠的中国田野民族志"。由于学科建设的薄弱和一系列困扰学科发展的理论与现实问题并没有得到解决（如研究者是否需要掌握调查对象的语言，田野工作时间需要多长，什么才是系统和扎实的民族志写作训练等），因此，格尔兹在《文化持有者的内部眼界：论人类学理解的本质》中揭示了人类学家的两难处境："他既不应完全沉湎于文化持有者的心境和理解，把他的文化描写志中的巫术部分写得像是一个真正的巫师写的那样；又不能像请一个对于音色没有任何真切概念的聋

---

❶ ［美］I. 沃勒斯坦：《现代世界体系》（第一卷），罗荣渠等译，北京：高等教育出版社，1998 年，第 473 页。

❷ Linda Martin Alcoff and Eduardo Mendieta edited. "Identities: race, class, gender and nationality". Oxford: Blackwell publishing. 2003. p. 343.

❸ http：//202.116.72.241./2009 - 06 - 14，中山大学人类学系.

子去鉴别音色似的，把一部文化描写志中的巫术部分写得像是一个几何学家写的那样"❶，对于初涉人类学领域的中国研究者来说的确是不小的考验。就目前来看，国内民族志中特别缺乏关于少数民族的、有深度的研究，"迄今很多少数民族还没有比较完整的民族志"❷。

第二，如陈佩华所说，不要纠缠于人类学理论是谁提出的问题，"本土化是个问题吗？美国那么强大，美国人提出这提出那，是不是澳大利亚学问也要本土化，（现在）都混在一起了……你认为（美国人提出的东西）好，拿来用就是了，不好的话，你就自己创一个，大家认为好，就用你的。"❸

虽然这两个建议要么是强调人类学田野工作的规范性，要么是着重人类学理论与方法的原创性，其实是二而一、一而二的问题，没有丰富的田野工作谈不上对理论和方法进行创新，反之，没有扎实的理论和方法训练也就无法杜绝田野工作的随意性，而这两者最终都会影响到民族志文本的质量，说到底是中国人类学能否早日获得尊重的问题。

---

❶ ［美］克利福德·吉尔兹：《地方性知识》，王海龙等译，北京：中央编译出版社，2004年，第74~75页。

❷ 汪宁生：《文化人类学调查——正确认识社会的方法》，北京：文物出版社，2002年，第8页。

❸ 2010年8月5日，作者与澳大利亚国立大学访问学者陈佩华教授的访谈记录．

参考文献

[1] [英] 阿兰·巴纳德. 人类学历史与理论 [M]. 王建民等译, 北京: 华夏出版社, 2006.

[2] [美] 阿尔弗雷德·C. 金赛. 性学报告 [M]. 潘绥铭译, 海口: 海南出版社, 2007.

[3] [英] A.C. 哈登. 人类学史 [M]. 廖泗友等译, 济南: 山东人民出版社, 1988.

[4] [法] 安德列·比尔基埃等. 家庭史 [M]. 袁树仁等译, 北京: 三联书店, 1998.

[5] [英] A. 吉登斯. 社会的构成——结构化理论大纲 [M]. 李康等译, 北京: 三联书店, 1998.

[6] [英] 凯蒂·加德纳等. 人类学、发展与后现代挑战 [M]. 张有春译, 北京: 中国人民大学出版社, 2008.

[7] [美] 卡罗尔·帕特曼. 性契约 [M]. 李朝晖译, 北京: 社会科学文献出版社, 2004.

[8] 陈庆德. 经济人类学 [M]. 北京: 人民出版社, 2001.

[9] [美] C·恩伯 M·恩伯. 文化的变异 [M]. 杜杉杉译, 沈阳: 辽宁人民出版社, 1988.

[10] [美] 克利福德·格尔兹. 文化的解释 [M]. 纳日碧力戈等译, 上海: 上海人民出版社, 1999.

[11] [美] 克利福德·吉尔兹. 地方性知识 [M]. 王海龙等译, 北京: 中央编译出版社, 2004年.

[12] [美] 克利福德、马尔库斯主编. 写文化 [M]. 高丙中等译, 北京: 商务印书馆, 2006.

[13] [美] 艾尔·巴比. 社会研究方法第十一版, 邱泽奇译, 北京: 华夏出版社, 2011.

[14] [美] 爱德华·萨伊德. 东方学 [M]. 王宇根译, 北京: 三联书店, 1999.

[15] [英] E. 泰勒. 原始文化 [M]. 连树声等译, 上海: 上海文艺出版社, 1992.

[16] [美] 埃尔曼·R. 瑟维斯. 人类学百年争论 (1860—1960) [M]. 贺志雄等译, 昆明: 云南大学出版社, 1997.

[17] [英] 伊琳·吉特. 社区的迷思——参与式发展中的社会性别问题 [M]. 社会性别窗口小组译, 北京: 社会科学文献出版社, 2004.

[18] [法] 爱弥尔·涂尔干. 宗教生活的基本形式 [M]. 渠东等译, 上海: 上海人民出版社, 1999.

[19] [法] E. 迪尔凯姆. 社会学方法的准则 [M]. 狄玉明译, 北京: 商务印书馆, 2002.

[20] [英] 埃里克·夏普. 比较宗教学——一个历史性的考察 [M]. 吕大吉译, 台北: 桂冠图书股份有限公司, 1991.

[21] [英] 埃文思-普里查德. 努尔人——对尼罗河畔一个人群的生活方式和政治制度的描述 [M]. 褚建芳等译, 北京: 华夏出版社, 2002.

[22] [英] 埃文斯-普里查德. 原始宗教理论 [M]. 孙尚扬译, 北京: 商务印书馆, 2001.

[23] [英] 埃文思-普里查德. 阿赞德人的巫术、神谕和魔法 [M]. 覃俐俐译, 北京: 商务印书馆, 2006.

[24] [英] 伊凡-普里查. 社会人类学 [M]. 陈奇禄等译, 台北: 唐山出版社, 1997.

[25] [法] 伏尔泰. 风俗论 (下册), 谢戊申等译, 北京: 商务印书馆, 2003.

[26] [美] F. 普洛格、D. G. 贝茨. 文化演进与人类行为 [M]. 吴爱明等译, 沈阳: 辽宁人民出版社, 1988.

[27] [美] 费侠莉. 繁盛之阴-中国医学史中的性 (960—1665) [M]. 甄橙译, 南京: 江苏人民出版社, 2006.

[28] 费孝通. 乡土中国 生育制度 [M]. 北京: 北京大学出版社, 1998.

[29] 费孝通. 乡土中国 [M]. 北京: 三联书店, 1985.

[30] 费孝通. 江村经济——中国农民的生活 [M]. 南京: 江苏人民出版社, 1986.

[31] [英] 菲奥纳·鲍伊. 宗教人类学导论 [M]. 金泽等译, 北京: 中国人民大学出版社, 2006.

[32] [美] 弗朗兹·博厄斯. 原始艺术 [M]. 金辉译, 上海: 上海文艺出版社, 1989.

[33] [美] F. 博厄斯. 人类学与现代生活 [M]. 刘莎等译, 北京: 华夏出版社, 1999.

[34] [美] 弗兰兹·博厄斯. 原始人的心智 [M]. 项龙等译, 北京: 国际文化出版公司, 1989.

[35] [美] 弗雷德里克·巴特. 斯瓦特巴坦人的政治过程——个社会人类学研究的范例 [M]. 黄建生译，上海：上海人民出版社，2005.

[36] [英] H. 霭理士. 性心理学 [M]. 潘光旦译，北京：三联书店，1988.

[37] [美] 霍莉·彼得斯-戈尔登编著. 改变人类学（15个经典个案研究）第五版，北京：北京大学出版社，2012.

[38] 黄淑娉、龚佩华. 文化人类理论方法研究 [M]. 广东高等教育出版社，1998.

[39] 黄盈盈. 身体·性·性感——对中国城市年轻女性的日常生活研究 [M]. 北京：社会科学文献出版社，2008.

[40] 黄应贵. 时间、历史与记忆. 台北：中央研究院民族学研究所，1999.

[41] 宫哲兵. 千家峒运动与瑶族发祥地 [M]. 武汉：武汉大学出版社，2001.

[42] [美] 乔治·E. 马尔库斯、米开尔·M.J. 费彻儿. 作为文化批评的人类学——个人文学科的实验时代 [M]. 王铭铭等译，北京：三联书店，1998.

[43] [英] 格雷戈里·贝特森. 纳文：围绕一个新几内亚部落的一项仪式所展开的民族志实验 [M]. 李霞译，北京：商务印书馆，2008.

[44] [美] 古塔·弗格森. 人类学定位：田野科学的界限与基础 [M]. 骆建建等译. 北京：华夏出版社，2005.

[45] [美] 顾定国. 中国人类学逸史——从马林诺斯基到莫斯科到毛泽东 [M]. 胡鸿保等译，北京：社会科学文献出版社，2000.

[46] [美] I. 沃勒斯坦. 开放社会科学 [M]. 刘锋译，北京：三联书店，1997.

[47] [法] 乔治·巴塔耶. 色情史 [M]. 刘辉译，北京：商务印书馆，2003.

[48] [英] 詹姆斯·弗雷泽. 金枝 [M]. 徐育新等译，北京：中国民间文艺出版社，1987.

[49] [美] 詹姆斯·斯科特. 农民的道义经济学：东南亚的反叛与生存 [M]. 程立显等译，南京：译林出版社，2001.

[50] 金泽. 宗教禁忌 [M]. 北京：社会科学出版社，1998.

[51] [美] 约翰·奥尼尔. 身体形态 [M]. 张旭春译，沈阳：春风文艺出版社，1999.

[52] [英] 卡尔·波普尔. 通过知识获得解放 [M]. 范景中等译，北京：中国美术学院出版社，1998.

[53] 李惠斌等. 社会资本与社会发展 [M]. 北京：社会科学文献出版，2000.

[54] 李亦园. 人类学的应用 [M]. 文化人类学选读 [M]. 台北：食货出版社，1988.

[55] [法] 路易·杜蒙. 个人主义论集 [M]. 黄柏棋译，台北：联经出版事业股份有限公司，2003.

[56]［澳］林恩·休谟等.人类学家在田野［M］.龙菲等译,上海:上海译文出版社,2010.

[57]马元曦主编.社会性别与发展译文集［M］.北京:三联书店,2000.

[58]［德］马克斯·舍勒.人在宇宙中的地位［M］.李伯杰译,贵阳:贵州人民出版社,1989.

[59]［法］马塞尔·毛斯.社会学与人类学［M］.佘碧平译,上海:上海译文出版社,2003.

[60]［法］马塞尔·莫斯.礼物［M］.汲喆译,上海:上海人民出版社,2002.

[61]［美］马文·哈里斯.牛、猪、战争和女巫:文化之谜［M］.王艺等译,上海:上海文艺出版社,1990.

[62]［美］马文·哈里斯.文化人类学［M］.李培茱等译,北京:东方出版社,1988.

[63]［英］马林诺夫斯基.两性社会学［M］.李安宅译,北京:中国民间文艺出版社,1986.

[64]［英］马林诺夫斯基.神圣的性生活——来自土著部落的报告［M］.何勇译,北京:知识出版社,1998.

[65]［英］马林诺夫斯基.文化论［M］.费孝通译,北京:中国民间文艺出版社,1987.

[66]［英］马林诺夫斯基.原始社会的犯罪与习俗［M］.原江译,昆明:云南人民出版社,2002.

[67]［英］马林诺夫斯基.西太平洋的航海者［M］.梁永佳等译,北京:华夏出版社,2002.

[68]［美］马歇尔·萨林斯.甜蜜的悲哀［M］.王铭铭等译,北京:三联书店,2000.

[69]［美］马歇尔·萨林斯.历史之岛［M］.蓝达居等译,上海:上海人民出版社,2003.

[70]［美］M.米德.萨摩亚人的成年［M］.周晓虹等译,杭州:浙江人民出版社,1988.

[71]［法］米歇尔·福柯.规训与惩罚［M］.刘北成等译,北京:三联书店,1999.

[72]［法］莫里斯·梅洛-庞蒂.知觉现象学［M］.姜志辉译,北京:商务印书馆,2001.

[73]［英］奈杰尔·巴利.天真的人类学家［M］.何颖怡译,上海:上海人民出版社,2003.

[74]［美］诺曼·K.邓津.定性研究:策略与艺术［M］.风笑天等译,重庆:重庆大学出版社,2007.

[75] [美] 彼得·贝格尔. 神圣的帷幕——宗教社会学理论之要素 [M]. 上海人民出版社, 1991.

[76] [德] 尼采. 权力意志 [M]. 张念东等译, 北京: 中央编译出版社, 2000.

[77] [法] 皮埃尔·布迪厄. 男性统治 [M]. 刘晖译, 深圳: 海天出版社, 2002.

[78] [法] 布迪厄等. 实践与反思——反思社会学导引 [M]. 李猛等译, 北京: 中央编译出版社, 1998.

[79] [法] 布迪厄. 实践感, 蒋梓骅译, 南京: 译林出版社, 2003.

[80] [古希腊] 柏拉图·斐多 [M]. 杨绛译, 沈阳: 辽宁人民出版社, 2000.

[81] [美] 佩吉·麦克拉肯主编. 女权主义理论读本 [M]. 艾晓明等译, 桂林: 广西师范大学出版社, 2007.

[82] 乔健. 漂泊中的永恒——人类学田野调查笔记 [M]. 济南: 山东画报出版社, 1999.

[83] [英] 拉德克利夫-布朗. 原始社会的结构与功能 [M]. 潘蛟等译, 北京: 中央民族大学出版社, 1999.

[84] [英] 拉德克利夫-布朗. 社会人类学方法 [M]. 夏建中译, 北京: 华夏出版社, 2002.

[85] [美] 理查德·A. 波斯纳. 性与理性 [M]. 苏力译, 北京: 中国政法大学出版社, 2002年.

[86] [法] 让·卡泽纳弗. 社会学十大概念 [M]. 杨捷译, 上海: 上海人民出版社, 2003.

[87] [美] 罗伯特·墨菲. 文化与社会人类学引论 [M]. 王卓君等译, 北京: 商务印书馆, 1991.

[88] [美] 罗伯特·莱顿. 艺术人类学 [M]. 靳大成等译, 北京: 文化艺术出版社, 1992.

[89] [英] 罗伯特·莱顿. 人类学理论导论: 他者的眼光 [M]. 罗攀等译. 北京: 华夏出版社, 2005.

[90] [美] R. 林德、H. 林德. 米德尔敦: 当代美国文化研究 [M]. 盛学文等译, 北京: 商务印书馆, 1999.

[91] [英] R. 马雷特. 心理学与民俗学 [M]. 张颖凡等译, 济南: 山东人民出版社, 1988.

[92] [美] 露丝·本尼迪克特. 文化模式 [M]. 王炜等译, 北京: 三联书店, 1988.

[93] [俄] 史禄国. 满族的社会组织——满族氏族组织研究 [M]. 高丙中译, 北京: 商务印书馆, 1997.

［94］［奥］西格蒙德·弗洛伊德. 图腾与禁忌［M］. 赵立玮译, 上海：上海世纪出版集团，2005.

［95］史宗主编. 20世纪西方宗教人类学文选［M］. 金泽等译, 上海：三联书店，1995.

［96］田汝康. 芒市边民的摆［M］. 昆明：云南人民出版社，2008.

［97］［美］维克多·特纳. 仪式过程：结构与反结构［M］. 黄剑波等译, 北京：中国人民大学出版社，2006.

［98］汪民安. 后身体文化、权力和生命政治学［M］. 长春：吉林人民出版社，2003.

［99］［美］威廉·亚当斯. 人类学的哲学之根［M］. 黄剑波等译, 桂林：广西师范大学出版社，2006.

［100］［美］威廉·A.哈维兰. 文化人类学第十版, 瞿铁鹏等译, 上海：上海社会科学院出版社，2006.

［101］［美］W·古德. 家庭［M］. 魏章玲译, 北京：社会科学文献出版社，1986.

［102］［美］威廉·富特·怀特. 街角社会［M］. 黄育馥译, 北京：商务印书馆，2009.

［103］夏建中. 文化人类学理论流派［M］. 北京：中国人民大学出版社，1997.

［104］项飚. 跨越边界的社区［M］. 北京：三联书店，2000.

［105］许宝强、渠敬东选编. 反市场的资本主义［M］. 北京：中央编译出版社，2001.

［106］［唐］玄奘撰. 大唐西域记章巽校点, 上海：上海人民出版社，1977.

［107］杨圣敏等主编. 中国人类学民族学学科建设百年文选［M］. 北京：知识产权出版社，2009.

［108］于海. 西方社会思想史［M］. 上海：复旦大学出版社，1993.

［109］张京媛主编. 后殖民理论与文化批评［M］. 北京：北京大学出版社，1999.

［110］赵旭东. 文化的表达：人类学的视野［M］. 北京：中国人民大学出版社，2009.

［111］周敏. 唐人街——深具社会经济潜质的华人社区［M］. 鲍霭斌译, 北京：商务印书馆，1995.

［112］周星等主编. 社会文化人类学讲演集上下集, 天津：天津人民出版社，1997.

［113］庄孔韶. 银翅——中国的地方社会与文化变迁（1920—1990）［M］. 北京：三联书店，2000.

［114］Alfred Sauvy. General Theory of Population. New York：Weidenfeld &Nicolson. 1966.

［115］Anthony Cohen；Symbol, Segment and Boundary in a Shetland Island Community. Manchester University Press. 1987.

［116］Arthur Wolf. Introduction：Religion and Ritual in Chinese Society. Arthur Wolf ed. Stanford. 1974.

[117] Anthony Synnott. The Body social: Symbolism, Self and Society. Routledge. 1993.

[118] A. R. Radcliffe – Brown. The Andaman Islanders. Glencoe: Free Press. 1964.

[119] F. Boas. Genreal Anthropology. Boston& New York. D. C Herth. 1938.

[120] Bernard Mcgrane. Beyond Anthropology: Society and the Other, New York: Columbia University Prees. 1989.

[121] Douglas Massey. The Social Organization of Mexican Migration to the United States. Annual of the American Academy of Political and Social Science. 1986.

[122] E. R. Leach. Rethinking Anthropology. in E. R. Leach, Rethinking Anthropology, London: Arhlone, 1961.

[123] G. William Skinner. Marketing and Social Structure in Rural China. The Journal of Asian Studies, 24: (1), 1964.

[124] Gorgon Mathews. On the Referee System as a Barrier to Global Anthropology. The Asia Pacific Journal of Anthropology. Vol. 11, No. 1 March 2010.

[125] Henri Lefebvre. The production of Space, Trans by Donald Nicholson – Smith. Oxford. Basil: Blake Well. 1991.

[126] Geertz, C. 1966. "Religion as a Cultural System." In Anthropological Approaches to the Study of Religion, edited by M. Banton, 1 – 46. New York: Praeger.

[127] John Urry. Sociology beyond Societies: Mobilities for the Twenty – First Century. Routledge. 2000.

[128] James Scott. Domination and the Arts of Resistance . Yale University Press. 1990.

[129] Franz Boas. Recent Anthropology. Science. 1943.

[130] F. Barth. Economic Spheres in Darfur. in R. Firth (ed.), Themes in Economic Anthropology. London: Tavistock, 1967.

[131] F. Barth. Economic Spheres in Darfur. in R. Firth (ed.), Themes in Economic Anthropology. London: Tavistock. 1967.

[132] James Urry. Notes and Queries on Anthropology. Royal Anthropological Institute of Great Britain and Ireland. 1972.

[133] Johannes Fabian. Time and The Other: How Anthropology Makes its Object. New York: Colunbia University Press, 1983.

[134] Linda Martin Alcoff and Eduardo Mendieta edited. Identities: race、class、gender and nationality. Oxford: Blackwell publishing. 2003.

[135] Maurice Freedman. A Chinese phase in social anthropology. British Journal of Sociology.

1963:1:1-19.

[136] Melville J. Herskovits. Cultural Anthropology . Oxford & IBH Publishing Co. New Delhi Bombay Calcutta. 1974.

[137] Michael Hechter. Internal Colonialism. Berkeley: University of California Press. 1975.

[138] Malinowski. Bronnislaw. A Diary in the Strict Sense of the Term. New York: Harcourt, Brace & World, 1967.

[139] M Harris. The Nature of Cultural Things. Random House. 1964.

[140] Kuper Adam. Anthropology and Anthropologists: The Modern British School. Routledge &Kegan Paul. 1983.

[141] Megan Jennaway. Displacing Desire: Sex and Sickness in North Bali. Culture, Health & Sexuality. 2003. Vol. 5, No. 3.

[142] Margaret Mead. Male and Female. New York: Morrow Quill. 1949.

[143] Nancy Munnthe. Cultural Anthropology of Time. Annual Review of Anthropology. 1992. Vol. 21

[144] Pierre Bourdieu. The Logic of Practice (Trans. By Richard Nice). Oxford: Polity Press. 1990.

[145] Richard Jenkins. Practice, Habitus and Field in Pierre Bourdieu. London: Routledge. 1992.

[146] Roy Rappaport. Ritual Regulation of Environmental Relations among a New Guinea People. in Ethnologist. 1967. vol. 6, No. 1.

[147] Paul Rabinow. Reflections on Fieldwork in Morocco. University of California Press. 1977.

[148] Peter D. Little. Anthropology and Development. In Satish Kedia and John Van Willigen (eds.) Applied Anthropology: Domains of Application. Westport, CT. Praeger. 2005.

[149] sherry B. ortner. Anthropology and Social Theory: Culture, Power, and the Acting Subject. A John Hope Franklin Center book. Duke University Press. Durham and London. 2006.

[150] W. H. Goodenough. Rethinking Status and Role: Toward a General Model of the Cultural Organization of Social Relationships", in M. Banton (ed.), The Relevance of Models for Social anthropology, London: Tavistock, 1965.

[151] Samuel Popkin. The Rational Peasant: The Political Economy of Rural Society in Vietnam. University of California Press. 1979.

[152] Thamas Csordas. The Body's Career in Anthropology. In Henrietta Moore Ed, Anthropological Theory Today. Malden: Blackwell Publishers. 1999.

中文刊物

[1] 董建辉等. 西方应用人类学百年发展回顾 [J]. 国外社会科学, 2005 (5).

[2] 范可. 政治人类学今昔 [J]. 广西民族大学学报, 2008 (2).

[3] [美] 高斯密. 论人类学诸学科的整体性 [J]. 张海洋译, 中央民族大学学报, 2000 (6).

[4] 宫哲兵. 宗教人类学的现代转变 [J]. 中国宗教, 2009 (3).

[5] [美] 赫茨菲尔德. 人类学：付诸实践的理论 [J]. 国际社会科学杂志（中文版），1998 (3).

[6] 郝瑞. 田野、同行与中国人类学西南研究 [J]. 西南民族大学学报, 2007 (10).

[7] 何明等. 海外民族志研究的价值与困境 [J]. 开放时代, 2010 (1).

[8] 胡鸿保等. 跨文化的心灵旅行——读《尼萨》和《重访尼萨》[J]. 博览群书, 2010 (2).

[9] 黄应贵. 人类学对于空间的研究 [J]. 中国民族学通读, 第 27 期.

[10] 黄应贵. 空间、力与社会 [J]. 广西民族学院学报, 2002 (2).

[11] 黄剑波. 宗教人类学的发展历程及学科转向 [J]. 广西民族研究, 2005 (2).

[12] 李亦园. 近代中国家庭的变迁 [J] 中央研究院民族学研究所集刊, 1984 (54).

[13] 李亦园. 民族志与社会人类学——台湾人类学研究与发展的若干趋势 [J]. 清华学报, 1993 (4).

[14] 李明欢. 20 世纪西方国际移民理论 [J]. 厦门大学学报, 2000 (4).

[15] 李明欢. 社会人类学视野下的迁移与家园 [J]. 吉首大学学报, 2005 (3).

[16] [法] 列维-斯特劳斯. 民族学者的责任 [J]. 王庆恩译, 民族译丛, 1979 (4).

[17] 林南. 社会资本：争鸣的范式和实证的检验 [J]. 香港社会学学报, 2001 (2).

[18] 林蔼云. 漂泊的家：晋江-香港移民研究 [J]. 社会学研究, 2006 (2).

[19] 罗扬. 民族家的时间观 [J]. 中国农业大学学报, 2007 (4).

[20] [美] 马文·哈里斯. 夸富宴：原始部落的一种生活方式 [J]. 李侠祯译, 世界民族, 1986 (6).

[21] 乔健. 中国人类学发展的困境与前景 [J]. 广西民族学院学报, 1995 (1).

[22] [美] 理查德·韦尔克. 经济、生态人类学与消费文化研究 [J]. 黄娟译, 广西民族学院学报, 2005 (6).

[23] [美] 谢丽·奥特纳. 上世纪下半叶的欧美人类学理论 [J]. 何国强, 译. 青海民族研究, 2010 (2).

[24] 石奕龙. 试论西方人类学学科体系的形成 [J]. 世界民族, 1998 (1).

[25] 王正华. 澜沧拉祜西山地农业与生态环境变迁 [J]. 人类学生态环境史研究, 2008.

[26] 王春光. 流动中的社会网络：温州人在巴黎和北京的行动方式 [J]. 社会学研究,

2000（3）.
[27] 王铭铭. 从弗思的"遗憾"到中国研究的"余地"[J]. 云南民族大学学报，2008（3）.
[28] 王斯福. 存在一种"中国人类学"吗？[J]. 世界民族，2001（1）.
[29] 吴文藻. 现代社区实地研究的意义和功用[J]. 社会研究，1935（66）.
[30] 华生. 族人与外人：一个中国宗族的收养[J]. 广西民族学院学报，2004（1）.
[31] 谢燕清. 社会学与人类学田野工作[J]. 社会，2001（9）.
[32] 杨晓冰. 环境变迁与生计方式的调适——曼暖远克木人的刀耕火种文化[J]. 人类学生态环境史研究，2008（6）.
[33] 杨国枢、文崇一主编. 社会及行为科学研究的中国化[J]. 台北：中央研究院民族学研究所，1991.
[34] 杨小柳. 发展研究：人类学的历程[J]. 社会学研究，2007（4）.
[35] 郑丹丹. 身体的社会形塑与性别象征——对阿文的疾病现象学分析及性别解读[J]. 社会学研究，2007（2）.
[36] 张友庭. 污名化情境及其应对策略：流动人口的城市适应及其社区变迁的个案研究[J]. 社会，2008（4）.
[37] [日] 中根千枝. 中国与印度：从人类学视角来看文化边陲[J]. 北京大学学报，2007（2）.

网站

[1] 彝学网（网聚彝学）http：//222.210.17.136/mzwz/news/20/z_20_35211.html. 黄应贵. 作物、经济与社会：东埔社布农人的例子[OL]. 社会学人类学中国网，2006-3-7.
[2] http：//www.nsf.gov/news/overviews.
[3] Funding for Anthropology Research. Oryx Press. 1986.
[4] http：//www.Conference alerts database. 2010-8-23.

后　记

　　2013年11月，由我主持的云南大学研究生精品课程建设项目"社会文化人类学"（2011—2013）通过验收，本书稿就是这一项目的最终成果。因此，我希望该书的付梓能够推动国内学界对"社会文化人类学"理论与方法的探讨，从而为"社会文化人类学"的本土化略尽绵薄之力。

　　本书从立项、验收到出版经历了若干程序和漫长时光，在这一过程中，我首先要感谢的是云南大学对研究生精品课程项目的支持，特别是云南大学公共管理学院的方盛举教授和研究生院的赵琦华教授，他们同意把"社会文化人类学"列为精品课程项目，让我有机会对自己多年来从事的"社会文化人类学"的教学工作进行一次经验总结与理论升华。

　　其次，我要感谢的是公共管理学院的周平教授以及其他匿名审读专家，他们对本书稿质量的肯定使得项目得以顺利验收和按期结项；而民族学与社会学学院的何明教授对于本书的出版给予了最大的支持，可以说如果没有他的鼎力相助，本书的出版还要被推迟若干时日。

　　再次，我要感谢的是自2003年起选修"社会文化人类学"的公共管理学院社会学系的本科生与硕士研究生，正是在与他们的课堂探讨与课后互动中，我才能不断积累教学素材、调整教学角度乃至反思教学方法等，而这本书稿正是我们大家共同的成果和收获。

后　　记

最后，我要感谢的是本书的责任编辑知识产权出版社的石红华女士，她的敬业、高效与务实作风给我留下了很深印象，可以说正是经过她的严格把关，本书才能以最好的面貌呈现在读者面前。

章立明谨记于昆明梁家河寓所

2016 年 4 月 20 日